2015 국어과 교육과정의
학습 내용과 지도 방법

지은이 박기용

문학박사
진주교육대학교 교육대학원장

논문
「남명문학의 도교사상 표출 양상」(『어문학』 91), 「한국 도깨비 형상 연구」(『어문학』 113), 「귀양 간 지리산 설화의 전승배경과 변이양상」(『우리말글』 36), 「불교설화로 본 도깨비 어원 연구」(『우리말글』 67), 「고견사 보금종명과 사명의 변개 과정에 대하여」(『民族文化』 53), 「제4차 산업혁명시대의 초등 국어과 교육과정 구성 방향에 대한 시고」(『국제언어문학』 41) 외 다수

저서
『두류산 양당수를 예 듣고 이제 보니』(태학사), 『진주의 누정문화』(월인), 『선비, 초월적 세계를 상상하다』(월인) 외 다수

역서
『종려문답집·용호경』(경진출판) 외 다수

2015 국어과 교육과정의
학습 내용과 지도 방법

© 박기용, 2020

1판 1쇄 인쇄_2019년 02월 20일
1판 1쇄 발행_2019년 02월 25일

지은이_박기용
펴낸이_양정섭

펴낸곳_경진출판
　　　등록_제2010-000004호
　　　이메일_mykyungjin@daum.net
　　　사업장주소_서울특별시 금천구 시흥대로 57길(시흥동) 영광빌딩 203호
　　　전화_070-7550-7776　**팩스**_02-806-7282

값 15,000원
ISBN 978-89-5996-730-8 93370

2015 국어과 교육과정의
학습 내용과 지도 방법

박기용 지음

    이 책은 2015 개정 국어과 교육과정에서 익혀야 할 초등학교 전 학년군별 내용을 국어과 영역별로, 학습 요소별로 정리하고, 그 지도 방법과 평가 방법을 소개한 안내서다.

    자주 개정되는 교육과정이지만 국어 교과를 지도하는 데 핵심적인 내용을 가려 뽑았기 때문에 교육과정이 지향하는 교육방향에 상관없이 학습자가 익혀야 할 내용을 담고 있다는 데 이 책의 가치와 의의가 있다.

    사실 교육대학교 학생들은 초등학교 1학년부터 대학 4학년까지 국어과 교육을 16년이나 받고 있다. 그러나 실생활 속에서 사용되는 국어현상을 살펴보면 누구나 인정할 만큼 정확하고 바르게 사용되는 수준은 아니다. 또한 학교 밖의 티브이 예능 프로그램이나 드라마에서 사용되는 국어현상을 보면 국어의 오·남용이 심각할 정도다. 바르게 읽고 쓰기가 되지 않고, 외래어를 남발하여 계층 간의 이질감을 느끼게 하는 것은 어문정책의 문제점을 노출하는 문제점이다.

    어문정책 외에 국어과 수업에서도 교사가 내용을 핵심적으로 파악하고 효과적인 지도 방법을 제시하고 있는 것 같지 않다. 물론 꾸준한 자기 연찬을 통하여 좋은 수업을 위해 땀 흘리는 교사도 많다.

그렇지만, 간편하게 정리된 안내서가 없는 현실에서 교사 탓만 할수 없는 게 사실이다.

이런 문제점을 극복하기 위하여 이 책에서는 듣기/말하기, 읽기, 쓰기, 문법, 문학 영역에서 꼭 알아야 할 내용을 정리하였고, 영역별 내용 요소마다 지도 방법, 지도와 평가의 유의점을 밝혀 수업을 할 때 쉽게 이용하도록 하였다.

아무쪼록 이 책이 교육대학생과 수험생, 현장에서 지도하는 교사에게 도움이 되기를 바라며, 출판을 흔쾌히 수락해 주신 양정섭 사장님께 감사드린다.

2020년 1월
저자 박기용

이 책의 내용은 다음과 같은 원칙을 아래 정리하였다.

1. 국어과 교육과정의 내용은 교과서에 제시된 내용 요소를 중심으로 하되, 가급적 그 영역의 핵심적인 내용을 가려서 제시하였다. 이때 저학년에서 고학년 순으로 하고, 쉬운 것에서부터 어려운 것으로 편차하였다.

2. 이 책의 내용은 지난 해 수업시간에 발표한 내용을 인용하거나 지도에 필요한 내용을 새로 집필, 보완하여 완성한 것이고, 실제 수업에서 필요한 내용을 골라 지도에 도움이 되도록 구성하였다.

3. 자료는 주로 교사용 지도서를 참고하였으며, 국어과 교육 개론서, 이론서를 보조 자료로 사용하였다. 내용 요소에 따라 기출문제를 소개한 것도 있다.

4. 집필 시기가 지난 해 1학기였으므로 5-2, 6-2의 내용은 미처 적용되지 못한 것도 있다. 비록 누락되었다고 하더라도 이전 지도서의내용이 2015 교육과정에도 나타나는 내용은 이전 교과서의 내용을 소개하였다.

5. 책의 내용 속에 중요한 용어나 표현은 진하게 표시하여 알아보기 쉽게 강조하였고, 각 영역의 첫 부분은 그 영역의 특성, 중요성, 핵심 내용 등을 소개하여, 영역 교육에 대한 전반적인 이해를 돕도록 하였다.

6. 지도 내용에는 학생들이 교사용 지도서를 직접 찾아서 자세한 공부를 할 수 있도록 인용 각주를 달아 두었고, 내용의 기호 체계는 ◈, 1, 가, 1), 가), ①, ㉠을 기본으로 사용하였다. 필요에 따라 ○이나 ※를 사용하여 학습에 참고할 만한 사항을 구분하여 인식하기 쉽도록 하였다.

목차

제5장 문학 ____ 325

제1장 듣기·말하기

◎ 듣기·말하기 교육의 특성

가. 특성

　듣기·말하기 현상은 선조적 관점, 상호작용적 관점, 상호교섭적 관점이 있다. 선조적 관점은 고대 수사학에 영향을 받아 의미를 일방적으로 전달하거나 자신의 견해를 상대에게 관철시키는 과정을 중시한다. 상호작용적 관점은 의사소통의 여러 요인을 중시하되, 의사소통의 양방향적, 순환적, 역동적 과정으로 함께 의미를 나누는 과정으로 인식한다. 상호교섭적 과정은 듣·말 행위는 의사소통 당사자가 자신의 언어관, 자아관, 세계관을 반영하여 상호 교섭하는 행위라고 보는 입장이다.

　이런 입말언어의 소통행위는 다음과 같은 특성을 가진다. 첫째, 시간과 공간의 제약을 받는 의사소통 행위이다. 둘째, 소개·광고·토의 등의 상황 맥락을 공유하면서 전개되는 의사소통 행위다. 이때 맥락에 규정되는 방식으로 소통하게 된다. 셋째, 규칙 의존적인 의사소통 행위이다. 소통을 하면서 이미 형성된 일정한 형식적 규칙, 예컨대 '질문-대답', '제의-수락', '참여자 확인-의사소통-마무리 인사', 또는 사회문화적 규칙으로 성립된 나이·성별·태도 등 사회문화적 관점의 규칙이 적용된다. 넷째, 준언어적, 비언어적 행위를 수반하는 행위이다. 음성의 강약고저·성량·속도·간투사(에-, 또-) 등은 보조적 표현으로 준언어적 행위이고, 이를 제외한 눈빛·표정·몸짓·대화자 간의 거리 등이 비언어적 행위이다.

입말언어로 의사소통 능력을 신장시키기는 쉽지 않다. 듣기·말하기는 상호작용적이고 상호교섭적인 활동이므로 들을 때는 양방향적 절차를 운영해야 한다. 말하기는 우선 전하려는 의미를 짧은 시간에 조리 있게 말해야 한다. 상대와 관계, 상황 맥락, 사회·문화적 맥락을 고려해서 적절히 말해야 한다.

듣기·말하기를 지도할 때는 다음 사항을 고려해야 한다.

나. 고려할 점

1) 듣기·말하기 영역이 통합적으로 지도되어야 한다. 의사소통 과정에서 처음과 다르게 대화 상황이 역동적으로 변할 수 있으므로 두 영역을 병행하여 지도해야 한다.

2) 듣기 과정, 말하기 과정, 상호작용 과정에 중점을 둔다. 듣기 전·중·후, 말하기 전·중·후로 구분하여 과정별로 적합한 절차·방법으로 지도해야 한다.

3) 의사소통은 구체적 상황 속에서 전개되므로 다양한 상황을 가정하

여 지도 한다. 이때 참여자 변인, 목적과 내용 변인, 유형 변인, 환경 변인이 서로 영향을 미치므로 이런 맥락 변인을 안배하여 지도해야 한다.

4) 자신의 인지에 대해 아는 행위인 상위인지적인 점검과 조정의 기회를 제공해야 한다. 이는 듣고 말하는 과정과 전략을 조정하는 행위이다. 상위인지적(메타인지, 초인지) 경험을 할수록 의사소통의 특성과 문제점을 인식하게 되고, 이를 의사소통에 반영하기 쉬워진다. 드라마, 광고, 의사소통 과정의 동영상을 분석하는 기회를 제공할 필요가 있다.

5) 듣기·말하기의 태도를 개선할 수 있어야 한다. 서로 대면한 상태에서 의사소통을 하기 때문에, 태도·자세·어투 등은 다른 의미를 전달할 수 있다. 연극·놀이와 같은 즐겁고 호의적인 상황에서 소통하는 경험을 하도록 하는 것도 의사소통에 좋다.

6) 교사 스스로 바람직한 언어 수행의 모델이 되어야 한다. 수업 내용 요약, 설명, 설득, 문학 작품 이야기하기, 반응하기 등을 통하여 말하기·듣기의 모습을 보여주어 자연스럽게 습득되도록 한다.

[참고문헌]

이주섭(2001), 「상황맥락을 반영한 말하기·듣기 교육의 내용 구성에 관한 연구」, 한국교원대 박사논문.

신헌재 외(2017), 『초등국어교육학 개론』, 박이정.

◈ 바른 듣기 예절

1. 듣기 예절의 효과

듣기·말하기, 읽기, 쓰기는 일상생활의 기본 요소이며, 그 중에서도 듣기는 언어활동의 기초다. 화자가 말을 하더라도 다른 사람이 듣지 않는다면 의사소통은 성립되지 않기 때문이다. 초등학교 교수·학습에서도 교사의 설명을 듣는 것으로부터 학습이 시작된다. 듣기 예절은 저학년에게는 주의집중 시간을 늘려주고, 훈련을 통해 듣기가 익숙해지게 하며, 고학년이 되어 학습해야 할 다양한 활동에서 올바른 태도와 습관을 길러준다.

학생들은 올바른 듣기 태도를 학습하면서 수업 자세와 집중력을 향상시킬 수 있으며, 일상적인 언어활동에서도 타인의 말을 경청하는 태도를 형성할 수 있다. 이를 통해 상호 존중심을 기르고 대인관계를 향상시킬 수 있으며, 궁극적으로 국어과 교과역량 중 하나인 공동체 대인관계 역량에 한 발짝 더 접근할 수 있을 것이다.

2. 학습 내용 및 지도 방법

가. 바른 자세로 듣기(1-1)[1]

1) 말하는 사람을 바라보기
2) 말을 귀 기울여 듣기

---

1) 1-1 지도서 1단원, 58쪽.

3) 지도 방법

○ 다리를 꼬지 않고 발뒤꿈치가 바닥에 닿도록 한다.

○ 시선은 말하는 이를 바라본다.

○ 허리를 곧게 세우고 등받이에 붙인다.

○ 턱을 괴거나 하품을 하지 않는다.

○ 사진을 찍어 자신의 자세 확인하기

① 자세가 바른 친구 찾아보기

② 바른 자세 확인하기

③ 바른 자세 따라 하기

④ 자신의 자세 확인하기

나. 여럿이 함께 들을 때의 바른 예절(1-2)[2]

1) 다른 친구와 떠들거나 장난치지 않기

2) 말하는 사람의 이야기를 중간에 끊지 말기

3) 말하는 사람을 쳐다보며 집중해 듣기

4) 들은 내용을 이해했으면 고개를 끄덕이기

---

2) 1-2 지도서 2단원, 163쪽.

5) 지도 방법

① 여럿이 함께 들을 때의 바른 예절 살펴보기

② 여럿이 함께 들을 때의 바른 예절 알기

③ 여럿이 함께 들을 때의 바른 예절 말하기

④ 여럿이 함께 들을 때의 바른 예절 정리하기

다. 인물의 모습과 행동을 상상하며 이야기 듣기(1-2)[3]

1) 인물의 모습과 행동이 나타난 부분을 떠올려보기

2) 이야기에서 인물의 모습과 행동이 나타난 부분을 종합하여 상상해 보기

3) 지도 방법

① 소리를 듣고 어떤 상황인지 상상하기

② 이야기의 등장인물 알아보기

③ 인물의 모습을 나타낸 낱말 찾아 쓰기

④ 인물의 모습을 상상해 그림으로 그리기

⑤ 작품에 대한 개인 반응 공유 및 상호 작용하기

*앞자리 퀴즈 놀이 방법

: 앞자리 퀴즈 놀이를 통해 바르게 듣는 자세에는 '말하는 이에게 시선을 고정하고 집중해서 듣기'가 있다는 것을 알려준다.

---

3) 1-2 지도서 10단원, 356쪽.

공, 핀, 공, 핀

1. 4명씩 팀을 이룬다.

2. 스케치북에 적힌 단어를 설명할 한 명을 정한다.

   (그림에서 돌아앉은 자리)

3. 나머지 세 명은 돌아가면서 퀴즈를 맞힌다.

   (그림에서 같은 방향으로 보고 있는 세 사람의 자리)

4. 그 외의 친구들은 앞으로 보고 있는 사람 뒷자리에서 돌아앉은 자리의

   설명을 듣고 퀴즈를 맞힌다. (방해 가능)

5. 팀원이 맞히면 +1점, 뒤편에 있는 친구들이 맞히면 −1점

6. 2분 동안 많은 점수를 획득한 팀이 승리한다.

(단, 직접적인 단어를 언급하면 무효처리함.)

라. 일이 일어난 차례를 나타내는 말(2-1)[4]

예) 오전, 오후, 아침, 저녁, 아홉시, 이튿날 등 시간을 나타내는 말

1) 일이 일어난 차례를 생각하며 들으면 좋은 점
: 이야기에서 일이 일어난 차례를 쉽게 확인할 수 있다.
2) 이야기를 들을 때 일이 일어난 차례를 아는 방법
① 시간을 나타내는 말에 주의하며 이야기를 듣는다.
② 중요한 내용은 메모 하며 듣는다.
3) 지도 방법
① 일이 일어난 차례를 나타내는 말 배우기
② 일이 일어난 차례를 나타내는 말에 유의하며 이야기 듣기
③ 이야기에서 중요 사건 파악하기
④ 사건에 알맞은 시간을 나타내는 말 쓰기
⑤ 사건이 일어난 순서에 맞춰 친구들과 이야기 해보기

마. 메모하며 듣는 법(3-1)[5]

1) 중요한 내용을 정리한다.
2) 중요한 낱말을 중심으로 간단하게 정리한다.
3) 지도 방법
① 메모방법 탐색하기
② 메모방법 살펴보기

---

4) 2-1 지도서 6단원, 225쪽.
5) 3-1 지도서 3단원, 232쪽.

③ 메모하기

④ 메모한 것 확인하기

바. 중요한 내용을 생각하며 듣기(4-1)[6]

1) 듣기 전에 중요한 내용이 무엇일지 생각해보기

2) 중요한 내용을 생각하며 내용 듣기

3) 지도 방법

① 글을 읽으며 쓰는 것과 들으면서 쓰는 것의 다른 점 알기

　　• 들으면서 간추려 쓸 때에는 읽으면서 쓸 때보다 빨리 써야 한다.

　　• 들으면서 간추려 쓸 때에는 중요한 내용만 골라서 짧게 써야 한다.

4) 들으며 정리하는 방법

① 나뭇가지 모양으로 정리하기

② 도형을 그려 정리하기

③ 수직선에 내용 정리하기

---

6) 4-1 지도서 2단원, 152쪽.

3. 지도 및 평가의 유의점

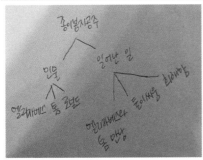

나뭇가지 모양으로 정리하기
• 가지를 그려 뻗어 나가며, 밑으로 갈수록 하위 항목을 적는다.

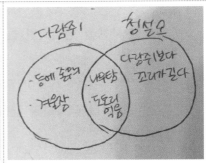

도형으로 정리하기
• 공통점을 가운데에 적는다.

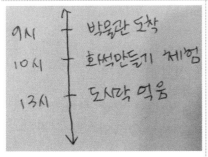

수직선에 내용 정리하기
• 밑으로 갈수록 나중에 일어난 일을 적는다.

들기 영역은 국어의 기초가 되는 영역이므로 가장 먼저 올바르게 듣는 태도를 형성하도록 지도하는 것이 중요하다.

가. 지도의 유의점

1) 바르게 듣는 태도가 중요한 까닭을 교사가 설명하기보다 학생들의 경험에서 스스로 찾아낼 수 있도록 유도한다.
2) 교사의 직접적인 설명보다 학생들이 직관적으로 바른 자세를 인식하고 몸으로 익혀 습관으로 정착할 수 있도록 교사의 시범과 학생의 체험을 위주로 진행한다.

나. 평가의 유의점

1) 바른 자세를 아는지 지식적인 측면보다는 실천 여부에 중점을 두고 관찰평가한다.
2) 학생들을 관찰하여 수시로 평가하고 지속적인 피드백을 통해 기본적인 습관이 자리 잡을 수 있도록 한다.

◈ 공감적 듣기

1. 학습의 필요성

　학생들은 상대에게 칭찬하거나 조언하는 말을 할 수 있는 방법을 배우게 된다. 그 과정에서 상대에 대한 관심과 이해를 바탕으로 한 효과적인 칭찬과 조언의 필요성을 인식하고, 나아가 상대의 감정이나 생각에 공감하며 대화를 나누는 태도를 지닐 수 있다.[7] 또한, 학생들은 타인의 말을 잘 듣는 것[8]에서 시작해 가까운 사람들과 관련된 낱말을 익혀 새로운 공동체인 학교에서 이루어지는 대인관계역량을 향상한다. 학생들은 대화할 때 고려해야 할 점과 다양한 상황에서의 대화방법을 학습함으로써 언어 예절을 제대로 알고 상황에 알맞게 대화할 수 있는 의사소통 능력을 함양한다.[9]

2. 학습 내용[10]

가. 바르게 듣기

1) 바른 듣기 자세(1-2)
① 말하는 사람을 바라보며 듣기
② 들은 내용을 이해했으면 고개를 끄덕이며 듣기

---

7) 5-1 지도서 1단원, 92쪽.
8) 1-1 지도서 1단원, 54쪽.
9) 1-2 지도서 4단원, 158쪽.
10) 1-1 지도서 58~61쪽, 1-2 지도서 162~165쪽, 2-1 지도서 338~341쪽, 3-2 지도서 236~239쪽, 4-1 지도서 186~190쪽, 5-1 지도서 108~113쪽.

③ 이야기를 듣는 중간에 말을 끊지 않기

나. 공감적 듣기

1) 공감적 듣기(2-1)
: 상대방을 존중하며 그 사람의 감정을 깊이 있게 이해하는 듣기
  방법. 정서적 공감 및 반응을 중요하게 여기는 적극적 의사소통으
  로, 언어의 진실성을 강조하는 인간관계적 화법

① 상대의 인격을 존중하고, 공감적으로 반응해야 함.
  예) "나도 네가 한 것처럼 했을 것 같아. 참 잘했어."
② 대화 참여자들은 타인의 감정을 더욱 민감하게 느껴 공감할 수
  있어야 함.
  예) "너에게 ~와 같은 일이 있었구나. 나라도 울고 싶을 거야."
③ 상대방의 말을 수용적으로 받아들여야 함.
  예) "어쩔 수 없이 ~했구나. 나라도 그렇게 했을 거야."
④ 청자는 적극적으로 피드백하고 화자의 생각을 이해하려고 해야 함.
  예) "나라면 ~했겠지만, 네 행동처럼 해도 좋은 것 같아."
⑤ 메모하며 듣기

2) 공감하며 대화하면 좋은 점
① 즐겁게 대화할 수 있다
② 듣는 사람과 더 친해질 수 있다

3) 공감적 화법 알기

① 상대방의 이야기를 집중해서 들으며 화자가 말하고자 하는 내용을 정확하게 파악하기

② 상대가 대화를 잘 할 수 있도록 격려하기

③ 상대에게 감정이입을 하고 언어적, 비언어적 반응을 보이기

예)

예은: 서준아 표정이 왜 그래?

서준: 체육시간에 줄넘기를 했어. 계속 줄에 걸려서 너무 어렵고 하기 싫어.

예은: 줄넘기가 잘 안되어서 속상했구나.

서준: 줄넘기를 잘 하고 싶은데 나만 못 하는 것 같아.

예은: 그랬구나. 나도 처음엔 그랬어. 내가 줄넘기를 잘 하는 방법을 알려줄게.

4) 대화를 할 때 고려해야 할 점(3-2)

① 대화 상대가 누구인지 고려하기

② 대화하는 목적을 생각하기

③ 어떤 대화 상황인지 파악하기

5) 공감적 대화 방법

: 자신이 상대에게 관심을 가지고 있음을 말과 행동으로 표현하면서 적극적인 반응을 보여 준다

예)

① 시선, 부드러운 눈 맞춤, 얼굴표정: 온화한 표정, 고개 끄덕임, 편안하고 자연스러운 자세와 같은 비언어적 몸동작과 즉각적인 언어적 응대

② 상대의 말을 분석하기보다는 상대방의 관점에서 문제를 바라보고 이해하려고 노력하기

6) 듣는 사람을 고려하며 말하는 방법(4-1)

① 듣는 사람에 따라 말하는 방식이 달라져야 함을 알기

② 듣는 사람의 처지 알기

③ 말할 내용과 말하는 방법 정하기

7) 말할 때 알맞은 표정, 몸짓, 말투를 사용하기

8) 공감적 듣기 방법(5-1)

① 집중하기: 상대를 향해 앉아서 적절한 손짓과 몸짓 언어 구사하기. "그래?" "정말?" 등의 호응하는 말을 사용하여 음성적, 태도적 반응 보이기

② 격려하기: "계속 말해봐."와 같은 말을 사용하거나 주요 표현을 반복해 대화를 이끌어간다.

③ 반영하기: 자신이 이해한 말로 재 진술 해주기

9) 공감적 듣기의 효능알기

① 상대방의 마음의 문을 열게 하기

② 정서적 친밀감을 형성하기

③화자로 하여금 인간적 가치에 대한 존중감을 느끼게 하기

3. 지도 방법11)

가. 바른 자세와 그렇지 않은 자세에 관해 자세를 제시하고, 교사가 실제로 시범을 보이며 지도(1-1)

나. 이야기를 해주어 바른 자세의 중요성을 설명하고, 학생들로 하여금 바른 자세로 말하고 듣도록 지도(1-2)

다. 다른 사람으로부터 기분이 좋아지는 말과 그렇지 않은 말을 들었던 경험을 떠올려보도록 하며, 그 과정에서의 기분과 경험과 연관시켜 지도(1-2)

라. 학습자가 주변 사람들로부터 안 좋은 소리를 들어 기분이 나빴던 사례를 생각해보도록 하고, 그 과정에서 자신이라면 어떻게 반응하였을지 발표하기(2-1)

마. 표정, 몸짓 등의 비언어적 표현이 없는 상태에서의 발화와 비언어적 표현이 함께 있는 상태에서의 발화를 비교해보고 그를 통해 느낀 점에 대해서 이야기 나누고 발표하도록 지도(3-2)

바. 일상생활 속에서 나누었던 다양한 대화를 공유해보는 시간을 가지고, 그 대화과정에서 대화할 때 고려해야 할 점이 무엇인지를 같이 알아보는 형태로 지도(3-2)

들는 상대에 따라 어법을 바꾸어 말하고, 상대를 고려하여 듣고 말하도록 역할놀이로 지도(4-1)

---

11) 1-1 지도서 58~61쪽. 1-2 지도서 162~165쪽. 2-1 지도서 338~341쪽. 3-2 지도서 236~239쪽. 4-1 지도서 186~190쪽. 5-1 지도서 108~113쪽.

사. 공감의 개념을 알고, 그 사용 맥락을 알 수 있도록 역할극을 통하여 공감적 듣기가 타인과의 유대관계에 미치는 영향에 대해 깨닫게 하기(5-1)

ㄴ. 지도 및 평가의 유의점[12]

가. 지도의 유의점

1) 이야기를 들을 때의 예절에 대해 교사가 알려 주려 하지 말고, 학생들이 경험을 공유하면서 스스로 알아낼 수 있도록 유도 (1-2)
   *일방적 지시 금지
2) 다른 사람을 생각하며 대화하는 방법에 대한 지식, 기능, 전략, 의사소통 수행 능력을 총괄적으로 지도하고 일회적 학습이 되지 않도록 주의(2-1)
3) 다양한 대화상황을 접함으로써 대화할 때 고려해야 할 점을 자연스럽게 떠올릴 수 있도록 지도(3-2)
   *배려와 공감 이끌어 내기
4) 공감하며 듣고 말하는 방법이 정형화 되지 않도록 주의한다. 학생이 준 언어적 반 언어적 표현을 이해하고 말할 때 주의를 기울이도록 지도(4-1)
   *공감의 개념 이해, 기본적인 공감적 대화 지도

---

12) 1-1 지도서 58~61쪽. 1-2 지도서 162~165쪽. 2-1 지도서 338~341쪽. 3-2 지도서 236~239쪽. 4-1 지도서 186~190쪽. 5-1 지도서 108~113쪽.

5) 친구들과 나누는 대화를 녹화한 뒤 이를 보며 장점과 단점을
   이야기 해보도록 지도(5-1)

나. 평가의 유의점

1) 학습자의 태도를 관찰하며 수시로 평가하고, 지속적으로 피드백
   해 기본적인 습관이 학생들에게 착실하게 자리 잡을 수 있게
   (1-1)
2) 실제 의사소통 상황에서 바르게 듣고 자신 있게 말하는 태도가
   습관화되게(1-2)
3) 존중하는 태도의 필요성을 알고 다른 사람의 상황과 기분을 고려
   해 대화할 수 있는지를 중점적으로 평가하고 자기 평가와 동료
   평가를 병행
   *대화에서 언어적인 부분과 비언어적 부분을 모두 고려해 평가
   (2-1)
4) 실제 대화하는 과정을 학생들과 함께 점검해봄으로써 협력적
   평가가 이뤄지게(3-2)
5) 학생들이 듣는 이에게 맞는 표정, 몸짓, 말투를 활용해 말하는지
   평가
   *듣는 사람에 따라 말하는 방법을 정리하고 상대를 고려하며
   말하는지 자기 평가를 실시(4-1)
6) 친구들과 공감하는 말을 주고받은 뒤에 듣는 사람의 처지에서
   친구의 말을 상호 평가(5-1)

◈ 대화 예절 알기, 호칭과 칭호

1. 대화 예절의 필요성

어린이가 일상생활에서 대화를 나눌 때 상황에 맞는 예절이 있음을 알고, 예절을 지키며 대화하는 것은 중요하다. 학생들은 이 계열에서 언어 예절의 구성 요소인 호칭, 인사말, 높임말을 살펴보며 언어 예절에 대한 이해를 확장하게 된다. 더불어 회의시간이나 온라인에서 대화를 나눌 때에도 대화 예절이 필요하다는 것을 경험하게 된다. 교과시간에 배운 대화 예절을 바탕으로 일상생활 속에서 친구나 가족과 예절을 지키며 대화하는 것을 생활화할 수 있게 한다.

이 학습을 통하여 학생들은 상황에 맞는 예절을 알고 말하는 방법을 배우게 된다. 또한, 자신이 하는 말을 듣고 상대가 하는 대답이 다를 수 있다는 것을 경험하게 된다. 이로써 대화를 잘하려면 예절을 잘 지켜서 상대를 배려하고 상대의 기분을 이해하려는 노력이 필요하다는 것을 깨닫게 된다.

학생들은 대화 상황을 듣고 호칭이 대화 예절을 지키는 첫 번째 요소임을 파악하게 되고, 일상생활에서의 대화 예절을 확인하고, 배운 예절을 직접 사용함으로써 의사소통 역량을 기를 수 있을 것이다.

2. 학습 내용 및 지도 방법

가. 대화 예절 알기(4-2)[13]

1) 호칭과 칭호
① 호칭: 관계를 나타내는 말로서 주로 가까운 사람이나 친족 간 친소 관계를 따져서 부르는 말

　　예) 선배, 오빠, 아버지, 백부님, 숙부님, 재당숙 등

② 칭호: 어떤 뜻으로 일컫는 말로서 사회적 지위나 위치를 나타내어 가리키는 말

　　예) 성, 관직, 직위, 생원, 진사, 영웅, 단군, 대통령 등

③ 호칭에 따른 기분의 차이

　　*부르는 호칭에 따라 대화하는 사람들의 기분이 다를 수 있다.

　　예) 박 서방과 바우: 어떻게 부르는 사람에게 고기를 더 많이 주었을까?

2) 지도 방법
① 〈박 서방과 바우〉 이야기를 듣고 호칭에 따라 고기집 주인의 태도가 어떻게 달라졌는지 알아보기

② 생각할 점

　　: 이야기를 듣고 인사말(호칭)의 의미 생각하기

　　: 인사말 다음에 나올 대화 예상하기

　　: 자신이 했던 인사말 되돌아보기

　　*친구가 듣기 싫어하는 별명을 부른 적이 있는지 생각하기. 듣기 싫

---

13) 4-2 지도서 3단원, 178~181쪽.

은 별명을 자꾸 부르는 친구가 있으면 이름을 불러달라고 말하기

나. 대화예절 지키기(4-2)[14]

1) 대화예절 알기
가) 대화예절: 서로 말을 주고받을 때 지켜야 할 기본 예의나 규칙, 관습
나) 대화할 때 지켜야 할 점
  ① 대화를 하는 사람들은 서로 다른 사람의 말을 존중해야
  ② 상대방의 의견이 자신과 다르더라도 중간에 말을 끊거나 끼어들지 않아야
  ③ 자신의 자랑을 늘어놓지 않기
  ④ 상대방의 약점이나 비밀 등 상대편이 원하지 않는 개인적인 이야기를 묻거나 말 하지 않기

2) 지도 방법
가) 대화 예절
  ① 그림을 보고 알맞은 대화 예절 생각하기
  ② 이야기를 듣고 대화 예절 찾기
  ③ 대화예절을 잘 지킨 경험과 지키지 않은 경험을 친구들과 이야기 해보기
나) 역할극 하며 대화 예절을 지키면 좋은 점 알기
  ① 모둠별로 역할극을 하며 상대의 기분 알아보기

---

14) 4-2 지도서 3단원, 182~187쪽.

② 예절을 지키며 대화를 주고받으면 어떤 점이 좋은지 친구들과 이
  야기해보기

다. 온라인 대화 예절 알기(4-2)[15)

1) 온라인 대화 시 지켜야 할 예절
가) 온라인 대화의 특징: 온라인에서는 각자 다른 장소에 있더라도
  서로 대화할 수 있다.
나) 온라인 대화 예절
  ① 바른 말을 사용해야
  ② 상대가 보이지 않더라도 대화 전과 후에 인사하기
  ③ 상대를 존중하고 예의 지키기
  ④ 그림말(이모티콘)과 줄임말을 지나치게 사용하지 않기

2) 지도 방법
① 친구들과의 온라인 대화 살펴보기
② 온라인 대화를 할 때 지켜야 할 예절 알아보기
③ 온라인 대화 예절 빙고 놀이하기
  *상대방이 이해하지 못하는 그림말과 줄임말을 사용하는 것은 온라
  인 대화 예절에 어긋나는 행동

---

15) 4-2 지도서 3단원, 196~199쪽.

라. 알맞은 인사말(1-1)[16]

1) 상황에 알맞은 인사말
가) 인사말을 하는 상황 파악하기: 상황에 따라 어떤 인사말을 해야
하는지 구분하여 인사하기

2) 지도 방법
가) 그림에 알맞은 인사말을 넣기
나) 상황에 따라 어떤 대화가 적절한지 선택하기

예)
① 밥을 다 먹은 뒤에 어머니께 하는 인사말: 잘 먹었습니다.
② 학교에 갈 때 부모님께 하는 인사말: 학교 다녀오겠습니다.
③ 학교에서 집으로 돌아갈 때 선생님께 하는 인사말: 안녕히 계세요.
④ 잠들기 전 부모님께 하는 인사말: 안녕히 주무세요.

마. 고운 말로 자신의 기분을 말하는 방법(1-2)[17]

1) 자신의 기분을 말하는 법
① 자신의 기분을 말하기
② 그런 기분이 드는 까닭도 함께 말하기
③ 듣는 사람의 기분을 생각하여 말하기

---

16) 1-1 지도서 5단원, 202~205쪽.
17) 1-2 지도서 6단원, 234~237쪽.

2) 지도 방법

가) 역할 놀이를 하며, 맡은 인물(세현, 희동)이 되어 기분을 말하기

나) 대화 속에서 기분에 알맞은 대화를 하고 있는지의 여부를 확인
하며 말하기

예)

① 장난감이 망가진 세현이의 마음은?

: 속상할 것 같다 / 울고 싶을 것 같다.

② 장난감을 망가뜨린 희동이의 기분?

: 세현이에게 미안할 것 같다 / 사과하고 싶을 것 같다.

바. 상대방을 생각하며 기분 말하기(1-2)[18]

1) 듣는 이의 기분을 생각하며 자기 기분 말하기

가) 기분을 말하는 방법

① 여러 가지 상황에서 듣는 사람의 기분을 생각하며 자신의 기분을
적절하게 말하기

② 자신의 기분과 듣는 사람의 기분을 생각해 본 뒤에 정리한 생각을
차분히 말하기

2) 지도 방법

가) 그림을 보고 듣는 사람을 생각하며 할 말 쓰기

나) 듣는 상대방의 기분을 생각하며 할 말 쓰기

---

18) 1-2 지도서 6단원, 238~241쪽.

예)

① 같이 놀자고 하는 승혁이에게 시형이가 승혁이의 마음을 생각하여 대답한 말: "미안하지만 지금 숙제해야 하니 다음에 같이 놀자."고 말했다.

사. 상황에 어울리는 말하기(2-1)[19]

1) 상황에 어울리는 말하기
가) 기분을 말하는 방법

① 여러 가지 상황에서 듣는 사람의 기분을 생각하며 자신의 기분을 적절하게 말하기

② 자신의 기분과 듣는 사람의 기분을 생각해 본 뒤에 정리한 생각을 차분하게 말하기

2) 지도 방법
가) 듣는 사람의 기분을 생각하며 말하기: 듣는 사람의 상황을 먼저 생각하여 적절하게 말하기

나) 그림을 보고 어떤 장면인지 이야기하기

다) 그림을 보고 어떤 말을 해야 할지 써보기

예)

① 그림을 보고 장면 이야기하기

횡단보도로 건너지 않고 찻길을 건너고 있다.

---

19) 2-1 지도서 10단원, 238~241쪽.

과자를 먹고 쓰레기를 길에 함부로 버리고 있다.

② 그림 속 아이들에게 해 줄 말 찾기

위험해, 횡단보도로 건너야지.

쓰레기를 길에 버리면 안 돼!

③ 그림 속 아이들에게 말하는 방법

잘못된 행동을 정확하게 말하기

기분이 나쁘지 않게 말하기

아. 바른 말로 대화하기(2-2)[20]

1) 바른 말로 대화하기

가) 대화의 올바른 자세

　① 말하는 이를 바라보기

　② 말하는 이의 말에 집중하기

　③ 말하는 도중에 함부로 끼어들지 않기

2) 지도 방법

가) 추석에 있었던 일을 친구들과 이야기해보고 바른 말로 대화하
　　였는지 생각해보기

나) 친구들과 대화를 할 때에 어떤 자세를 취해야 하는지 적어보기

다) 바르게 발음하는 방법 알기

---

20) 2-2 지도서 8단원, 292~295쪽.

예)

① 추석에 있었던 일을 친구들에게 이야기할 때 재미있고 실감나게

　이야기하는 방법

　친구들이 이해하기 쉽게 자세하고 구체적으로 말합니다.

　말끝을 흐리지 않고 말합니다.

② '주먹밥'을 바르게 소리 내어 읽는 방법 [주먹빱]

자. 높임 표현과 언어 예절을 생각하며 대화하기(3-1)[21]

1) 대화 예절과 높임 표현 사용 방법

가) 웃어른과 대화할 때의 언어 예절

　① 웃어른과 대화를 할 때는 바르게 앉아서 말한다.

　② 듣는 사람을 바라본다.

　③ 알맞은 높임 표현을 사용한다.

　④ 예의 바르게 말한다.

나) 알맞은 높임 표현 사용 방법

　① 높임의 대상에게 '께서, 께'를 사용한다.

　② 높임의 뜻이 있는 특별한 낱말을 알맞게 사용한다.

　③ "~습니다."를 사용하여 문장을 끝맺는다.

　④ 물건을 높이는 높임표현은 사용하지 않는다.

　⑤ 상대를 공경하고 존중하는 마음으로 높임 표현을 사용

---

21) 3-1 지도서 3단원, 176~183쪽.

2) 알맞은 대화 예절과 높임 표현을 사용해 대화하기
가) 생활에서 사용하는 대화 예절과 높임 표현 사용하여 대화

3) 지도 방법
가) 대화하는 모습을 보고 웃어른과 대화할 때 지켜야 할 언어 예절
   을 생각해보기
  ① 이야기를 듣고 주인공들이 어떠한 높임표현을 사용했는지 찾아보기
  ② 대화를 보고 알맞은 높임표현을 고르고 그 이유 적어보기
나) 언어예절을 지키고 높임 표현을 알맞게 사용해 대화한 경험
   말해보기
  ① 자신이 대화할 때 언어예절을 지키는지 스스로 확인해보기
  ② 웃어른과 바른 언어예절을 지키며 전화 통화해보기

예)
가) 선생님께 대답을 할 때: 바른 자세로 선생님을 바라보면서 "저는
   책 읽기를 좋아 합니다."와 같이 '~습니다.'를 사용하여 답하기
  ① 어머니의 "정음아, 할머니 들어오셨니?"라는 질문에는, "네, 거
    실에 계세요"와 같이 높임 표현을 사용하여 답하기
  ② 할머니와 대화를 할 때는 바른 자세로 알맞은 높임표현을 사용
    하여 말하기
나) 할아버지와 전화 통화를 하면서 높임 표현으로 말씀드리기
  ① 웃어른과 대화할 때나 문장을 끝맺을 때 높임 표현을 사용했는
    지 스스로 확인하기

차. 대화할 때 고려 할 점(3-2)[22]

1) 대화할 때의 고려해야 할 점 생각하기

가) 대화할 때 고려해야 할 점

① 대화하는 상대가 누구인지와 대화의 목적을 생각한다.

② 웃어른과 대화할 때에는 높임 표현을 사용한다.

③ 상대의 기분을 생각하며 대화한다.

2) 지도 방법

○ 대화를 보고 주인공이 어떠한 상황인지 알아보기

○ 대화한 경험을 떠올려 보며 대화할 때 고려할 점 생각하기

○ 대화할 때의 고려할 점을 생각하며 주어진 상황에서 어떻게 말해야 할지 생각하기

예)

① 전화로 준비물이 무엇인지 물어볼 때, 상대방의 말을 중간에 끊었습니다.

: "미안해. 내가 말을 가로채서 미안해."

② 선생님께 감사한 상황과 친구에게 고마운 상황이 있을 때

"선생님, 감사합니다."

"친구야, 고마워"

③ 같은 뜻이지만 연세에 따라 듣는 사람이 다르기 때문에 다르게 말합니다.

---

22) 3-2 지도서 5단원, 236~239쪽.

카. 대상에 따라 알맞은 높임표현을 사용하기(3-2)[23]

1) 대상에 알맞은 높임 표현을 사용하여 말하기
가) 알맞은 언어예절
  ① 공손한 태도로 대화하기
  ② 눈을 바라보며 대화하기
  ③ 말씀을 잘 들으며 대화하기
  ④ 웃어른과 대화하는 상황에서 높임표현 사용하기
나) 알맞은 높임 표현
  ① 문장을 끝맺는 말로 "~어요." "~해요." "~습니다."를 써서 높임을 나타내기

2) 대화할 때 주의사항
① 상대가 하는 말에 집중하여 듣기
② 상대가 하는 말에 알맞게 반응하기
③ 누구와 대화를 하는지 생각하기
④ 상황에 어울리는 말인지 생각하기

3) 지도 방법
① 대화 상대에 따른 알맞은 언어 예절 알기
② 대화 상대를 고려하여 알맞은 대화 완성하기
③ 대상에 따라 어떻게 말할지 생각하며 그림의 대화 완성하기
④ 친구들과 역할을 정해 바르게 대화하기

---

23) 3-2 지도서 5단원, 240~243쪽.

예)

① 할아버지와 어머니가 웃어른이므로 높임표현을 사용하여 말하기

: "할아버지/어머니께서 주스를 드시고 계세요."

② 친구에게 책을 소개하는 말하기: "이 책이 재미있어."

선생님께 책을 소개하는 말하기: "이 책이 재미있습니다."

타. 전화할 때 바른 대화 예절 알기(3-2)[24]

1) 전화 대화의 특징

① 전화를 거는 사람과 받는 사람이 있다.

② 자신이 누구인지 밝혀야 한다.

③ 상대가 상황을 볼 수 없기 때문에 정확하고 구체적으로 표현해야
한다.

④ 듣고 있음을 나타내는 말을 해야 한다.

2) 전화 대화할 때 지켜야 할 예절

① 자신이 누구인지 밝히고 상대가 누구인지 확인합니다.

② 상대의 상황을 헤아려 봅니다.

③ 상대의 얼굴을 보지 않고 이야기하므로 더 공손하게 말합니다.

④ 공공장소에서는 작은 목소리로 말합니다.

3) 지도 방법

① 전화 대화를 듣고 물음에 답해보기

---

24) 3-2 지도서 5단원, 244~247쪽.

② 전화 대화의 특징을 친구들과 이야기해보기
③ 전화 대화를 듣고 잘못된 부분을 바르게 고치기
④ 전화로 대화할 때 지켜야 할 예절 정리하기

예)
① 민지가 지원이의 전화를 받고, "제가 민지인데, 누구신가요?"라고
말한 까닭은?: 전화를 건 지원이가 자신이 누구인지 밝히지 않아
민지가 전화를 건 사람이 누구인지 몰랐기 때문이다.
*전화 대화의 특징에는 전화를 거는 사람과 받는 사람이 있다는
것이다.
② 공공장소에서는 큰 목소리로 통화한 것은 잘못된 전화 예절입니다.
③ 전화로 대화를 하는 상황에서 상대방의 말을 중간에 끊으면 안 된다.

파. 상황에 맞는 표정·몸짓·말투로 대화하기(3-2)[25]

1) 알맞은 표정·몸짓·말투로 대화하기의 주의점
① 상대의 눈을 바라보며 주의 깊게 들어야 한다.
② 상대가 웃어른 일 때에는 높임 표현을 사용해야 한다.

2) 지도 방법
가) 만화 영화의 장면에 어울리는 표정·몸짓·말투 생각하기
나) 장면을 정해 친구들과 어울리는 표정·몸짓·말투를 사용하여
역할 놀이하기

---

25) 3-2 지도서 5단원, 248~251쪽.

예)

① 친구가 교통사고를 당할 뻔 한 상황에서는 놀라는 표정을 짓고,
   뛰어가며 친구를 잡으려는 몸짓을 하면서, 다급한 말투를 사용한다.

② 훈이가 차에 치일 뻔 했을 때, 깜짝 놀라는 강이의 표정을 짓는 역
   할 놀이하기

하. 서로 공감하며 대화하기(5-1)[26)]

1) 서로 공감하며 대화하는 방법

가) 공감: 다른 사람의 감정, 의견, 주장 따위에 대해 자신도 그렇다
   고 느끼는 것

　① 상대방을 향해 앉고 눈 맞추기

　② 상대방의 말에 귀 기울이기

　③ 상대방의 생각 반영하기

나) 조언하기

　① 친구가 받아들일 수 있는 내용을 조언

　② 상대에게 진심이 전해지도록 조언

　③ 상대에게 도움이 되도록 조언

2) 지도 방법

① 공감의 의미 이해하기

② 공감하는 대화 연습하기

③ 대화 후에 잘한 점과 부족한 점 정리하기

---

26) 5-1 지도서, 108쪽.

역할극의 예)

정우: 시현아, 축하해. 평소에 책을 열심히 읽더니 드디어 해냈구나.

시현: 고마워. 너도 같이 상을 받았으면 좋았을 텐데······.

　　　　(시현이가 정우의 속상한 마음을 위로하며 대화를 나눈다.)

거. 자신의 언어생활 점검하기(6-1)[27]

1) 자신의 언어생활 생각하기
① 의사소통을 어렵게 하는 말들: 줄임말(낱말의 일부분을 줄여 만든 말, 일상에서 굳어진 축약어 외에 우리말 뜻을 쉽게 이해할 수 없게 줄여 쓴 말), 비속어, 신조어

2) 자신의 언어생활 점검하기
: 평소 언어생활 되돌아보기

3) 지도 방법
① 대화를 보고, 언어예절에 어긋나는 말을 찾기
② 그림을 보고, 자신의 언어생활을 떠올려보기
③ '언어생활 자기 점검표'에 자신의 언어생활 성찰하기
④ 자신의 언어생활 상태가 어떠한지 질문을 만들어 스스로 묻고 답하기

---

27) 6-1 지도서 7단원, 300~303쪽.

예)

① 친구가 우유를 쏟아 우유가 내 옷에 묻었을 때 비속어를 쓰며 친구를 비난했다.

② 여자 아이가 줄임 말과 신조어, 비속어를 사용함으로써 아버지와 의사소통이 안 되고 있다.

③ 욕설이나 비속어를 올바른 우리말로 바꾸어 사용하려고 노력한다.

④ 자신의 언어생활에서 가장 바람직한 점은 무엇인가요?
   : 다른 사람을 배려하는 말을 하고 있습니다.

3. 지도 및 평가의 유의점

가. 지도의 유의점

1) 대화 연습과 대화 활동 점검

대화할 때 지켜야 할 예절을 알아보고 다양한 상황에서 예절에 주의하며 대화하도록 하는 것이 목적이기에 실제 대화에 활용할 수 있도록 원활한 대화를 연습하는 활동을 한다. 또한, 학생들의 실제 대화 활동을 점검하는 기회를 만든다.

2) 온라인 대화 특성알고 대화하게

학생들이 다양한 대화 자료를 살펴보며 온라인 대화의 특성을 파악할 수 있도록 지도한다. 이 때 온라인 대화가 지닌 단점만을 제시하기보다는 다양한 면을 살펴보고 어떻게 하면 바르게 대화할 수 있을지 생각해보도록 한다.

나. 평가의 유의점

1) 언어 예절을 생활화하여 대화하는지 평가

학생들이 대화할 때 알맞은 대화 예절을 지키도록 하고, 회의 시간이나 온라인 대화 상황에서도 지켜야 할 대화 예절이 있음을 알게되었는지에 중점을 두어 평가한다. 또한, 교과 이외의 시간에서 예절을 지켜 대화하는 것을 생활화하였는지 평가한다.

2) 관찰을 통해 비언어적인 부분 평가하기

대화는 언어적 요소로만 이루어지는 것이 아니기 때문에 표정, 몸짓, 말투와 같이 비언어적인 부분도 관찰을 통해 평가하도록 한다.

3) 학생들을 지속적 관찰하기

해당 수업 시간에서의 단편적인 평가를 넘어서 학생들의 일상 대화, 회의, 온라인 대화 등을 지속적으로 관찰하고, 여러 가지 상황에서 올바른 대화 예절을 지킬 수 있도록 평가한다.

◈ 말하기 불안 해소 방법

1. 학습의 필요성

　말하기는 가장 기초적인 언어 기능이며, 말을 통해 자신의 의견이나 생각, 감정을 주고받고 지식을 습득하고 사고를 발달시킨다는 점에서 매우 중요하다.[28] 그러나 실제 교육 현장에서는 말하기 불안으로 인해 자신의 의사를 제대로 표현하지 못하고 발표하기를 꺼려하는 학생들이 많이 있다. 이러한 불안 증세가 지나쳐 자신의 의사 표현에까지 영향을 미친다면 효과적인 의사소통 능력이 길러질 수 없을 뿐 아니라 대인관계까지도 어렵게 만들 수 있다.

　따라서 말하기 교육에 있어 학생들의 말하기 불안 극복 지도가 적절하게 선행되어야만 효과적인 교육이 이루어질 수 있다.

2. 학습 내용과 지도 방법

가. 바른 자세로 말하기(1-2)

1) 자신이 잘하는 것 떠올리기
: 금메달 따는 상상하기 활동

　예)
　① 그네 타기 금메달 / 급식 골고루 먹기 금메달 /

---

28) 황정현(2011), 「말하기 불안 해소를 위한 지도 방법 연구」, 한국교원대 석사논문.

목소리 크게 말하기 금메달

2) 자신 있게 말해요(2-1)[29]

① 다른 사람 앞에서 말한 경험 떠올리기

② 그 때 느꼈던 자신의 기분 생각하기

  : 너무 떨려서 제대로 발표하지 못했다. / 자신 있게 발표했다.

③ 말하기 불안을 줄이는 방법

  ㉠ 여러 상황에서 말하는 경험 가지기

  ㉡ 말을 할 때 실수를 할 수도 있다고 생각하기

  ㉢ 말할 내용에 대해 충분히 준비하기

④ 말 더듬지 않는 방법

  ㉠ 천천히 말하기 → 또박또박 말하는 연습하기 → 큰 소리로 글을 읽어보면서 더듬는 부분 찾아 연습하기 → 문장 알맞게 끊어서 말하기 → 말이 끊어지는 부분 표시하면서 말하는 연습하기

  ㉡ 자신 있게 말하기

  : 여러 상황(친구와 둘이서 / 조별로 / 앞에 나와서)에서 글을 읽고 떠오르는 생각 이야기하기. 좋아하는 책 소개하기

⑤ 말하기 불안 지도

  ㉠ 손가락 인형 가지고 역할극하기: 말하기 불안이 있는 어린이에게 손가락 인형을 만들어 대사를 읽게 함으로써 관중의 시선을 인형으로 돌려 불안을 줄이는 방법

  ㉡ 탈을 쓰고 역할극 / 탈놀이하기: 자신의 얼굴을 가림으로써 남의 시선을 벗어나 자기를 표현하는 힘을 기를 수 있음

---

29) 2-1 지도서, 90쪽.

ⓒ 연극하기: 연극 대사를 외워서 연기를 함으로써 자신의 심리적 부담감을 줄이는 방법으로 말하기 / 발표력 신장에 효과가 있음

⑥ 말하기 불안과 관련된 도서 읽기[30]

㉠ 자신 있게 말하는 경험을 다룬 이야기를 읽는 것은 여러 사람 앞에서 말하기의 실천 동기를 부여하는 데 도움이 된다.

㉡ 특정 주제 부분만 발췌해 수업 시간에 함께 읽거나 수업이 끝나고 도서관에 가서 찾아서 읽어볼 수 있게 안내한다.

예)

① 즐거운 학교생활을 위한 1학년 체험 동화(심후섭 / 소담주니어)

② 나, 오늘 말하기 어떻게 해!(정설아 / 파란정원)

3. 지도 및 평가의 유의점

가. 지도의 유의점

1) 자신의 꿈이나 잘하는 것을 소개할 때에는 말하는 내용도 중요하지만, 자신 있게 말하는 태도에 더 중점을 두어 지도한다.[31] 특히 말하기에 소극적인 학생일수록 말하는 경험 자체를 칭찬해 주어 말하기에 자신감을 가질 수 있도록 한다.

2) 말하기는 듣는 사람의 영향이 크게 작용하므로 학생들이 친구의 발표를 주의 깊게 듣고 틀리더라도 웃거나 놀리지 않도록 지도

---

30) 2-1 지도서, 92쪽.

31) 1-2 지도서, 161쪽.

한다.[32]

나. 평가의 유의점

1) 학생의 개인차를 고려해 평소 소심하거나 대인 관계에 수줍어하는 학생은 평가 기준을 상대적으로 조정해 평가한다.[33]
2) 말할 내용에 대해 충분히 생각할 시간을 주고 평가하도록 한다.[34]

---

32) 2-1 지도서, 89쪽.
33) 1-2 지도서, 187쪽.
34) 1-2 지도서, 187쪽.

◈ 목소리 작은 어린이 발표 지도

1. 발표 지도의 필요성

  국어과 교육과정을 살펴보면 국어과 교육의 목표는 "창의적인 국어 사용 능력 향상"에 있다고 명시하고 있다. 국어사용 능력은 바로 의사소통 능력이라고 할 때, 국어과에서는 의사소통 능력 신장을 위해 일차적으로 음성언어를 지도해야 한다.

  자신의 생각이나 주장을 자발적으로 표현하지 못하는 학생들은 인성적인 면에도 부정적인 영향을 미칠 것이므로 말하기 불안 극복 활동을 통하여 발표 능력을 신장시키고 나아가 능동적인 삶의 태도를 고취시킬 필요가 있다.

2. 학습 내용

가. 자신 있게 말하는 바른 자세와 태도(1-2)

  1) 듣기와 말하기를 할 때 가져야 할 바른 태도와 자세를 알기.[35]
  2) 듣는 사람을 바라보며 자신 있게 말하는 방법을 익히기.[36]

---

35) 1-2 지도서, 164쪽.
36) 1-2 지도서, 164쪽.

나. 자기 소개하기(2-1)

1) 바른 태도와 자세에 대한 학습을 토대로 바른 자세로 자신 있게 자기소개하기[37]
2) 여러 사람 앞에서 말하는 활동하기[38]

3. 지도 방법

가. 말하고 들을 때의 올바른 태도 학습 활동

1) 카드 붙이기 게임

학생들에게 좋은 태도와 나쁜 태도가 적힌 카드를 1장씩 나누어 주고 학생들이 직접 구별하여 칠판에 붙이는 활동이다. 이 놀이를 통해서 학생들은 올바른 태도가 무엇인지 정확하게 알 수 있게 되고 더불어 나쁜 태도가 무엇인지도 알게 된다.[39]

나. 말하기 내용에 대한 불안 극복 활동

1) 게임식 이야기 릴레이

모둠 활동으로 한 사람씩 돌아가며 이야기를 지어나가는 게임이다. 한 문장을 이용하여 처음으로 이야기를 시작하면, 다음 사람은 이

---

37) 2-1 지도서, 89쪽.
38) 2-1 지도서, 89쪽.
39) 김영희(2003), 말하기 불안 극복 프로그램을 활용한 발표 능력 신장 방법 연구, 진주교대 석사논문, 50쪽.

야기가 이어지도록 다시 한 문장으로 이야기를 지어나가고, 이렇게 계속하여 옆 사람으로 진행된다. 이 때 이야기는 자유롭게 이어지므로 정답이 정해져 있지 않음을 알고 자신감 있게 자신의 이야기를 말할 수 있게 된다.40)

2) 나에 대해 자랑하기

이 활동은 아동에게 자신의 좋은 경험을 상기시키고 그 경험을 확대하여 자신에 대한 긍정적인 자아상을 키워, 자신 있게 발표할 수 있도록 하는 활동으로 미리 과제로 제시한 자신의 자랑거리를 가져오게 한다.

물건을 가져오지 못하는 경우는 그 자랑거리를 찍은 사진도 좋고 자랑거리를 표현할 수 있는 것이면 무엇이든지 좋다.41)

다. 말하는 태도 바꾸기

1) 짝 소개하기

부끄러움을 많이 타서 목소리가 작은 아동들은 자신을 소개하는 것조차 힘들어하는 경우가 많다. 하지만 자기가 알고 있는 다른 친구를 소개하는 활동은 상대적으로 덜 부끄러워하는 경우가 많다. 따라서 자신이 직접 자기를 소개하지 않고 짝과 인터뷰를 하고 그렇게 새롭게 알게 된 친구를 소개해주는 방식으로 이루어진다.42)

---

40) 김영희(2003), 위의 논문, 52쪽.
41) 김영희(2003), 위의 논문, 53쪽.
42) 정연정(2007), 발표 불안 아동을 위한 발표 훈련 프로그램 구안, 부산교대 석사논문, 36쪽.

2) 날 따라하세요

이 활동은 주인공이 되는 학생이 원으로 둘러싸인 가운데에 서게 하고 주인공이 하는 모든 행동을 둘러싼 다른 친구들이 따라하게 하는 것이다.[43]

4. 지도 및 평가의 유의점

가. 부진 학생들은 오히려 더 자신감을 회복하기가 어렵고 친구들에게서 소외될 수 있으므로 이에 대한 각별한 지도가 필요하다.

나. 교사가 잘한 점을 칭찬할 때에는 까닭을 들어 말하여서 자신감을 기를 수 있도록 한다.

다. 자신 있게 말하는 태도가 중요한 까닭을 학생들의 경험에서 스스로 찾아낼 수 있도록 유도한다.

라. 말하는 내용도 중요하지만, 자신 있게 말하는 태도에 더 중점을 두어 학습하게 한다.

마. 특히, 말하기에 소극적인 학생일수록 말하는 경험 자체를 칭찬해주어 말하기에 자신감을 가질 수 있도록 한다.

바. 평가 시에는 발표 능력이 단기간에 성장하기 어렵다는 점을 충분히 고려해야 한다.

---

43) 정연정(2007), 위의 논문, 38쪽.

◈ 칭찬하는 말하기(글쓰기) 방법

1. 칭찬의 효과

　칭찬하는 말이나 글은 대인 관계를 원만하게 만들고 자존감을 높이는 데 많은 도움을 주지만 실제 생활 속에서 학생들이 자유롭게 사용하는 예는 드물다. 이 단원을 공부하면서 칭찬의 경험을 이야기하며 학생들이 칭찬하는 말이나 글이 가진 힘을 스스로 깨닫고, 칭찬의 즐거움을 느낄 수 있다. 이를 통해 바른 언어 사용 습관을 기르고 실생활에 원활한 교우 관계를 유지할 수 있다.

　또한, 칭찬을 하기 위해서는 상대방을 생각하며 자신의 기분이나 느낌을 표현하는 방법을 익히는 것이 중요하다. 이는 공동체 생활을 하는 사람으로서 원만하게 살아가기 위해 필요한 태도이다. 학생들은 이 단원에서 상대의 기분이나 느낌을 배려하며 대화하는 능력, 대화하는 상대를 존중하는 자세 등을 길러 '공동체·대인 관계 역량'을 향상하고, 공동체 사회의 일원으로서 살아갈 수 있는 자세를 기를 수 있다.

　단원 학습을 통해 자신의 감정이나 생각을 상대에게 효과적으로 표현하는 방법을 익히고 상대에 대한 관심과 이해를 바탕으로 효과적인 칭찬과 조언의 필요성을 인식할 수 있으며, 상대의 감정이나 생각에 공감하며 대화를 나누는 태도를 지닐 수 있다. 또한 칭찬하는 말과 조언하는 말을 주고받음으로써 긍정적인 유대 관계를 형성하고 발전시킬 수 있다.

2. 학습 내용 및 지도 방법

가. 듣는 사람을 생각하며 기분을 말하기[44]

1) 듣는 사람을 생각하며 기분을 말하는 방법
: 자신의 기분과 듣는 사람의 기분을 생각해 본 뒤에 정리한 생각을 차분하게 말한다.

2) 지도 방법
① 기분을 말하는 방법 알기
② 제시된 상황 속에서 듣는 사람을 생각한 대답 생각하기
③ 역할놀이하기

나. 칭찬/대답하는 말을 하는 방법[45]

1) 칭찬하는 말을 하는 방법
① 친구가 가지고 있는 장점을 찾아 칭찬하기
② 열심히 노력하는 점을 찾아 칭찬하기
③ 고마운 점이 있으면 '덕분에'와 같은 말을 넣어 칭찬하기

2) 대답하는 말을 하는 방법
① 고마움 표시하기

---

44) 1-2 지도서 6단원, 238쪽.
45) 2-2 지도서 10단원, 350쪽.

② 상대를 같이 칭찬하기
③ 겸손한 태도로 대답하기

3) 칭찬을 들으면
① 칭찬을 들을 때 기분이 좋아지고 더 잘하고 싶은 생각이 든다
② 힘이 난다
③ 잘할 수 있다는 용기가 생긴다
④ 말할 때 친구가 좋아하는 모습을 보면 기분이 좋아진다
⑤ 칭찬하는 말을 하면 칭찬하는 사람도 기분이 좋아진다

4) 칭찬하기
① 열심히 하고 노력하는 점을 칭찬
② 친구가 잘하는 점에 대한 자신의 느낌 말하기
③ 분명하고 자세하게 칭찬
④ 결과보다 과정을 칭찬
⑤ 평가하지 말고 설명하는 칭찬
⑥ 보상과 연관 짓지 않아야
⑦ 고마운 점이 있으면 '덕분에'와 같은 말을 넣어 칭찬

5) 칭찬에 대답하기
① 고마움을 표시 한다
② 상대를 같이 칭찬해 준다
③ 겸손한 태도로 대답 한다

6) 칭찬/대답하는 말 주고받기

○ 짝과 함께 말 주고받기

① 짝을 바라보며 칭찬할 점 떠올리기

② 짝과 칭찬/대답하는 말 주고받기

※ 대답 예시

① 감사 표현: "고마워", "감사 합니다"

② 느낌 표현: "와! 신난다", "야호!"

③ 능청떨기[1]: "나도 그렇게 생각해"

④ 능청떨기[2]: "내가 원래 예쁘긴 하지?"

⑤ 반문하기: "정말? 내가 잘했어?"

⑥ 각오 다짐: "앞으로 더 잘할 거예요"

⑦ 겸양하기: "뭘요, 별것 아니에요"

⑧ 상대에게 돌리기: "아니야, 네가 더 잘했어"

※ 대화 예시

갑: "너 연습 많이 했구나? 노랫말도 벌써 다 외웠네, 너는 무엇이든 열심히 하는 모습이 좋아."

(칭찬하는 내용이 잘 나타나게 칭찬)

을: "그렇게 칭찬해 줘서 고마워. 좀 힘들었는데 네 말을 들으니 힘이 나는 것 같아."

(고마움을 표시)

7) 지도 방법

가) 칭찬과 대답

① 듣고 싶은 칭찬하는 말 떠올리기

② 역할극을 통해 칭찬하는 말과 대답하는 말을 하는 방법 익히기

③ 칭찬하는 말을 할 때 주의할 점 알기

나) 칭찬의 원칙: 행위에 대해서 칭찬한다, 행위로 인한 고마움을 표시한다.

(칭찬) 열심히 하고 노력하는 점

(대답) 고마움 표시하기

예)

갑동: 너, 연습 많이 했구나? 너는 무엇이든 열심히 하는 모습이 좋아.

을순: 그렇게 칭찬해주서 고마워. 좀 힘들었는데 네 말을 들으니 힘이 난다.

(칭찬) 친구가 잘하는 점과 잘한 일에 대한 자신의 느낌 말하기

(대답) 상대를 같이 칭찬하기

예)

갑동: 와, 네 목소리 정말 좋다. 나도 너처럼 노래를 잘 부르고 싶어.

을순: 너는 달리기를 잘하잖아. 나는 그게 부러운걸?

(칭찬) 고마운 점이 있으면 '덕분에'와 같은 말을 넣어 칭찬하기

(대답) 겸손한 태도로 대답하기

예)

갑동: 네가 도와주니 네 덕분에 학예회에서 노래를 더 잘 부를 수 있을

<u>것 같다.</u>

을동: 아니야, 네가 더 잘 부르잖아. 우리 열심히 연습해서 멋지게 공
연하자.

다) 칭찬할 때 주의 점

① 잘못한 점을 함께 말하지 않기

② 크게 부풀려서 칭찬하지 않기

③ 진심이 담기지 않은 칭찬하지 않기

예)

가) 유의점

① "너는 시끄럽지만 웃음소리가 시원해"

(잘못한 점을 함께 말하지 않기)

② "네 노래 실력이 우주에서 최고야!"

(너무 부풀려 칭찬하지 않기)

③ "음..., 너는 착한 것 같아"

(진심이 담지지 않은 칭찬하지 않기)

나) 칭찬 쪽지 쓰기(롤링 페이퍼 등)

① 우리 반 친구를 칭찬하는 내용

② 친구가 잘한 점, 잘하지는 못해도 노력하는 점, 조금씩 좋아지는 점

③ 자신의 생각이나 느낌

④ 누가 썼는지 알 수 있도록 쓴 사람의 이름

다) 칭찬 기차 만들기

① 친구가 잘한 일을 자세하게 쓴다.

② 친구가 노력하는 과정을 칭찬해 준다.

③ 친구의 장점을 써서 친구를 기분 좋게 한다.

예) 김수민은 이지현을 칭찬합니다. 왜냐하면 지난번 비 오는 날에 우산이 없었는데 집까지 우산을 씌워 주었기 때문입니다. 나도 다음에 누군가에게 그런 도움을 주고 싶습니다.

*이렇게 기차 형식으로 계속 반복된다.

다. 읽는 사람을 생각하며 마음 전하는 글쓰기46)

1) 자신의 마음을 쪽지로 전하기
① 자신의 감정 솔직하게 쓰기
② 어떤 일이 있었는지 쓰기
③ 앞으로 바라는 점 쓰기
④ 장난스럽게 보이지 않게 쓰기

2) 지도 방법
가) 마음의 쪽지 쓰기
　① '화해하기' 동영상을 보고, 비슷한 경험 발표하기
　② 주은이의 쪽지 완성하기
　③ 다른 사람의 마음을 헤아리며 자신의 마음을 전하는 글쓰기

---

46) 3-2 지도서 6단원, 280쪽.

라. 듣는 사람을 고려해 상황에 맞게 말하기[47)]

1) 듣는 사람을 고려하는 방법
① 듣는 사람 생각하기
② 듣는 상황 생각하기
③ 내용에 알맞은 표정, 몸짓, 말투 사용하기

2) 지도 방법
: 듣는 이를 고려해 상황에 맞게 말하기
① 듣는 사람에 따라 달라지는 내용 생각하기
② 듣는 사람에 따라 말하는 방법 정리하기
③ 듣는 사람을 고려해 말하기

마. 상대의 잘한 일, 장점을 찾아 칭찬하기[48)]

1) 칭찬의 중요성
① 상대의 기분을 좋아지게 한다
② 누군가에게 용기를 준다
③ 다른 사람과 관계를 좋아지게 만든다

2) 지도 방법
가) 칭찬하기

---

47) 4-1 지도서 3단원, 186쪽.
48) 5-1 지도서 1단원, 100쪽.

① 친구의 칭찬거리 떠올리기

② 칭찬거리를 정리해 칭찬하기

③ 칭찬거리가 드러나는 별명 짓기

④ 어른이 어린이에게 칭찬하기

예시) 네가 심부름을 해줘서 내가 ~ 할 수 있었어.

나) 친구끼리 칭찬하는 방법

(가) 언어적 칭찬

① 친구를 바라보며 밝은 표정으로 이야기 한다

② 칭찬하는 까닭을 이야기 한다

③ 결과보다 과정을 칭찬 한다

④ 분명하고 자세하게 칭찬 한다

⑤ 과장하지 않고 솔직하게 칭찬 한다

⑥ 평가하지 말고 설명하는 칭찬을 한다

⑦ 친구의 단점보다 장점을 먼저 본다

⑧ 아주 작은 것도 칭찬할 수 있다

⑨ 표정, 목소리, 행동 등이 상황에 어울리도록 한다

※ 구체적인 내용으로 어린이 칭찬하기

"우리 반 ○○이는 정말 배려심이 많은 친구인 것 같아요. 청소를 하면서 다른 친구들의 자리도 치워주는 모습을 선생님이 자주 보았는데 친구를 위하는 마음이 있다는 것을 알 수 있었기 때문이에요."

(나) 비언어적 칭찬

① 머리 쓰다듬기

② 어깨를 두드리거나 살짝 잡아 주기

③ 악수하기

④ 어깨동무하기

⑤ 엄지손가락 세우기

⑥ 박수 치기

⑦ 미소 짓기

⑧ 눈 맞추기

⑨ 두 손 모아 말하기

(다) 친구들 별명 짓기

① 친구의 장점이나 친구가 잘하는 것을 찾아 칭찬거리가 잘 드러나게 친구의 별명을 짓는다.

② 상대의 기분을 좋게 해주는 별명을 붙인다. 좋은 의미의 별명일지라도 듣는 사람은 기분이 상할 수 있으므로 상대를 고려하며 별명을 짓도록 지도한다.

예) 칭찬 별명 짓기

"민지는 아프거나 힘든 친구가 있으면 잘 도와주고 보건실도 같이 가주니 '도움왕 민지'라고 부르면 좋겠어."

바. 마음을 나누는 글쓰기[49]

1) 마음을 나누는 글을 쓰는 방법

① 누구와 마음을 나눌지 생각하기

---

49) 6-1 지도서 9단원, 370쪽.

② 상황을 파악하기
③ 목적을 정하기

2) 지도 방법
: 마음 나누는 글 쓰기
① 나누려는 마음이 무엇인지 생각해 보기
② 글을 쓰는 상황과 목적은 무엇인지 말해보기
③ 마음을 나누는 글을 써 보기

3. 지도 및 평가의 유의점

가. 친구의 칭찬거리를 찾을 때에는 가시적으로 드러나는 거창한 일
이 아니더라도 소소하지만 가치 있고 의미 있는 일에 주목하도록
안내한다.
나. 칭찬하는 말과 조언하는 말 하기는 연역적으로 제시하고 연습한
다고 해서 얻어지지 않으므로 학생 자신들의 경험이나 인식에서
칭찬과 조언하는 말을 이끌어 내야 한다.
다. 실제로 학생들이 칭찬하는 과정을 관찰해 의미 있는 칭찬의 방법을
정리해 주도록 한다.
라. 상대방을 생각하며 자신의 기분이나 느낌을 표현하는 방법을 익히게
하여 효과적인 칭찬이 되도록 하고 상대방을 존중하는 말하기 방법
을 학습할 수 있도록 지도한다.
마. 친구에게 칭찬하거나 조언하는 말을 할 때에는 일방적으로 자신
의 생각을 전달하는 것이 아니라 친구의 감정이나 생각을 배려하
며 말하는지에 초점을 두어 평가한다.

바. 구체적인 상황에서 실질적으로 도움을 줄 수 있는 내용을 말하는
   지 평가한다.

◈ 느낌과 생각의 표현 방법

1. 학습의 필요성

자신의 느낌을 표현하는 여러 방법을 학습하면, 자신의 마음을 분명하게 표현하고, 생생하고 구체적인 표현이 가능하므로 자신의 느낌을 더욱 효과적으로 전달할 수 있다.

또한 자신의 느낌표현 뿐만이 아니라 타인의 느낌표현에 적절한 비언어적, 반언어적 표현의 사용을 통해 반응함으로써 바람직한 관계형성 및 관계향상을 할 수 있다. 그리고 만화나 글을 읽으며 인물의 마음을 짐작할 수 있다.

2. 학습 내용 및 방법

가. 마음을 나타내는 말(2-1)

1) 마음을 나타내는 말이 무엇인지 알기
: 마음을 나타내는 말이란? 자신의 느낌이나 생각을 나타낸 말
   예) 아름답다, 기쁘다, 슬프다, 자랑스럽다, 좋은 의견이다.

2) 비슷한 의미의 다양한 마음을 나타내는 말 알기
   *평소 사용하는 말 중 상황에 따라 의미가 달라지는 말

3) 텍스트를 보고 인물이 어떤 마음인지 왜 그런 마음이 드는지 말하기

4) 자신의 경험을 바탕으로 어떤 상황에서 어떤 마음을 가졌는지 이유를 들어 모둠원과 말해보기

나. 꾸며주는 말(2-1)

1) 꾸며주는 말이란?
: 관형어와 부사어를 사용한 말.
   예) **굵은** 빗방울이 **주룩주룩** 내린다.

2) 관형어란?
: 체언 앞에 붙어서 그것을 꾸며주는 말로써 종류로 관형사, 용언의 관형사형, 체언에 조사 '의'가 붙은 어휘

3) 부사어란?
: 서술어에 붙어서 그것을 꾸며주는 말로써 종류로 부사, 용언의 부사형, 체언에 조사, 부사격 조사가 붙은 어휘

4) 꾸며주는 말의 효과
: 더 실감나게 정확하게 표현할 수 있다.
① 꾸며주는 말을 사용한 문장과 그렇지 않은 문장의 비교를 통해 꾸며주는 말을 사용하면 좋은 점을 스스로 생각해 보게 한다.
② 꾸며주는 말을 사용해서 어떠한 문장이든 만들어본다.
③ 모둠원 끼리 꾸며주는 말을 사용하여 우리 반에 대한 글을 쓰고 발표해본다.
④ 학생의 적극적인 참여를 유도하고 학습의 흥미를 높이기 위해

'꾸며 주는 말놀이 빙고 게임'을 한다.

다. 감각적 표현 읽는 방법(3-1)

1) 감각적 표현이란
: 우리의 감각을 통해 경험한 대상을 언어로 표현한 것

2) 감각적 표현의 방법
: 비유법, 흉내 내는 말(의성어, 의태어) 등
① 비유법: 어떤 대상을 다른 사물에 빗대어 표현한 것
   (직유법, 은유법, 대유법, 활유법, 의인법)
② 의성어: 소리를 흉내 내는 말
   의태어: 모양, 동작을 흉내 내는 말
   예) 참외는 까칠까칠하다. 딸기는 달콤하다.

라. 비언어적와 반언어적 표현(3-2)

1) 비언어적 표현이란?
: 말을 하지 않으면서 이루어지는 것
   예) 시선, 표정, 몸짓, 옷차림, 자세

2) 비언어적 반언어적 표현 시 주의점
① 듣는 사람에게 맞아야 함
② 표정, 몸짓, 말투가 서로 어울려야 함
③ 사용 목적(정보전달, 설득, 친교 및 정서 표현)을 생각

3) 비언어적 반언어적 표현을 적절하게 조절, 통제하기 위해서는

① 자신의 감정이 어떠한지 인지

② 자신의 감정을 적절하게 표현

③ 비언어적 표현을 점검하고 조정(상위인지)

　*상위인지(메타인지): 인지적 행동을 의식하고 통제, 조절하는 인지.

4) 반언어적 표현이란?

: 말을 하면서 이루어지는 음성과 관련된 요소

　예) 말투, 목소리 크기, 말의 빠르기, 높낮이 등

① 반언어적 표현 알아보기: 동영상을 볼 때 말소리를 끄고 표정과
　몸짓을 살펴본다. 화면 끄고 말소리만 들려주어 말투가 어떠한
　지 살펴봄으로써 비·반언어적 표현의 중요성을 배우기

5) 비언어적 반언어적 표현의 중요성

① 상대방과의 관계 형성 및 증진과 유지

② 의미 전달에 큰 비중을 차지

③ 비언어적 반언어적 표현을 통해 지금 기분을 표현해본다.

④ 4인1조를 만들어 상황극을 준비하고 발표해본다.

　㉠ 실생활에서 일어날 수 있는 상황카드들 중에 하나를 고른다.

　㉡ 각 상황에서 어떤 말투, 몸짓, 표정이 효과적인지 파악한다.

　㉢ 상황극을 위한 대본을 만들고 각자 역할을 정해서 연습하고 발표
　해본다.

마. 느낌 말하기

1) 시나 이야기 읽고 느낌을 나누는 방법(4-1)[50]
① 느낌이 사람마다 서로 다른 까닭을 말해 본다.
 *일어나는 일을 다르게 생각했기 때문에 / 재미를 느낀 부분이 달랐기 때문에
② 시나 이야기를 읽고 느낌을 나누어 본다.
 *오행시 짓기 / 몸으로 표현하기 / 인물 되어 말하기 등 여러 가지 방법으로 표현
③ 친구들 앞에서 발표하고, 표현 방법과 내용 정리

2) 자신의 느낌이 잘 드러나게 말하는 방법(4-1)[51]
① 상황에 알맞은 표정, 몸짓, 말투의 효과를 안다.
 *칭찬/꾸중을 들은 상황에 따라 변하는 사람의 표정, 몸짓, 말투를 살펴보기
② 적절한 표정, 몸짓, 말투를 사용해 말해 보기
 예) 학급 회의를 진행할 때
   ⇨ 밝게 웃으며, 바른 자세로, 말끝을 분명하게
③ 듣는 사람을 고려해 말해 보기
 *동생·친구·여러 사람 등 듣는 이에 따라 내용을 다르게 말하기
④ 자신이 겪은 일을 실감 나게 말하기
⑤ 누가 어느 부분을 실감 나게 표현했는지 이야기하기

---

50) 4-1 지도서 1단원, 108~143쪽.
51) 4-1 지도서 3단원, 174~201쪽.

3) 만화를 보고 생각과 느낌을 나타내는 방법(4-1)[52]

① 표정이나 행동을 보고 인물의 마음을 짐작하기

② 인물의 마음을 짐작하며 만화를 읽는 방법 알기

   *그림 속 인물의 말, 표정, 행동, 배경, 말풍선 테두리 모양을 통해 마음을 짐작하기

③ 인물의 마음을 짐작하며 만화를 읽거나 만화 영화를 보기

④ 인상적인 장면을 골라 인물의 마음을 표현하기

⑤ 인물의 마음에 어울리는 말투, 표정, 몸짓을 실감나게 표현하며 역할극하기

⑥ 재미있었던 일을 만화로 표현하기

4) 작품의 느낌을 여러 가지로 표현하는 방법(4-2)[53]

① 경험을 떠올리며 시나 이야기를 읽기

② 친구들과 묻고 답하며 내용에 대해 알기

③ 친구들과 느낌을 떠올리는 방법을 이야기하기

   *시의 장면 떠올리며 낭독하기 / 역할놀이 하기 / 시 속 인물과 면담하기 등

④ 자신이 정한 방법으로 느낌을 표현하기

   예) 시 속 인물과 면담하며 느낌을 떠올리고 ⇨ 노랫말 만들기 / 그림 그리기 등으로 표현

---

52) 4-1 지도서 10단원, 382~411쪽.

53) 4-2 지도서 9단원, 368~393쪽.

3. 지도 및 평가의 유의점

가. 지도

시나 이야기를 읽고, 또는 만화를 보고 인물과 비슷한 경험을 떠올려 봄으로써 타인의 마음을 이해하고 공감하는 능력을 기를 수 있도록 한다. 시와 이야기를 읽거나 만화를 보고 느낌을 나누는 과정에서 자신과 다른 사람의 느낌이 서로 차이가 있음을 알게 함으로써 작품의 다양한 이해가 있음을 발견하도록 한다. 또한, 자연스럽게 대화하고 경청하는 태도를 기른다. 자신의 느낌을 더 구체적이고 생생하게 나타내기 위해서는 마음을 나타내는 말, 꾸며 주는 말, 감각적 표현, 비·반언어적 표현을 적절하게 사용하는 것이 의미 전달에 효과적임을 알게 한다. 생활하면서도 실제로 사용하도록 한다.

나. 평가

다양한 느낌 표현법을 알고, 상황에 맞게 적절하게 사용할 수 있는지를 평가한다. 그러한 마음이 든 상황이나 까닭도 나타낼 수 있는지도 평가할 수 있다. 글을 평가할 때는 맞춤법 등 형식적인 요소를 강조하지 말고, 느낌 표현법을 적절하게 사용해 자신의 느낌을 나타냈는지를 평가한다. 다른 학생들과 시나 이야기, 만화에 대한 느낌을 공유하는 활동을 하며 작품에 대한 자신의 이해 정도를 스스로 점검해 보도록 한다. 그것들을 감상한 뒤에 느낌을 다양한 방법으로 표현하도록 하고, 이를 관찰해 평가한다.

◈ 우리말의 높임 표현

1. 높임 표현의 효과

학생들이 높임 표현을 사용하는 상황, 높임 표현을 사용하는 방법, 높임 표현 사용의 효과나 가치 등을 배움으로써 언어예절에 맞게 높임 표현을 사용해 타인과 관계를 형성하고 유지하는 공동체·대인 관계 역량을 기를 수 있게 된다.

높임 표현 사용에 대한 구체적인 내용을 학습하고, 다양한 상황에서 높임 표현을 알맞게 사용하는 능력을 길러 즐겁게 대화할 수 있게 된다.

2. 학습 내용

3학년 교과서에는 '상대 높임, 객체 높임, 주체 높임' 세 가지 높임법이 나온다. 이들은 높임의 대상과 높이는 사람의 관계를 나타내는 말이므로 관계를 잘 파악하도록 해야 한다. 이때 높임법은 말하는 이와 듣는 대상의 관계, 어떤 상황에서 말하는가를 생각하여 적용해야 한다(3-1).

가. 관계, 상황에 따른 높임법

1) 높임 표현: 대상과 상황에 따라 높임말을 사용하는 표현.
① 상대방에게 알맞은 높임 표현을 파악하게 한다.
　예) 아버지, 영희가 할머님께 진지를 드렸습니다.
② 높임 표현의 개념을 알 수 있게 한다.

2) 높임 표현의 개념이 대상을 높여 사용하는 말이므로 높임 표현을 윗어른에게만 사용하는 것이라고 강조하지 않도록 한다. 대상이 윗어른이 아니더라도 공식적인 말하기에서 높임 표현을 사용하는 경우가 있기 때문이다.

3) 높임 표현을 사용한 경험 말해보기
① 어떤 경우에 높임 표현을 사용했는가?
② 어떤 높임 표현을 사용했는가?
③ 높임 표현을 사용하면서 무엇이 어려웠는가?

4) 지도 방법
① 높임 표현을 알맞게 사용한 경우, 높임 표현을 사용하면서 어려웠던 점을 일기 주제로 제시
② '~습니다.'와 '~시~'를 사용한 높임 표현을 알아보고, '~께서/~께'와 높임을 나타내는 낱말을 사용한 높임 표현을 알아보는 활동을 진행한다.
  *높임 표현을 형태적으로 암기하게 하는 것이 아니라 사례에서 찾아낸 원리를 정리해 이해할 수 있게 한다.

나. 문장 종류별 종결어미의 높임법

1) 풀이하는 문장에서 끝맺을 때 어떤 표현을 사용하는지 안다.
  예) ~갔다. / ~가셨다.
2) 묻는 문장에서 끝맺는 말에 어떤 말을 넣는지 안다.
  예) ~갔니? / ~가셨니?

3) 높임의 대상에게 어떤 말을 붙이는지 안다.

예) 동생<u>이</u> ~ / 할머니<u>께서</u> ~

4) 높임을 뜻하는 특별한 낱말을 알아보자. ( )에 알맞은 높임말을 넣어봅시다.

나이		생일	
데리다		아들	
딸		아프다	
말		에게	
먹다		이름	
묻다		있다	
밥		자다	
병		주다	
보다		죽다	
사람		집	

5) 바른 높임법 사용하기

① 아버지, 어머니께서 할머님께 진지를 <u>드리셨습니다.</u>

② 아버지, 영희가 할머님께 진지를 <u>드렸습니다.</u>

*'어머니'가 '영희'로 바뀌면서 서술어에 _____가 빠졌다.

③ <u>영희야</u>, 어머니께서 할머님께 진지를 <u>드리셨어.</u>

*듣는 사람이 '영희'로 바뀌어 종결 어미가 _____ 대신 ____로 바뀐다.

④ 아버지, 어머니께서 <u>영희한테</u> 밥을 <u>주셨습니다.</u>

*'할머님'이 '영희'로 바뀌어 ____가 ____으로, _____가 ____로 되었다.

6) 웃어른과 대화할 때 지켜야 할 예절

① 엎드린 자세로 대화하지 않는다.

② 상대방을 쳐다보며 상대를 존중하는 태도로 대화한다.

7) 올바른 높임 표현

○ '~님'과 '~시~'자만 넣으면 높임 표현이 되는 걸로 착각하면 안 된다. 동물·물건·신체를 나타내는 말 등 높임표현을 붙이기에 알맞지 않은 말 뒤에는 높임표현을 사용하지 않아야 한다.

예) 손님, 가격이 모두 이만 삼천 원 <u>되시겠습니다</u>.

라. 압존법

1) 압존법의 원칙: 주체를 높여야 할 대상이라 할지라도 듣는 사람이 주체보다 더 높은 경우에는 주체의 행동에 존대를 나타내는 '-시-'를 붙이지 않는다.

다만 가족 내에서만 통용되는 것이므로 공식 석상에서는 압존법을 적용하지 않아야 한다.

예) 할아버지, 아버지가 아직 안 (왔습니다/오셨습니다).

회장님, 사장님께서 방금 (왔습니다/오셨습니다).

마. 공손한 예절을 갖춘 높임법

1) 대화 공손성의 원리

대화 참여자 사이에서 공손하고 예절 바르게 주고받는 말의 태도를 말한다. 상대에게 정중하지 않은 표현은 최소화하고 정중한 표현은 최대화하라는 원리이다. 대화 참여자 사이에 서로 인격을 존중하고 예의를 갖추려고 노력하는 태도를 말한다.

가) 주체 높임법: 문장의 주어를 높이는 높임법으로 조사, 선어말어미를 붙여 실현

  ① 직접 높임: 문장의 주체를 직접 높임

    예) 할머니가 간다. → 할머니 _____.

  ② 간접 높임: 높여야 할 대상과 밀접하게 관련된 '신체, 소유물, 생각' 등을 높임

    예) 어머니께서 고민이 <u>있으시다.</u>

나) 객체 높임법: 목적어나 부사어가 지시하는 대상인 서술의 객체를 높이는 높임법이다.

  ① 조사 '께'를 붙이거나 특수한 어휘를 통해 실현

    예) 철수가 선생님한테 물었다.

      → 철수가 <u>선생님께</u>_____.

다) 상대 높임법: 말하는 이가 듣는 이를 높이거나 낮추어 말하는 법. 종결어미에 의해 실현

격식체		비격식체	
하십시오	아주 높임	해요	높임
하오	예사 높임		
하게	예사 낮춤	해	낮춤
해라	아주 낮춤		

◎ 2017 초등임용고사 4)번 문제

4) 다음은 (가)의 '활동 3'에서 활용할 자료이다. ① ⓐ에 적용된 상대 높임법의 종류를 쓰고, ② 이 상대 높임법의 사용 상황을 화자와 청자의 관계 측면에서 설명하시오. [1점]

> 문익점은 목화씨를 김 서방에게 건네며 말하였습니다.
> ⓐ "이보게, 김 서방. 이것이 무엇인지 아는가? 목화씨라네. 겨울을 따뜻하게 보낼 수 있을 터이니 강 건너 밭에 심도록 하게."
> "알겠사옵니다. 나리."
> 김 서방은 목화씨를 받으며 고개를 갸웃거렸습니다.

채점 요소: 상대 높임법

①: _____

②: _____

3. 지도 및 평가의 유의점

가. 앞에서 '상대 높임, 객체 높임, 주체 높임'이란 용어를 사용했다. 그러나 이러한 용어를 학생들에게 직접 제시하지 않고 다양한 사례를 통해 자연스럽게 익히도록 한다.

나. 높임 표현은 생활에서 일어나는 상황을 설정하여 역할극을 하면서 연습하도록 지도하는 것이 흥미로운 방법이다.

다. 학생들이 일상생활에서 쉽게 실수를 저지르는 높임 표현 사용 사례를 중심으로 평가 자료를 제시하는 것이 효과적이다.

라. 평가를 할 때는, 친구들과 역할극이나 관찰평가를 통하여 점검해 봄으로써 협력적 평가가 이루어지게 한다. 높임말을 직접 사용하는 것뿐만 아니라 비언어적 표현도 중요함을 인지하게 평가한다.

◆ 공식적 말하기 방법

1. 공식적 말하기의 필요성

공식적 말하기 방법을 익혀 상황이나 장소에 맞게 말할 수 있는 능력을 기를 수 있다. 공식적인 장소에서 어떤 말투나 행동으로 이야기해야 하는지 알고 이를 실천할 수 있다. 말하기 능력에서의 심화요소를 배우고 익히면서 한 걸음 더 나아간 말하기 방법을 학습할 수 있다.

또한 자료·정보 활용능력과 의사소통 역량을 신장시킬 수 있다. 듣는 사람을 고려하여 말하기, 상황에 어울리게 말하기, 언어 예절에 따라 말하기 등 이전의 교육과정에서 진행되는 다양한 말하기 활동들을 다시 복습할 수 있다. 공식적인 상황에서는 어떤 방법을 사용하여 말해야 하는지에 대해 학습할 수 있다.

2. 학습 내용 및 학습 방법

가. 대화할 때 고려할 점(3-2)[54]

1) 바른 자세로 자신 있게 말하기
① 눈은 듣는 사람을 바라본다.
② 표정은 밝게 웃는다.
③ 배에 가볍게 힘을 준다.
④ 손은 자연스럽게 움직이거나 공수를 한다.

---

54) 3-2 지도서 5단원, 236쪽.

⑤ 허리는 곧게 세운다.

⑥ 발은 자연스럽게 벌리거나 단정하게 모아서 선다.

2) 자신 있게 말하는 방법 알아보기

① 고개를 들고 말한다.

② 듣는 사람을 바라보며 말한다.

③ 바른 자세로 서서 말한다.

④ 모두 들을 수 있도록 큰소리로 말한다.

3) 대화할 고려할 점

① 대화 상대가 누군지 생각하기

　　예) 친구/선생님/부모님

② 대화 목적 생각하기

　　예) **정보 전달**: 정확한 정보 전달하기, 의견이나 가치 개입하지 않기

　　　　설득: 논리적인 근거를 대어 주장하기

　　　　친교·정서 표현: 자신의 감정을 표현하기

③ 대화 상황 생각하기

　　예) 숙제와 관련된 내용으로 대화/드라마 내용으로 대화

④ 상대방의 기분을 생각하기

4) 학습 방법

① 대화 경험 나누기

② 대화를 할 때 고려해야 할 점 생각하기

③ 대화를 할 때 고려해야 할 점 정리하기

나. 상황에 맞는 표정, 몸짓, 말투로 대화하기(3-2)[55]

1) 상황에 어울리는 표정, 몸짓, 말투로 대화하려면?
① 어떤 마음인지 고려하여 어울리는 표정을 짓기
　예) 무서운 개를 만난 상황: 놀란 표정
② 대화 상황에 알맞은 몸짓하기
　예) 친구가 옆을 안보고 횡단보도를 뛰어가는 상황: 친구를 잡으려는
　　　몸짓
③ 기분이나 상황에 맞는 말투 쓰기

2) 학습 방법
① 만화영화를 보고 장면에 어울리는 표정, 몸짓, 말투 생각하기
② 역할놀이 할 장면 정하기
③ 상활에 어울리는 표정, 몸짓, 말투로 실연하기

다. 듣는 사람을 고려해 상황에 맞게 말하기(4-1)[56]

1) 듣는 사람을 고려하여 말하는 방법
① 듣는 사람이 관심을 보일 만한 내용을 말하기
② 듣는 사람이 쉽게 이해할 수 있도록 말할 내용 준비하기
③ 상대에 알맞은 말투와 말하기 예절을 사용하기

---

55) 3-2 지도서 5단원, 248쪽.
56) 4-1 지도서 3단원, 186쪽.

예)

　㉠ 동생에게 말할 때: 이해하기 쉬운 말 사용

　㉡ 여러 사람에게 말할 때: 높임말을 사용하고 시선을 고르게 주기

　㉢ 그밖에: 듣는 사람의 수, 성별, 나이, 사는 곳, 동일한 경험 등을
　　고려

2) 학습 방법

① 듣는 사람에 따라 달라지는 내용 생각하기

② 글을 읽고 말할 내용 정리하기

③ 듣는 사람을 고려해 말하기

라. 공식적 말하기 상황(6-1)[57)]

1) 공식적 말하기 상황이란?

① 다수의 청중에게 자신의 생각을 말하는 상황

② 여러 사람 앞에서 공식적으로 말하는 상황

　예) 학급회의에서 발표하기/국어시간에 토론하기

③ 높임표현을 사용하여 큰소리로 말해야

④ 듣는 사람의 이해를 돕기 위한 자료 사용

　예1) 옛사람의 생활모습 그림을 보여주며 설명하기

　예2) 가족과 여행한곳을 사진을 보여주며 설명하기

---

57) 6-1 지도서 3단원, 154쪽.

2) 공식적 말하기

학교에서 다루어야 할 말하기 종류(전은주, 1995: 195)

말하기				
참여＼상황 목적＼방식	공식적 말하기		비공식적 말하기	
	혼자 말하기	상대와 말하기	혼자 말하기	상대와 말하기
설득 설명 (정보전달)	연설 강의	토의, 토론 인터뷰 응하기		대화
정보수집		인터뷰하기		
친교 및 정서표현	식사(式事) 구연(口演)	극본대로 말하기	독백	

가) 공식적 말하기의 특징

① 공식적 말하기 상황에서는 화자가 주로 청중을 상대로 이야기한다.

② 화자가 말하기 전에 준비를 하고, 일정한 시간 내에 이야기를 한다.

③ 화자는 말하기 상황과 목적에 맞는 규칙을 지키며 말한다.

④ 공식적 말하기 상황에 참여하는 참여자들 모두는 화자가 말을 하도록 허락한 상태이다.

⑤ 공식적 말하기 상황에서 화자는 하나의 화제를 논리정연하고 일관성 있게 같고 나가야 한다.

나) 비공식적 말하기의 특징

① 주로 혼자 하는 말이거나 개인의 사적인 대화이다.

② 사생활의 영역에 속하므로 내용을 공개할 필요가 없다.

③ 친구나 친한 사람 간의 대화이므로 농담, 우스갯말 등이 모두 비공식적 담화에 속한다.

3) 학습 방법

① 자신이 경험한 공식적인 말하기 상황 살펴보기

② 자료를 활용해 발표할 때에 좋은 점 생각하기

③ 공식적인 말하기 상황의 특성 정리하기

마. 자료를 활용해 발표하기(6-1)[58]

1) 자료를 활용해 발표하려면?

① 발표상황을 고려하여 내용과 발표방법을 선정해야 한다.

② 여러 사람 앞에서 발표할 때에 주의할 점을 알아야 한다.

③ 발표할 주제와 내용에 알맞은 발표 자료를 가져와야 한다.

　예1) 여행지의 자연환경 소개는 그림보다 사진자료가 더 적합

　예2) 과거와 현재를 비교할 때 표와 동영상을 활용

2) 공식적인 말하기 상황에서 활용할 수 있는 자료

① 표: 여러 가지 자료 수량을 비교하기 쉽고, 많은 양의 자료 간단히 나타낼 수 있음

② 사진: 설명하는 대상의 정확한 모습을 보여 줄 수 있음

③ 도표: 수량의 변화 정도를 알 수 있고, 정확한 수치를 나타낼 수 있음

④ 동영상: 음악·자막을 넣어 분위기를 잘 전달할 수 있음

---

58) 6-1 지도서 3단원, 172쪽.

3) 학습 방법

① 발표할 내용 구성하기

② 주제와 내용에 맞는 발표 자료 선정하기

③ 자료를 활용해 발표하기

3. 지도 및 평가의 유의점

가. 공식적 말하기 방법이 사용될 수 있는 다양한 대화 상황을 설정해 학생들이 적극적으로 대화 활동에 참여하도록 한다.

나. 역할놀이를 통한 학습을 할 때, 역할놀이를 한 뒤에 자신이 한 대화를 스스로 되돌아보는 시간을 가지도록 한다. 역할놀이 할 때 상황에 어울리는 표정, 몸짓, 말투로 표현하는 것뿐만 아니라 일반적인 언어 예절도 지킬 수 있도록 한다. 대화를 나눌 때에는 상대를 바라보며 상대가 하는 말을 주의 깊게 듣기, 상대가 하는 말에 적절하게 반응하기, 대상에 따라 알맞은 높임 표현 사용하기와 같은 언어 예절을 지킬 수 있도록 한다.[59]

다. 대화의 태도뿐 만 아니라 내용도 중요하므로 대화의 목적과 상황을 잘 파악해 대화할 수 있도록 한다. 학생들이 주제에 알맞은 자료를 적절히 활용하여 효과적으로 발표할 수 있도록 한다. 자신이 관심 있는 다양한 주제를 선택할 수 있도록 지도하고, 주제를 정하기 어려워하는 경우 교사가 한두 분야로 주제를 한정하거나 예시 주제를 제안해 주도록 한다.[60]

---

59) 3-2 지도서 5단원, 248쪽.

60) 3-2 지도서 5단원, 236쪽.

라. 평가 시 발표 결과만 평가하지 말고 발표 내용을 준비하고 정리하는 전체 과정을 전반적으로 관찰해 학생들의 발표 능력이 향상될 수 있는 방향으로 평가한다. 학생들이 자료를 적절하게 활용했는지에 대한 관찰평가를 실시하고, 알맞은 표현으로 발표하는가에 대해 상호 평가 및 관찰평가를 실시한다. 역할놀이를 할 때는 언어 사용과 더불어 표정, 몸짓, 말투 같은 비언어적인 부분도 관찰평가를 통해 평가하도록 한다.61)

---

61) 6-1 지도서 3단원, 172쪽.

◆ 토의, 절차와 방법

1. 토의의 필요성 및 효과

　학생들은 토의를 통하여 혼자보다는 여럿이서 함께 문제를 해결하는 것이 효과적이라는 것을 학습함으로써 토의하여 문제를 해결하는 경험을 하고 이를 실제 생활에 적용할 필요가 있다.

　토의 학습을 통하여 적합한 주제를 찾고 문제를 해결하려고 함께 의견을 나눔으로써 여러 사람이 협력해 문제를 해결하는 협력적 의사소통 과정을 경험할 수 있게 된다. 그리고 토의과정에서 자신 있게 말하는 태도뿐만 아니라 상대의 의견을 존중하는 태도를 익힐 수 있다.

　학생들은 토의 절차와 방법에 따라 토의를 함으로써 상호 협력 속에서 문제를 해결 하는 능력을 함양한다.62) 또한 학생들은 글을 읽을 때, 등장인물이나 글쓴이의 의견과 그 까닭을 함께 파악하는 과정에서자신의 의견을 비교하며 창의적이고 비판적으로 생각하는 힘을 기를 수 있다.63)

　관련 국어과 교과 역량은 공동체·대인 관계 역량이다. 이 단원에서는 토의 절차와 방법에 따라 토의를 함으로써 서로 다른 의견의 다양성을 존중하고 상호 협력 속에서 문제를 해결하는 능력을 기를 수 있다.

---

62) 5-1 지도서 6단원, 238쪽.
63) 3-1 지도서 8단원, 320쪽.

2. 학습 내용 및 지도 방법

가. 토의의 의미와 필요성(5-1)[64]

1) 토의의 의미
: 여러 사람이 의견을 나누어서 협력하여 문제를 해결하는 방법

2) 토의의 필요성
① 적절한 문제해결 방법을 찾을 수 있다
② 상황을 더 잘 이해할 수 있다
③ 문제해결에 직접 참여할 수 있다

3) 지도 방법
① 토의의 뜻을 알아보고 정리하기
② 토의의 필요성을 알아보고 정리하기
  예) 토의의 뜻을 알아보고 정리하기
      ㉠ 문제해결 경험 이야기 해보기
      ㉡ 토의의 뜻을 알아보기
  예) 토의의 필요성을 알아보고 정리하기
      ㉠ 문제해결 과정에 여러 사람이 참여하면 좋은 점 알아보기
      ㉡ 일상생활에서 토의해야 하는 까닭 알아보기
      ㉢ 토의가 필요한 경우 찾아보기

---

64) 5-1 지도서 6단원, 240쪽.

나. 토의의 절차와 방법(5-1)[65]

1) 토의 절차
: 토의 주제 정하기 → 의견 마련하기 → 의견 모으기 → 의견 결정하기

2) 토의 주제 정하는 방법
① 토의하고 싶은 주제를 자유롭게 이야기 한다
② 구성원 모두에게 관련되는 주제인지 판단 한다
③ 해결할 수 있는 주제인지 판단 한다
④ 변화를 이끌어 낼 수 있는 주제인지 판단 한다
⑤ 토의 주제 결정

3) 의견을 마련하는 방법
① 토의 주제에 맞게 자신의 의견을 쓴다
② 알맞은 주장과 근거를 들었는지 생각한다
③ 실천할 수 있는 의견인지 생각한다

4) 의견 모으는 방법
① 친구들과 의견을 주고받는다
② 의견의 장단점을 찾는다
③ 의견이 토의 주제에 맞는 내용인지 살펴본다
④ 의견이 알맞은 주장과 근거를 들었는지 살펴본다
⑤ 의견을 실천할 수 있는지 살펴본다

---

65) 5-1 지도서 6단원, 242쪽.

5) 의견 결정 방법

① 토의의 주제에 맞는 의견 결정한다

② 알맞은 주장과 근거를 든 의견 결정한다

③ 실천할 수 있는 의견 결정한다

④ 좋은 의견이 많으면 여러 가지 의견 결정한다

⑤ 소수 의견이라도 도움이 된다면 받아들여 결정한다

6) 지도 방법

① 토의 주제를 정하는 방법 알기

② 의견을 마련하는 방법 알기

③ 의견을 모으는 방법 알기

④ 의견을 결정하는 방법 알기

※ 지도의 예

1) 토의 주제를 정하는 방법 지도

　① 토의하고 싶은 주제를 자유롭게 이야기하기

　② 토의 주제로 알맞은지 판단하기

　③ 토의 주제를 정하는 방법 정리하기

2) 의견을 마련하는 방법 지도

　① 의견을 마련한 대화를 읽고 의견의 문제점 살펴보기

　② 토의 주제에 맞게 자신의 의견 쓰기

　③ 의견을 마련하는 방법 정리하기

3) 의견을 모으는 방법 지도

　① 제시된 의견을 읽고 각 의견의 장단점 찾아보기

　② 의견이 알맞은지 살펴보는 기준 세우기

③ 의견을 모으는 방법 정리하기
4) 의견을 결정하는 방법 지도
① 의견을 결정하는 대화를 보며 의견을 결정하는 방법 알아보기
② 의견을 결정하는 방법 정리하기

다. 글 읽고 토의하기(5-1)[66]

1) 글을 읽고 토의하는 방법
① 글의 내용 파악
② 토의 주제 정하기
③ 자기 의견 마련하기
④ 의견을 모으고 결정하기
⑤ 토의 결과 발표

2) 토의할 때 유의점
① 근거를 자세히 들어 의견의 설득력을 높인다.
② 의견을 들을 때 자신의 의견, 근거와 견주어 듣는다.
③ 다른 사람의 의견을 존중하며 듣는다.

3) 지도 방법
① 글을 읽고 토의하기
② 토의할 때 유의점 알기

---

66) 5-1 지도서 6단원, 254쪽.

※ 지도의 예

1) 글을 읽고 토의하기

　① 「고사리 손으로 교통사고 대책 마련 눈길」을 읽고 내용 정리하기

　② 학교의 안전과 관련이 있는 토의 주제 결정하기

　③ 토의 주제에 따라 의견 마련하기

　④ 토의하기

　⑤ 토의 결과 발표하기

　⑥ 토의과정 정리하기

2) 토의할 때 유의점 알기

　① 토의하는 친구의 모습을 살펴보고 배운 점이나 느낀 점 이야기하기

　② 토의과정을 살펴보면서 새롭게 안 점을 친구들과 이야기하기

　③ 토의할 때 유의점 정리하기

라. 주제 정해 의견 나누기(5-1)[67]

1) 토의에 알맞은 주제를 정하는 방법

① 여러 문제 상황을 살펴보기

② 주제가 토의에 알맞은 지 판단하기

2) 토의할 때 지켜야 할 점

① 다른 사람의 의견을 존중하면서 말하기

② 의견의 장단점을 생각하면서 듣기

③ 토의 주제를 벗어난 의견을 말하지 않기

---

67) 5-1 지도서 6단원, 258쪽.

3) 지도 방법

① 토의에 알맞은 주제 정하기

② 토의할 때 지켜야 할 점 알아보고 정리하기

※ 지도의 예

1) 토의에 알맞은 주제 정하기

　① 토의로 문제를 해결한 경험 떠올리기

　② 여러 가지 문제 상황 살펴보기

　③ 토의 주제 정하기

2) 토의할 때 지켜야 할 점 알기

　① 토의하는 과정에서의 자신의 모습 평가하기

　② 토의 할 때 지켜야 할 점 정리하기

3. 지도 및 평가의 유의점

가. 지도의 유의점

1) 학생들이 토의 절차와 방법을 익혀 생활 속 다양한 문제를 토의함으로써 협력적 소통으로 문제를 해결하는 경험을 하게 한다.

2) 토의 절차와 방법을 살펴본 뒤 직접 토의해 보는 기회를 충분히 제공해 토의 경험 속에서 토의 절차와 방법을 익혀 나가도록 한다.

3) 토의과정에서 짝 토의와 소집단 토의를 활용해 학생들이 활발하게 의견을 제시하고 참여하도록 한다. 이는 소수 학생이 발언권을 독점하지 않도록 하는 데 도움을 준다.

4) 토의 주제는 학생들의 집중과 참여를 높이도록 학생들의 삶과

연결된 주제를 선정하게 한다.

나. 평가의 유의점

1) 의견의 설득력이 다소 부족해도 활발하게 토의에 참여해 자신의 의견을 제시하고 친구들과 협력해 여러 의견을 검토하는 과정에서 평가의 초점을 둔다.
2) 동료 평가를 할 때에는 상대를 지정해 토의과정에서 친구를 꾸준히 관찰하게 할 수도 있다.
3) 일상의 다양한 문제로 학급 전체 토의를 실시해 교사가 평가할 수도 있다.

◈ 학급회의

1. 학급회의의 효과

　학생들은 회의에 참여하는 과정에서 회의 절차와 역할을 익히고, 회의 주제에 맞게 말할 내용을 준비하는 능력을 기를 수 있다.[68] 절차와 규칙을 지켜 회의에 참여함으로써 민주적인 의사결정 과정에서 자신의 의견을 적극적으로 표현하는 능력을 기를 수 있으며, 대화 예절을 배우고 친구들과 바르게 말하고 듣는 태도를 함양할 수 있다.

　학생들은 사회에서 다양한 주제에 대한 의견을 나눌 수 있어야 하고 이를 통해 여러 문제를 해결할 수 있어야 한다. 이러한 과정에서 규칙을 지켜 바르게 말하고 듣는 태도가 기본이 되어야 한다. 학급회의를 통해 학급의 여러 문제를 해결함으로써 주제에 맞게 자신의 의견을 말하는 방법을 파악하게 되고 올바른 듣기·말하기 태도를 기를 수 있게 된다. 또한 학급회의에 대한 평가를 진행하며 자신의 대화 예절을 점검할 수 있게 된다.

　또한 회의의 방법과 절차를 지켜 직접 회의를 해봄으로써 공동체 대인관계 역량과 문제해결능력을 신장할 수 있다.

---

68) 4-1 지도서 6단원, 272쪽.

2. 학습 내용 및 지도 방법

가. 회의 경험 떠올리기(4-1)[69]

1) 회의를 하거나 회의하는 모습을 본 경험 말하기
2) 회의에서 있었던 일 이야기하기
3) 회의 경험 정리하기
4) 지도 방법
① 그림을 보며 회의 경험 떠올리기
② 경험한 회의에 대해 발표하기: 가족회의, 학급회의, 전교 학생회 회의 등

나. 회의 절차와 참여자 역할(4-1)[70]

1) 회의 참여자의 역할 알아보기
2) 회의 절차 및 규칙 익히기
3) 지도 방법
가) 회의 참여자의 역할
① 사회자: 회의 절차 안내, 골고루 말할 기회를 준다.
② 참여자: 주제에 대한 의견 발표, 다른 사람의 의견 경청
③ 기록자: 회의 날짜, 시간, 장소, 발언 및 결정 내용 등을 기록

---

69) 4-1 지도서 6단원, 272쪽.
70) 4-1 지도서 6단원, 276쪽.

나) 회의 절차

① 개회: 회의의 시작을 알림

② 주제 선정: 회의 주제를 정함

③ 주제 토의: 선정된 주제에 맞는 의견을 제시

④ 표결: 찬성과 반대의 의견을 헤아려 다수결 결정

⑤ 결과 발표: 결정한 의견을 발표

⑥ 폐회: 회의의 마침

다. 회의 주제에 맞게 말하기(4-1)[71]

1) 회의 주제 정하는 방법 알기

2) 회의 주제로 적절한 것 찾기

3) 주제에 맞게 의견 말하는 방법 알기

4) 의견과 근거 생각하기

5) 주제에 맞는 의견과 근거 정하기

6) 지도 방법

가) 회의 주제 정하는 방법

① 해결해야 할 문제점 찾기

② 회의 참여자 모두가 관심 있는 주제인지 확인하기 ㉲ 친구들과 사이좋게 지내자.

③ 실천할 수 있는 해결 방법이 있는지 생각하기

나) 회의 주제로 적절한 것

① 우리가 해결할 수 있는 문제여야

---

71) 4-1 지도서 6단원, 280쪽.

② 실천할 수 있는 해결 방법이 있어야

③ 모두의 관심사거나 도움이 되는 문제여야

④ 회의 주제로 적절한 사례

　㉠ 학급 문고 정리를 잘하자

　㉡ 쓰레기를 제대로 분리해서 버리자

　㉢ 급식 짝꿍을 한 달에 한 번씩 바꾸자

다) 회의 주제에 맞게 의견 말하는 방법

　① 주제를 실천할 수 있는 여러 가지 의견 떠올리기

　　예) 친구에게 바르고 고운 말을 사용하자.

　② 의견을 뒷받침할 수 있는 근거 제시하기

　　예) 거친 말을 사용하면 다툼이 일어나는 일이 많기 때문이다.

　③ 의견이 여러 사람에게 의미 있는 것인지 따져 보기

　④ 의견과 근거를 바탕으로 말할 내용 정리하기

　⑤ 정리를 바탕으로 의견 말하기

라. 절차와 규칙을 지키며 회의하기(4-1)[72]

1) 회의 장면 보며 회의 규칙 생각하기

2) 절차와 규칙을 지키며 학급회의 하기

3) 학급회의 진행을 생각해보며 평가하기

4) 학급회의 소감 말하기

5) 지도 방법

① 회의를 할 때 지켜야 할 규칙 생각하여 말하기

---

72) 4-1 지도서 6단원, 286쪽.

㉠ 친구가 의견을 말할 때 끼어들지 않는다.

　　㉡ 알맞은 목소리 크기로 말한다.

　　㉢ 사회자의 허락을 얻고 말한다.

② 절차와 규칙을 지키며 학급회의 하기

③ 학급회의 평가하기 및 소감 발표하기

마. 예절을 지키며 회의하기(4-2)[73]

1) 회의 시간에 지켜야 할 예절 파악하기

① 발표할 때는 손을 들어 발언 기회 얻고 발언하기

② 다른 사람의 발언을 경청하기

③ 높임말을 사용하여 의견 말하기

④ 다른 사람이 발표할 때 끼어들지 않기

⑤ 회의와 같은 공식적 상황에서는 높임말 쓰기

⑥ 다른 사람의 의견 경청하기

2) 학급회의 하기

① 규칙과 절차 지켜 회의하기

② 예절 지키며 회의하기

③ 자신감 있게 듣는 이를 보며 말하기

④ 메모 보며 말하기

---

73) 4-2학기 지도서 3단원, 188쪽.

3) 회의 활동 평가하기

① 회의에서 예절을 잘 지킨 부분과 지키지 못한 부분을 성찰하기

3. 지도 및 평가의 유의점

가. 지도의 유의점

1) 의견이 회의 주제와 관련이 있는지, 실천 가능한지, 근거가 분명한지를 생각하도록 안내한다.
2) 절차와 규칙을 지키며 역할에 따라 학급회의를 수행하게 한다.
3) 예의를 갖춘 말투로 회의에 참여할 수 있도록 한다.
4) 발표하는 데 두려움이 없도록 학생을 격려하며 발표하게 한다.

나. 평가의 유의점

1) 학생들이 서로 다른 의견을 모아가는 과정에 참여하는 태도를 점검하고, 회의 주제에 알맞은 근거를 들어 활발하게 의견을 제시하는지 관찰한다.
2) 회의 과정에서 다른 사람의 의견을 경청하고 차례를 지켜 말하는지 평가한다.
3) 발언의 횟수를 양적으로 집계하지 않도록 주의한다.
4) 회의하는 모습을 관찰평가를 하거나 필요하면 지필평가도 한다.

초등학교 교육과정 A

수험번호 : (　　　　　　　　　　) 　성명 : (　　　　　　　)

| 2 교시 | 11 문항 41 점 | 시험 시간 70 분 |

국어

1. (가)는 학급 회의의 일부이고, (나)는 (가)의 결과를 바탕으로 두 학생이 작성한 편지의 일부이다. 물음에 답하시오. [4점]

(가)

사회자: 지금부터 제3회 학급 회의를 시작하겠습니다. 먼저 국기에 대하여 경례를 하겠습니다. (경례 후) 애국가는 생략하겠습니다. 지난주 국어 시간에 남수단에 사는 10살 도나티의 동영상을 보았습니다. 도나티는 가족을 위해 숯을 굽고 팔아서 학교에도 제대로 다니지 못하고 움막연필 하나로 어렵게 공부하고 있었습니다. 이 영상을 보고 나눔을 실천하자는 여러 학생들의 제안이 있었습니다. 그래서 이번에는 도나티가 다니는 학교 학생들을 도울 수 있는 방법에 대해 회의하겠습니다. 의견이 있으면 발표해 주시기 바랍니다.

대현: 제게 좋은 생각이 있습니다. 우리가 가지고 있는 학용품을 나눠 주면 좋겠습니다.

수경: 저도 같은 생각입니다. 사실 우리 반에는 버려지는 연필이나 색종이가 많습니다.

호영: 우리 집에도 쓰지 않은 연필깎이와 공책들이 있으니 가져올 수 있습니다.

지은: 학용품도 좋지만 이왕이면 공부에 도움이 되도록 컴퓨터를 사 주는 것은 어떨까요?

대현: 컴퓨터를 사려면 돈이 많이 필요한데 우리는 그럴 돈이 없습니다. [A]

지은: 그렇긴 하죠. 저는 그냥 도나티를 도울 수 있는 방법이 떠올라 발표한 것입니다.

… (중략) …

사회자: '도나티를 돕기 위해 학용품을 기부하자.'라는 의견에 대한 표결을 하겠습니다. (표결 후) 우리 반 삼십 명 중에서 과반수가 넘는 스물네 명이 찬성하여 '학용품을 기부하기'로 결정하겠습니다.

(나)

> **학생 1**
> 먼 경을 엎치밀 따뜻한 마음을 지닌 친구, 도나티에게
> 안녕, 나는 대한민국에 사는 너의 또래 친구 수경이야. 나는 사실 아무 걱정 없이 학교를 다닐 수 있는데도 가끔 공부하기 싫어서 부모님께 투정 부리기도 했어. 그런데 힘든 가운데서도 가족을 위하는 너를 보니 네가 참 부끄럽고 네가 정말 대견하다고 느꼈어.

> **학생 2**
> 도나티에게
> 안녕, 난 대한민국에 사는 대현이라고 해. 어려 나이에 문을 빼기 위해 뜨거운 숯을 굽는 걸 보고 참 부끄럽어. 난 가난이 경말 싫어. 네가 나눠 줄 학용품을 보내 줄 터니 잘 썼으면 좋겠어.

---

1) 다음은 사회자 역할을 맡은 학생이 (가)의 학급 회의를 진행하기 위해 조사한 자료이다. ①ⓐ에 들어갈 용어를 쓰고, ②ⓑ의 이유를 쓰시오. [1점]

> 학급 회의는 일정한 절차와 방법에 따라 이루어진다. 사회자는 회의의 시작, 표결, 끝을 알리는 등 정해진 회의 절차에 따라야 한다. 또한 의견을 제시하고자 하는 학생들을 확인하여 순서대로 이야기할 수 있도록 (ⓐ)을/를 주는 역할을 한다. 예를 들어 한 번도 발표하지 않은 학생과 자주 발표한 학생이 동시에 의견을 제시하려고 하는 경우에는 ⓑ이전에 발표하지 않은 학생을 지명하는 것이 좋다.

- ①:
- ②:

2) 다음은 학급 회의를 마치고 [A]에 대해 교사와 지은이가 나누는 대화이다. 의견을 제시할 때 주의할 점을 고려하여 ⓐ에 들어갈 지도 내용을 쓰시오. [1점]

> 지은: 선생님, 대현이 말이 맞아요. 그런데 적절한 제안을 하려면 어떤 점에 주의해야 하나요?
> 교사: 회의에서 의견을 말할 때는 (ⓐ)

- •

3) 다음은 '마음을 표현하는 글 쓰기'를 지도하기 위한 교사들의 협의 내용이다. (나)를 참고하여 ⓐ, ⓑ에 들어갈 내용을 쓰시오. [2점]

> 김 교사: 학생 1과 학생 2의 글은 어려운 상황에 처한 친구를 응원하는 마음을 편지로 표현한 것이에요.
> 이 교사: 학생들이 쓰기 상황을 파악하는 데 어려움을 겪는 경우가 많은데 두 학생 모두 누구에게 마음을 전해야 하는지는 파악하고 있네요.
> 김 교사: 맞아요. 학생들은 도나티를 서로 모른다고 생각해서 편지에 공통적으로 (ⓐ)을/를 밝히고 있어요.
> 이 교사: 네, 이것은 편지의 형식과도 관련이 있고요. 그런데 학생 1의 글에 비해 학생 2의 글에 미숙한 필자의 특성이 나타나네요.
> 김 교사: 네, 미숙한 필자는 그냥 쓸 뿐만 하지요. 그렇기 때문에 학생들에게 쓰기가 필자와 독자의 상호작용이라는 점을 지도할 필요가 있어요.

- ⓐ:
- ⓑ:

제2장 읽기

◎ 읽기 교육의 개념과 특성

가. 개념

읽기는 독자가 독서 목적을 달성하기 위하여 특정 맥락 속에서 텍스트를 읽고 의미를 구성하는 행위이다.

독자는 자신의 스키마를 활성화 하여 글의 내용을 예측, 확인, 점검하는 역할을 한다. 이때 독자의 태도, 흥미, 동기 등의 정의적 요인이 작용한다.

독서 목적은 다양하다. 정보수집, 다른 사람에 대한 이해, 교과 학습, 지식 탐구, 여가 선용, 교양 증진, 공동체 활동 참여 등으로 세분화할 수 있다.

특정 맥락이란 독자가 책을 읽는 물리적, 사회·문화적 상황을 말한다. 물리적 상황은 글을 읽는 시간과 공간, 즉 아침, 오후, 밤이거나 교실, 도서관, 집, 카페 등에 따라 독서 결과는 달라질 수 있다. 사회·문화적 맥락은 글을 읽는 시점과 공간에서 정치 이념, 소속된 계층, 사용하는 언어, 종교, 사는 지역, 학력, 연령별 세대, 직업과 관련된 사회·문화적 요인을 말한다.

텍스트란 읽기의 대상을 말한다. 문자 텍스트, 글과 그림이 혼합된 복합 텍스트, 그림(사진) 텍스트, 매체 텍스트 등이 여기에 해당한다. 텍스트는 일정한 구조를 가지고 있으며, 텍스트의 내용, 주제, 난이도, 길이, 문체 등의 변인도 읽기에 영향을 미친다. 주로 설명문, 제안하는 글, 안내문, 기사문, 전기문이 여기에 속한다.

의미 구성은 독자가 자기 자신에게 의미 있는 내용을 형성하거나 구성한 것이다. 구성이란 독자가 텍스트를 해석하고 이해하여 능동적으로 의미를 생산한 것이라 할 수 있다.

이런 행위는 모두 독자의 사고 활동이며, 텍스트를 이해하고 뇌에서 정보 처리하여 의미를 구성하는 사고 활동이다.

결국 읽기는 텍스트의 정보를 능동적으로 통합, 조정하여 의미를 구성하는 사고 능력인 것이다.

나. 특성

읽기 교육에 대한 유력한 이론은 스키마(schema) 이론이다. 독자의 기억 속에 형성된 지식의 망(network)이 스키마다. 독자는 글을 읽을 때 자신의 스키마를 활성화하여 책의 내용과 관련지어 이해를 한다는 것이다. 스키마는 위계적으로 구조화되어 있다. '뱀'에 대한 스키마는 뱀의 종류, 뱀의 모양, 뱀의 생태 등 하위 지식을 갖추고 있다.

읽기는 독자의 스키마, 글의 내용, 맥락의 상호작용 속에서 의미를 구성해 가는 과정이다. 효율적인 읽기를 하는 데는 글에 대한 스키마, 글의 내용, 상황맥락, 초인지 등 네 가지 변인이 작용한다.

읽기는 교과 학습의 도구이자 삶의 도구이다. 사회생활을 하기 위해서는 갖가지 텍스트를 읽고 그 정보를 정확하게 처리해야 한다. 뿐만 아니라 책을 읽는 활동을 통하여 자아 성장과 가치관 확립에 큰 영향을 주고, 이는 독자의 정체성 형성을 돕는다. 그리고 독자가 속한 사회의 공동체 의식과 가치관을 공유할 수 있게 된다. 예컨대 '경전 읽기'나 '산악회 소식지' 등은 공동체 독서활동으로 의식과 가치관을 공유하는 활동이다.

다. 과정 중심 읽기

읽기 전·중·후 활동으로 접근한다. 읽기 전 활동으로는 예측하기, 연상하기, KWL 전략, 훑어 읽기, 읽는 목적 설정하기 활동을 한다. 읽는 중 활동으로는 추론하기, 중심 낱말 찾기, 질문하기, 협동하여 읽기, 심상 떠올리기, 메모하기를 한다. 읽은 후 활동으로는 비판적 읽기, 정교화하기, 다른 장르로 바꾸기, 토의하기, 창의적 읽기를 한다.

[참고문헌]
신헌재 외(2015), 『초등 국어 수업의 이해와 실제』, 박이정.
신헌재 외(2017), 『초등국어교육학 개론』, 박이정.

◈ 시 낭송하기

1. 학습의 필요성

문학 작품이 지닌 표현의 풍부함을 이해하고, 문학 감상 능력을 기르는 것이 필요하다. 시에 나오는 반복되는 말은 리듬감을 주면서 묘사하는 대상을 재미있고 생생하게 표현하여 준다. 반복되는 말을 통하여 시에 대한 흥미와 표현의 재미를 느껴 시를 즐겨 읽고 낭송할 수 있는 기초 능력을 기를 수 있다. 다양한 방법으로 실감나게 느낌을 살려 시를 낭송해 봄으로써 문학을 향유하는 태도를 기른다.

2. 시 낭송 방법

가. 시 낭송 전 먼저 알기

1) 장단
① 짧게 읽기: 빠르고 급한 느낌, 가볍고 경쾌한 느낌 등
② 길게 읽기: 부드럽고 조심스러운 느낌, 둔탁한 느낌 등

2) 고저
① 주로 문장의 끝에서 소리의 높낮이가 나타남
② 끝을 올려 읽기: 의문, 격한 감정, 감정의 고조됨, 놀람 등에
③ 끝을 내려 읽기: 사실의 인정, 시의 내용의 평면적 구성 암시,
　　존재형의 시행의 나열 등

3) 강약

① 말소리의 세기는 노래에서의 리듬과 같은 역할을 한다.

② 강음: 환희에 참, 급박함, 날카로움, 예리한 공격

③ 약음: 슬픔과 정숙, 부드러운 내용, 자연스러운 상황

4) 단속

① 단속은 말의 흐름에 변화를 주는 낭송원리

② 끊어 읽기: 강조, 급박한 상황을 표현하기 위해 한 음절을 특별히 끊어 읽기

③ 이어 읽기: 의미전달을 위해 시어 이어읽기

5) 휴지

① 여운을 남기거나 비중 있는 시어의 의미를 살릴 수 있게 하기 위해 행은 한 호흡(∨), 연은 두 호흡(∨=∨∨)으로 쉬어 읽기
예) 제목, 이름, 연 뒤에는 두 호흡으로.

　　문장부호, 음보, 행 단위는 한 호흡으로.

6) 완급

① 말소리의 느림과 빠름을 조절하는 낭송원리

② 빠르게 낭송: 지루하지 않고 긴박감을 가지게 함.

　예) 긴박하고 격정한 분위기, 수다한 사연들이 일일이 나열, 허둥지둥 분주하게 일어날 때.

　　밝고 명랑한 내용, 격정적이거나 급박한 감정상태

③ 느리게 낭송: 내용을 보다 정확하게 전달, 안정되게 함.

　예) 슬프거나 비장한 내용, 서정, 풍경, 생각, 강조, 다짐, 억압, 의혹,

인명이나 숫자, 지명 등.

나. 시의 내용 파악하기

1) 시의 분위기 파악하기
: 밝고 명랑한 분위기, 조용하고 차분한 분위기, 평범한 분위기인지 여부에 따라 시 낭독의 빠르기와 높낮이를 결정한다.

2) 질문과 반복 읽기를 통해 내용파악하기
　예) 〈너도 와〉에서 '우리들'의 집에 어떤 일이 생겼나요?

3) 시의 느낌을 나누기
① 시를 읽고 떠오르는 장면, 상상, 느낌을 생각하기
② 인물의 표정 그려보기
③ 몸으로 표현 해 보기

다. 경험 나누기

1) 시와 비슷한 경험 떠올리기
　예) 이 시와 비슷한 경험을 한 적 있나요?
　　 : 생일에 친구를 집으로 초대했습니다.

2) 친구들과 경험 나누기
① 모둠별
② 짝꿍끼리

③ 발표형식을 달리하여 경험나누기

라. 소리 내어 시 읽기

1) 소리 내어 시를 읽는 방법 알기
① 장면과 인물의 마음을 떠올리며 시 읽기
② 감정을 이입하고 공감적인 태도로 시 읽기
  예1) 즐거운 일이 있을 때의 마음을 떠올려 봅시다.
  예2) 슬픈 일이 있을 때를 생각하여 봅시다.

2) 부르는 말의 느낌을 살려 시 읽기[74]
① 시의 느낌에 따라 부르는 말, 의성어, 의태어, 말의 높낮이가 달라짐을 알기
  예) '참새야'는 어떤 느낌으로 읽어야 할까?
② 소리나 모양을 떠올리며 글을 읽기
  ㉠ 시를 읽고 흉내 내는 말 떠올리기
  ㉡ 흉내 내는 말의 느낌 나누기

3) 다양한 방법으로 시 읽기
① 주고받으며 읽기
② 손뼉을 치거나 발을 구르며 함께 읽기
③ 떠오르는 장면을 행동으로 표현하며 읽기
④ 돌림 시 읽기: 분단, 모둠, 짝지별로 돌아가며 읽기

---

74) 국어 1-2 지도서 2단원, 104쪽.

⑤ 점층 시 읽기: 시 읽기에 참여하는 인원을 점점 늘리거나 줄이면서 읽기
⑥ 가락을 붙여 노래하듯이 낭송하기

마. 시 낭송 하기

1) 분위기 파악과 속도 정하기
① 시의 분위기를 '어둡다, 밝다, 중간이다'에 따라 '느리다, 빠르다, 보통이다'로 빠르기를 정할 수 있다.
② 이 분위기에 따라 '우울하게, 명랑하게, 담담하게' 낭송하는 방식이 달라질 수 있다.

2) 띄어 읽기
: 어디서 띄어 읽느냐에 따라 내용과 강조하는 낱말이 달라진다.
① 띄어 읽는 곳에 따라 의미가 달라지므로 미리 내용을 파악하고 읽어야
　예) 아름다운 하늘나라 ∨ 선녀들, 아름다운 ∨ 하늘나라 선녀들
② 주어와 술부에서 띄어 읽기
　예1) 나는 ∨ 가을을 기다립니다.
　예2) 단풍보기를 좋아하는 나는 ∨ 가을을 기다립니다.
③ 이어주는 말 다음에 띄어 읽는다.
　예) 오늘은 바람이 불었습니다. ∨ 그리고 ∨ 비도 내렸습니다.
④ 강조하고 싶은 말 앞에서 띄어 읽는다.
　예) 나는 ∨ 네가 좋아, 나는 네가 ∨ 좋아.

3) 알맞은 억양으로 읽기

① 온점으로 마친 문장은 끝을 내림조로 짧게 끊기

② 시에 쓰인 묻는 문장은 끝을 올려 읽지 않기

4) 감정을 표현하는 목소리로 읽기

① 높은 목소리: 즐거움, 희망, 경쾌함, 긴박함 등 - 불이야, 불!

② 낮은 목소리: 슬픔, 실망, 비밀스러움 등 - 아무한테도 말하지 마, 사실은…….

③ 강한 목소리: 결심, 교훈, 징계 등 : 그래, 결심했어!

바. 세부 연습하기

1) 정확한 발음으로 낭송하기

: 입 모양을 바르게 하고 크게 벌리는 연습하기

2) 알맞은 곳에서 띄어 읽기

: 낭송하는 사람의 판단으로 알맞은 곳에서 띄어 읽으며 시 낭송. 대개는 행과 행, 연과 연 사이에 띄어 읽기

3) 분위기를 표현할 수 있는 목소리로 낭송하기

4) 알맞은 표정을 지으며 낭송하기

5) 알맞은 속도와 억양을 지키며 낭송하기

6) 시 낭송 기호를 활용하여 낭송하기

① / 끊어 읽기

② ⌒ 이어 읽기

③ ∨ 한 박 쉬기(행)

④ ∨∨ 두 박 쉬기(연)

⑤ ~ 길게 늘여서 읽기

⑥ ˙ 특히 강조하여 읽기

⑦ → 억양 (↗ 끝을 내림 → 평탄한 소리 ↘ 끝을 내림)

3. 시 낭송 지도 방법

가. 느낀 점과 낭송 방법

1) 시를 읽고 느낀 점 물어보기

2) 시에서 말하는 이의 마음을 표현할 때는 어떤 목소리가 어울릴지 물어보기

3) 시에 어울리는 목소리로 여러 가지 방법으로 시 낭송하기

　① 소리나 모양을 흉내 내는 말을 재미있게 읽기

　② 감각적 표현을 몸으로 나타내며 읽기

나. 적절한 목소리와 쉬어 읽기

① 시에서 말하는 이의 마음을 나타내는데 적절한 목소리가 무엇인지 물어보기

② 자신의 경험을 떠올려 어느 부분에서 쉬어 읽을지 묻기

③ 자신의 경험을 떠올리며 시 낭송하기

다. 다음 시를 읽고 말해 봅시다.

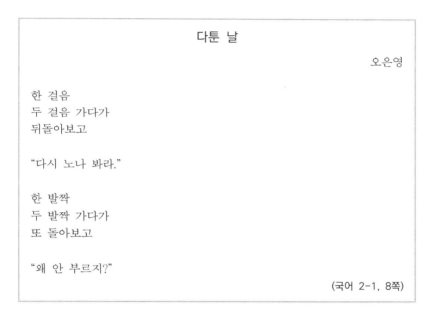

다툰 날

오은영

한 걸음
두 걸음 가다가
뒤돌아보고

"다시 노나 봐라."

한 발짝
두 발짝 가다가
또 돌아보고

"왜 안 부르지?"

(국어 2-1, 8쪽)

1) 시의 장면을 상상하며 시를 읽어봅시다.
　*분위기와 느낌 살려 읽기

2) 시에서 실감나게 표현할 부분을 찾아봅시다.
① 처음 뒤돌아 본 마음은 무엇이었을까요?
　*같이 놀고 싶은 마음
② 두 번째 또 돌아본 이유는 무엇입니까?

3) 느낌을 살려 시를 낭송해봅시다.

① 마음을 실감나게 표현하여 시를 낭송해 보세요.

② 여러 가지 방법으로 시를 낭송해 보세요.

라. 배운 내용을 바탕으로 시를 읽어 보기

잠자는 사자

김은영

으르렁 드르렁
드르르르 푸우~

아버지 콧속에서
사자 한 마리
울부짖고 있다.

생쥐처럼 살금살금
양말을 벗겨 드렸다.

(국어 2-1, 16쪽)

---

1) 시의 분위기로 봐서 각 연의 소리 높낮이가 어떠합니까?

1연:

2연:

3연:

2) 학생들이 시에 대한 느낌을 나누기 활동을 할 때, 친구들과 할 수 있는 활동을 생각해봅시다.

예) 인물의 표정 그려보기, 역할놀이하기 등

3) 시를 읽을 때, 느낌을 살려 읽고 싶은 부분을 적고, 낭송 방법을 적어봅시다.

라. 다양한 시 읽기 방법을 이용해 시를 읽어봅시다.

봄

윤동주

우리 아기는
아래 발치에서 코올코올

고양이는
부뚜막에서 가릉가릉

아기 바람이
나뭇가지에서 소올소올

아저씨 해님이
하늘 가운데서 째앵째앵

(국어 2-1, 7쪽)

4. 평가의 유의점

가. 시에 나타난 독특한 표현을 찾고 그런 표현이 주는 효과를 스스로 생각하도록 지도한다.

나. 시를 낭송할 때에 어떤 방식으로 실감나게 표현하는지 찾아보도록 한다.

다. 시를 낭송하는 활동은 그 자체에 목적이 있다기보다는 시를 읽는 데 즐거움을 느끼고 문학 작품을 스스로 찾아 읽는 태도를 기르기 위한 목적이므로 다양한 활동으로 흥미를 유발시키도록 한다.

라. 학생들이 시에 대한 생각이나 느낌 등을 다양하게 표현하고 말할 수 있도록 최대한 자유롭고 능동적인 학습 분위기를 만들어야 한다.

마. 시를 실감나게 낭송하는 방법에는 한 가지만 정답이 아니라는 걸 인지하고 관대한 관점으로 평가한다.

바. 표현 방식보다는 실감나게 표현하는 것에 중점을 두어 평가한다.

사. 가급적 태도와 기능을 평가하도록 한다.

◈ 이야기 읽기

1. 학습의 필요성

　학생들은 이 계열을 학습함으로써 인물의 특성을 파악하고 인물의 특성에 맞게 상황에 알맞은 말을 직접 생각해보고 이러한 점을 살려 친구들 앞에서 실감나게 이야기를 할 수 있도록 한다. 이야기를 읽어주기 위해 이야기의 내용을 파악하고, 상황에 알맞은 목소리를 찾아보는 활동을 통해 이야기를 실감 나고 재미있게 읽는 능력을 기를 수 있으며, 다양한 목소리와 몸짓 등을 활용해 표현하는 능력을 기를 수 있다.

　어린이는 이야기 읽는 방법을 배워 인물의 마음에 어울리는 목소리를 찾고 인물의 마음을 깊이 탐색하며 좀 더 깊이 있고 풍부하게 이야기를 읽을 수 있을 것이다.

2. 이야기 낭독 방법

가. 이야기 내용 파악하기

1) 그림을 보며 이야기 읽기
: 이야기를 읽기 전, 그림을 보며 상상하고 이야기를 읽는다.
　예) 그림을 보고 등장인물들을 파악해 봅시다.
　　　그림의 내용을 보고 어떤 일이 일어날지 상상해 봅시다.

2) 이야기의 내용 파악하기
: 질문, 토론 등 다양한 방법을 이용한다.

예) 어미 새가 둥지를 틀고 무엇을 했나요?

　 남자아이는 알을 보고 무슨 생각을 했나요?

나. 인물에게 알맞은 목소리 생각하기

1) 상황에 알맞은 목소리 생각하기

해설	일어난 일을 설명하듯이 읽는다.
대사	인물의 성격과 마음에 따라 어떤 목소리로 읽어야 할지 생각해 본다.

2) 역할 나누어 연습하기
: 인물의 성격에 맞게 역할을 나누어 읽기 연습하기

다. 이야기 낭독하기

1) 알맞은 목소리로 이야기 읽기
: 장면과 인물의 마음을 떠올리며 이야기 읽기

2) 낭독 속도
: 느리게, 보통, 빠르게

3) 띄어읽기와 쉬어읽기
✔: 어절, 문장부호 다음, 주어부와 서술어부(띄어읽기)
✖: 문장과 문장 사이, 온점(쉬어읽기)

3. 학년별 학습 내용 및 학습 방법

가. 알맞은 목소리로 실감나게 이야기를 읽기[75]

1) 제시된 각각의 상황에 적절한 목소리 생각하기
   예) 유모 새가 아이를 말리며 "지금은 안 됩니다, 착한 도련님"이라고
   말하기

2) 인물에게 알맞은 목소리 생각하기

3) 역할극을 하며 알맞은 목소리로 이야기 읽기

나. 짧고 재미있는 글을 실감나게 읽기[76]

1) 그냥 읽은 것과 실감나게 읽은 것 비교하며 듣기
   예) 선생님이 서로 다른 방법으로 읽어주신 〈소가 된 게으름뱅이〉를
   듣고 느낌을 비교하기

2) 자신의 경험과 관련지어 글 읽기
   예) 키를 비교한 경험을 떠올려 〈키 대보기〉를 읽어보자.

3) 선생님의 시범 따라 읽기(단조롭게 vs 실감나게)

---

75) 1-2 지도서, 206~211쪽.
76) 1-2 지도서, 306~311쪽.

4) 목소리의 변화와 비언어적 표현도 중요함을 알기

다. 인물의 마음에 어울리는 목소리로 읽기[77]

1) 목소리 흉내 내기 놀이
: 인물의 성격에 어울리는 목소리가 있음을 알기
　　예) 아픈 동생이 "형, 물 좀 가져다줘." 해보기
　　　　씩씩한 친구가 "민수야, 축구하러 가자!" 해보기

2) 상황에 따른 인물의 말과 행동에서 마음 짐작하기
　　예) 〈치과 의사 드소토 선생님〉에서 여우가 울면서 "제발 도와주세
　　　　요! 이가 너무 아파요!" 해보기

3) 인물의 성격에 맞게 어떤 목소리로 읽을지 의견 나누기

라. 인물의 행동을 실감나게 표현하기[78]

1) 동화 주인공 찾기 놀이하기
: 주인공의 특징을 가장 잘 나타내는 행동을 보여주고, 그 인물을
대표할 수 있는 특징적인 행동이 있음을 알게 하기
　　예) 토끼를 뽑은 친구는 토끼의 특징을 잘 나타내는 행동을 하고, 거
　　　　북이를 뽑은 친구는 거북이의 특징을 잘 나타내는 행동을 하여

---

77) 2-1 지도서, 377~385쪽.
78) 2-2 지도서, 380~383쪽.

그 둘이 짝이 되게 한다.

2) 인물의 행동을 표현하는 방법 탐색하기

: 인물들이 한 행동과 그 까닭 알아보기, 실감나는 표현을 위해서는 인물의 상황에서 가장 특징적인 부분을 행동으로 표현해야 함을 알기

예) 지게는 호랑이가 무거워서 빨리 움직일 수 없기 때문에 경중경중 천천히 움직였습니다.

3) 인물의 행동을 실감나게 표현하기

: 행동 알아맞히기 놀이하기

마. 느낌을 살려 사물을 표현하기79)

1) 그림을 보고 그림에 어울리는 감각적 표현 찾기

예) 진수가 표현한 "폭!", "팡!"은 무슨 소리인가요? / "폭!"은 개나리 가 피어나는 소리, "팡!"은 진달래가 피는 소리입니다.

2) 무엇일까요 놀이하기

: 물건을 관찰한 느낌을 친구들 앞에서 표현하는 능력 키우기

3) 친구가 표현한 것과 감각 연결하기

---

79) 3-1 지도서, 104~107쪽.

바. 인물에 알맞은 표정·몸짓·말투로 작품 읽기[80]

1) 기분 알아맞히기 놀이

2) 이야기 속 인물의 표정, 몸짓, 말투 살피기

예) 부벨라가 지렁이에게 인사하는 장면에서 몸짓, 표정, 말투는 어떠할까요?

: 쪼그리고 앉아 놀란 표정으로 목소리 높여 말할 것 같습니다.

3) 장면에 맞는 인물표정과 몸짓이 드러나게 그림그리기

4) 친구들이 표현하는 표정, 몸짓, 말투를 보고 어떤 상황인지 알아맞히기

사. 이야기를 읽고 다른 사람에게 들려주기[81]

1) 글의 내용을 파악한 후 인물의 특성 알아보기

예) 멸치대왕의 성격을 짐작할 수 있는 부분은 어디인가요?

: 멸치대왕은 화가 나서 넓적 가자미의 뺨을 때렸다.

2) 인물의 특성을 살려 상황에 알맞은 말 쓰기

예) 멸치대왕이 넓적 가자미의 꿈 풀이를 듣고 어떤 말을 했을까요?

: 뭐라고? 너 이놈! 감히 그런 꿈 풀이를 하다니. 괘씸하다!

---

80) 3-2 지도서, 126~131쪽.
81) 4-2 지도서, 384~387쪽.

3) 이야기에서 강조할 부분을 정하고 실감나게 표현하기

4. 학습활동

♣ 배운 내용을 바탕으로 이야기를 읽어 봅시다.

    하루는 마을에 큰 잔치가 열렸어. 새엄마와 팥쥐는 고운 옷을 입었어.
    그런데 새엄마는 콩쥐에게는 이렇게 말했지.
    "빈 독에 물 가득 채워 놓고, 벼 아홉 섬 콩콩 찧어 놓고, 삼을 잘근 잘근
삼아서 삼베 아홉 필을 모두 짜면 그때 잔칫집에 오너라."
    그러고 나서 새엄마와 팥쥐 둘만 잔칫집에 갔어.
    "언제 이걸 다 할까?"
    콩쥐는 멀뚱히 서서 눈물만 뚝뚝 흘렸어.
    콩쥐는 하는 수 없이 우물물을 길어 빈 독에 부었지.
    그런데 부어도 부어도 독이 채워지지 않았어.
    콩쥐가 독 아래를 보니, 세상에나!
    독 아래 구멍이 뻥 뚫려 있었지.
    "에구, 에구! 이를 어째!"

                                              ―홍련, 〈콩쥐 팥쥐〉, 아람북스

1) 이야기의 내용 파악을 위한 질문을 만들어 봅시다.

2) 인물과 상황에 알맞은 낭독 방법을 적고, 읽어봅시다.

해설/대사	낭독 방법

3) 다양한 이야기 읽기 방법을 이용해 이야기를 읽어봅시다.

> "아우, 삼베 아홉 필은 또 언제 짜지."
> 콩쥐가 한숨을 쉬고 있는데 하늘에서 선녀가 내려왔어.
> 선녀는 베틀 앞에 앉더니 삼베를 모두 짜 주었어.
> 그런 다음, 고운 비단옷과 꽃신을 콩쥐에게 주었지.
> "콩쥐야, 이걸 입고 잔칫집에 가렴."
> "선녀님, 정말 고맙습니다."
> 콩쥐는 꼭 꿈을 꾸고 있는 것 같았어.
> 콩쥐는 곱게 꾸미고 잔칫집으로 향했어.
> 콩쥐는 냇물을 건너고 있을 때였지.
> "원님이 지나가시니, 모두 비키시오!"
> 그 소리에 놀란 콩쥐는 급하게 냇물을 건너다 발을 잘못 디뎌 꽃신 한 짝을 떨어트리고 말았어.
> "아유, 이를 어째"
>
> —홍련, 〈콩쥐팥쥐〉, 아람북스

5. 지도의 유의점 및 평가

가. 유의점

학생들이 이야기를 읽기에 앞서, 교사는 인물의 마음(성격)이나 감정이 잘 드러난 대사를 제시한다. 학습자가 실감나게 읽는 연습을 한 뒤에 이야기를 읽게 하여 쉽게 접근할 수 있도록 한다.

이야기에는 과장된 부분이 있으므로 인물이 한 대사를 그대로 따라 읽기보다는 상황에 어울리게 적절히 표현해 보도록 지도한다.

나. 평가

어린이가 인물의 마음(성격)이 나타나는 읽기 학습을 할 때, 성우처럼 다양한 목소리를 연기하는 것이 아니다. 학생들이 인물의 마음을 짐작하면서 이야기를 감상한 뒤에 감상한 내용을 표현하는 것이다. 그렇기 때문에 인물의 특성에 알맞은 대사, 표정, 동작을 하며 실감 나게 이야기를 표현하는 능력에 중점을 두어 평가한다.

◆ 책 읽어주는 방법

1. 학습의 필요성 및 효과

가. 필요성

교사가 책 내용과 상황에 맞게 책을 읽어주면 어린이의 학습 의욕을 고취하고, 국어과 수업을 재미있게 진행할 수 있다. 이런 측면에서 동기 유발의 효과도 있다. 따라서 교사는 어린이에게 재미있고 흥미를 불러 일으키는 책 읽기를 학습 할 필요가 있다.

나. 효과

교사가 책 읽는 방법을 학습함으로써, 학생들로 하여금 이야기의 전달력을 높이고 상상력을 신장시킨다. 그리고 책을 읽어줄 때 인물에 알맞은 표정·몸짓·말투와 인물의 특성에 맞는 말이 무엇인지 알아서 대사를 만들고 실감나게 표현할 수 있다. 올바른 책 읽어주기 방법을 알고, 방법에 맞게 책을 읽는 능력을 갖출 수 있게 된다.

2. 학습 내용 및 방법

가. 낭독할 때 유의점 알기[82]

1) 가능한 한 대화에서 음색을 바꾸어 보기

2) 이야기에 맞추어 읽는 속도를 조절하기
① 긴장된 순간에는 천천히 낮은 음색으로 읽어 주기
② 적절한 순간에 목소리를 낮추어 긴장을 고조시키기

3) 이야기를 들으며 상상할 수 있도록 천천히 읽어주기
① 서두르지 말고 아이가 그림책의 그림을 자세히 볼 수 있도록
   천천히 읽어주기

나. 인물의 표정·몸짓·말투 살피며 책 읽어주기[83]

1) 이야기 내용 예측하기
: 그림을 보고 내용을 짐작한다.

2) 이야기 읽기
: 인물의 몸짓, 표정, 말투를 상상하며 이야기를 읽는다.

---

82) 1-2 지도서 4단원, 177쪽.
83) 3-1 지도서 1단원, 112쪽.

3) 내용 확인하기

① 이야기에 나오는 인물을 확인한다.

② 인물의 표정과 말투의 원인을 파악한다.

4) 장면 살피기

: 그 장면에서 인물이 그런 말과 행동을 한 이유를 생각하며 읽는다.

다. 인물의 특성에 맞게 책 읽어주기[84)

1) 내용 파악하기

: 이야기를 읽고 물음에 답한다.

2) 인물의 특성 정리하기

: 이야기에 나오는 인물의 특성을 정리한다.

3) 상황에 알맞은 인물의 말 쓰기

: 인물의 특성을 생각하며 상황에 알맞게 인물의 말을 쓴다.

4) 인물의 특성에 맞게 말하기

5) 이야기를 들려줄 대상 정하기

6) 이야기에서 강조할 부분 정하기

---

84) 4-2 지도서 9단원, 384쪽.

7) 이야기를 실감나게 표현하기

라. 책을 읽을 때 생각할 점

1) 학생에게 읽어 주기 전에 미리 읽고 내용을 검토[85]
: 미리 책을 읽음으로써 줄일 곳, 생략할 곳, 더 설명하고 표현할 곳을 찾아내어 표시해 둔다.

2) 책뿐만 아니라 작가에 대해서도 소개
: 인터넷을 검색하고 책의 표지를 읽어 본다.

마. 주장이나 설명하려는 것이 무엇인지 생각하며 읽기[86]
: 제목·내용을 보며 글쓴이가 글 쓴 목적을 생각하기

1) 자신의 생각과 비교하며 읽기
: 글쓴이의 생각과 같은 점, 다른 점을 생각하기

2) 질문하며 읽기
: 책을 읽고 궁금한 점을 묻고 답하며 생각 넓히기

3) 스스로 점검하며 읽기
: 자신이 지금 책을 제대로 읽는지 생각하기

---

85) 1-2 지도서 4단원, 177쪽.
86) 6-1 지도서 독서단원, 72쪽.

4) 중심 내용을 찾으며 읽기
 : 문단, 책 전체의 중요한 내용이 무엇인지 생각하기

3. 지도 및 평가의 유의점

가. 지도의 유의점

인물의 표정·몸짓·말투를 말할 때, 학생은 그림을 보고 말하기 쉽다. 그림 속 표정, 몸짓을 살펴보기보다는 머리에서 인물의 표정·몸짓·말투를 떠올리도록 지도한다.

이야기에는 과장된 부분이 있으므로 인물이 한 대사를 그대로 따라하기보다는 상황에 어울리게 적절히 표현하도록 한다.[87]

책을 읽기 전에 교사는 글을 읽을 때 자기 점검의 중요성을 설명하고 시범을 보임으로써 학생들이 스스로 점검하며 책을 읽도록 한다. 그리고 학생들은 자기 점검을 하며 책을 읽는 과정에서 읽기 점검 전략을 활용해 자신의 이해 정도를 점검하며 글 읽기를 진행할 수 있도록 한다.[88]

나. 평가의 유의점

책의 장면이나 분위기에 알맞은 표정·몸짓·말투를 살려서 읽는지를 평가해야 한다. 그리고 책의 내용에 따라 학생이 그림을 보고 이해할

---

87) 3-1 지도서 1단원, 112쪽.
88) 6-1 지도서 독서단원, 72쪽.

수 있도록 속도를 조절하여 읽을 수 있어야 한다.

이야기를 선택할 때는 어린이들이 잘 알고 있는 옛이야기나 동화를 활용하는 것이 바람직하다.

상황에 따라 창의적으로 다양하게 읽을 수 있는지 관찰하고, 교사가 읽는 방법이 정답처럼 여겨지지 않도록 개별 평가를 한다.

직접 독서 사고 구술을 하여 자기 점검 전략을 실행하는 모습을 시범으로 보여줄 수 있다. 그러나 교사의 시범은 학생들이 전략을 익히도록 돕기 위한 것이므로 시범이 정답처럼 인식되지 않도록 해야 한다.

◈ 이야기의 구조 알기

1. 학습의 필요성 및 효과

가. 필요성

이야기의 구조에는 이야기의 배경(시간, 장소), 인물(성격), 주제(주요 인물이 부딪히는 문제의식), 구성(사건, 에피소드의 전개 방식: 발단, 전개, 절정, 결말) 등이 있다. 이런 이야기의 구조를 파악할 수 있으면 이야기의 내용을 쉽게 파악할 수 있다.

이로써 이야기에 흥미를 느끼고 지속적으로 학습하려는 태도를 형성할 수 있다. 이런 점은 이야기 학습이 어린이 정서와 사회 문화적 맥락을 형성하는 데 크게 이바지한다.

나. 효과

어린이는 이 단원을 학습하면서 이야기의 구조에는 어떤 것들이 있으며 이야기를 읽으면서 다양한 방법으로 구조를 파악해 보고, 이야기에 대한 흥미를 기를 수 있다. 이를 통해 올바른 독서 습관을 기르고 빠르고 정확한 독해력을 기를 수 있다. 아울러 활동을 하는 과정에서 자연스럽게 '문화 향유 역량'을 기를 수 있다. 이야기를 듣고 인물의 모습을 상상할 줄 알고 이야기를 읽고 일이 일어난 차례대로 이야기의 내용 말하기를 통해 작품을 바르게 이해하고 즐겁게 감상하며 즐기는 능력을 기르는 데 도움이 된다.

2. 학습 내용 및 방법

가. 인물의 말과 행동 상상하기(1-2. 10단원)[89]

1) 인물 모습·행동 상상하여 몸짓으로 표현하기

2) 인물의 모습 표현 방법
① 이야기를 읽으면서 인물의 모습이나 행동이 나타난 부분을 찾아 밑줄을 긋는다.
② 인물이 처한 상황과 모습, 행동을 상상한다.
③ 이야기에 드러나 있지 않은 부분은 상상을 더해 표현한다.
　예)〈숲속 재봉사〉를 읽고 숲속 잔치에서 동물들이 어떻게 춤을 출지 몸짓으로 표현하기
　　: 모자를 쓰고 껑충껑충 뛰거나, 신나게 달려가는 사자의 모습을 몸짓으로 표현

나. 차례대로 말하기(2-1, 6단원)[90]

1)〈기름 장수와 호랑이〉를 읽고 시간을 나타내는 말 찾기
　예) 아침, 어제, 토요일, 봄, 아홉 시, 저녁 등

---

89) 1-2 지도서 10단원, 350쪽.
90) 2-1 지도서 6단원, 214쪽.

2) 〈기름 장수와 호랑이〉를 읽고 일이 일어난 차례대로 말해보기

① 아침에 호랑이는 소금 장수를 삼켰습니다.

② 저녁에 호랑이는 기름 장수도 삼켰습니다.

③ 밤에 호랑이 배 속에서 소금 장수와 기름 장수가 만났다.

다. 마음을 짐작하기(2-1, 8단원)[91]

1) 〈아픈 날〉을 읽고 일이 일어난 차례 생각하며 듣고 말하기

   예) 시간과 상황의 변화

① 아침: 배가 아프고 속이 울렁거림

② 오전 10시: 어머니와 함께 병원에 가서 진찰을 받음

③ 점심때: 죽을 먹은 뒤에 쓴 물약을 먹음

④ 오후 3시: 몸이 나아서 놀이터에서 친구와 놂.

라. 일이 일어난 차례를 살펴요(2-2, 7단원)[92]

1) 인물의 모습을 상상하는 방법

  : 〈거인의 정원〉을 읽고, 인물의 말, 행동, 생김새 등을 나타내는
표현 찾고 인물의 성격 파악하기

   ① 거인의 말: "이 정원은 내 거야. 아무도 내 정원에 들어오지 못하
     게 해야지."

   ② 거인의 행동: (정원에 높은 담을 둘러치고 팻말을 박으며)

---

91) 2-1 지도서 8단원, 276쪽.
92) 2-2 지도서 7단원, 246쪽.

⇨ 거인의 성격: 투덜거리고 욕심이 많음

2) 일이 일어나는 차례를 아는 방법
: 〈쇠붙이를 먹는 불가사리〉의 뒷부분의 내용을 일이 일어난 차례대로 말하기

① 시간을 나타내는 말

② 장소를 나타내는 말

예)

두 번째 고개에서 불가사리는 삽살개보다 커졌어.

다섯 번째 고개에서 호랑이 보다 훨씬 커졌어.

아홉 번째 고개에서 공룡처럼 커졌어.

마. 내용을 간추려요(4-1, 2단원)[93]

1) 이야기의 내용을 간추릴 때 고려할 점
가) 이야기의 내용 간추려 쓰기 순서

① 이야기 읽기

② 어려운 낱말 뜻 알기

③ 인물, 배경 알기

④ 사건이 일어난 차례 알기

⑤ 내용 간추려 쓰기

나) 이야기의 내용을 간추리는 방법

① 문단의 **중심 문장** 찾기

---

93) 4-1 지도서 2단원, 146쪽.

② 사건이 일어난 배경 알아보기

③ 어떤 사건이 일어났는지 알아보기

2) 〈나무 그늘을 산 총각〉 읽고 중요한 사건 정리하기

시간: 어느 더운 여름날 장소: 욕심쟁이 영감의 집앞 느 　　　티나무 그늘 사건: 총각이 욕심쟁이 영감에 　　　게 느티나무 그늘을 삼 ⇨	시간: 그날 오후 장소: 욕심쟁이 영감의 집 마당 　　　과 안방 사건: 총각은 그늘을 따라 욕심 　　　쟁이 영감의 집 마당과 안 　　　방으로 들어감 ⇨
시간: 그날 저녁 장소: 욕심쟁이 영감의 집 사건: 그늘이 사라지자 총각이 　　　집으로 돌아감 ⇨	시간: 다음 날 이후 장소: 욕심쟁이 영감의 집과 느 　　　티나무 그늘 사건: 총각이 동네 사람들을 느티 　　　나무 그늘로 부르자 욕심 　　　쟁이 영감이 마을을 떠남

바. 이야기를 간추려요(6-1, 2단원)[94]

1) 이야기를 요약하는 방법

① 이야기 간추리기

② 중요하지 않은 내용 삭제하기

③ 사건의 원인 찾기

④ 관련 있는 사건 하나로 묶기

---

94) 6-1 지도서 2단원, 116쪽.

2) 발단 부분의 내용을 요약한 것을 보고 요약하는 방법을 이야기해 봅시다.

이야기 구조	사건의 중심 내용 정리하기
발단 *삭제줄 <u>원인</u>	① ~~옛날,~~ 영암 원님이 죽어서 저승에 있는 <s>염라대왕 앞으로 끌려갔는데,</s> 원님어 염라대왕에게 <u>이승에서 좀 더 살게 해 달라고 간청하자</u> 염라대왕은 원님을 저승사자에게 돌려보냈다. **중요하지 않은 내용 삭제 사건의 원인 찾기** ② 저승사자는 원님에게 이승으로 가려면 저승에 있는 곳간에서라도 수고비를 내놓으라고 했다.

이야기 구조	사건의 중심 내용 간추리기
발단	저승에 간 원님이 염라대왕에게 이승에서 좀 더 살게 해 달라고 간청하자 염라대왕은 원님을 저승사자에게 돌려보냈고, 저승사자는 원님에게 수고비를 내놓으라고 함. ⇨ 관련 있는 사건은 하나로 묶기

3) 전개 부분의 내용을 직접 요약해 봅시다.

이야기 구조	사건의 중심 내용 정리하기
전개	③ 원님은 이승에 있을 때 남에게 덕을 베푼 일이 없어 곳간에는 고작 볏짚 한 단만이 있었다. ④ 원님은 자기 곳간이 비어 이승으로 갈 수 없다고 생각되자 걱정되었다. ⑤ 저승사자는 원님에게 덕진이라는 아가씨의 곳간에서 꾸어 계산하고 이승에 나가서 갚으라고 제안했다.

이야기 구조	사건의 중심 내용 간추리기
전개	저승사자는 원님에게 덕진이라는 아가씨의 쌀을 꾸어 계산하게 하고 원님을 이승으로 보냄.

4) 절정 부분의 내용을 직접 요약해 봅시다.

이야기 구조	사건의 중심 내용 간추리기
절정	원님이 이승으로 돌아와 덕진을 만나고 말과 행동에 크게 감명 받아 덕진에게 쌀 삼백 석을 갚음.

5) 결말 부분의 내용을 직접 요약해 봅시다.

이야기 구조	사건의 중심 내용 간추리기
절정	덕진이 원님에게 받은 쌀로 마을 앞을 가로지르는 강가에 다리를 놓음.

6) 간추린 부분 하나로 연결하기

> 저승에 간 원님이 염라대왕에게 이승에서 좀 더 살게 해 달라고 간청하자 염라대왕님은 원님을 저승사자에게 돌려보냈습니다. 저승사자는 원님에게 수고비를 내놓아야 한다고 했습니다.
> 그러나 원님의 저승 곳간에는 볏짚 한 단만 있었기 때문에 저승사자는 덕진 아가씨의 저승 곳간에서 쌀을 꾸어 계산하게 하여 원님을 이승으로 보냈습니다.
> 원님이 이승으로 돌아와 덕진을 만나게 되고 덕진의 말과 행동에 크게 감명 받아 덕진에게 쌀 삼백 석을 갚았습니다. 덕진은 원님에게 받은 쌀 삼백 석으로 마을 앞을 가로지르는 강가에 다리를 놓았답니다.

사. 학습 방법

이야기의 구조를 알고 요약하는 학습은 다음과 같은 학습 단계를 거쳐서 지도하도록 한다.

1) 이야기를 읽고 인물의 모습과 행동을 상상하기
① 이야기 읽고 인물 모습, 행동 상상하기
② 인물들이 행동하는 모습 몸짓으로 표현하기

2) 차례를 나타내는 말을 생각하며 이야기를 듣기
① 차례 나타내는 말 알기
② 이야기에서 시간 나타내는 말 찾기

3) 일이 일어난 차례를 생각하며 듣기
① 일이 일어난 차례 생각하며 듣기
② 일이 일어난 차례대로 말하기
③ 역할놀이 하기

4) 이야기 구조를 생각하며 내용을 간추리기
① 이야기 속 사건 흐름 살피기
② 이야기 구조 생각하며 요약하는 방법 알기
③ 이야기 읽고 요약하기

3. 지도 및 평가의 유의점

가. 지도의 유의점

이야기의 구조를 파악하는 단원은 집중하여 이야기를 읽는 것이 기초가 되기 때문에 아이들이 이야기를 집중하여 읽을 수 있도록 분위기를 조성하여야 한다.

이야기를 읽기 전 무엇을 파악하며 글을 읽어야 하는지에 대하여 인지할 수 있도록 알려 주어야 한다. 여기에서는 간단한 일화나 학생들의 경험과 같은 일상생활 속 친숙한 소재를 자료로 사용하도록 한다. 또한, 이야기의 구조, 차례를 나타내는 방법, 글을 요약하는 방법에는 어떤 것들이 있는지 활동을 통해 알 수 있도록 방법을 정리해 주도록 한다.

나. 평가의 유의점

평가는 학생들이 이야기를 읽은 후에 인물의 성격을 잘 파악하였는지, 일이 일어난 차례를 바탕으로 내용을 요약할 수 있는지 등을 학습 활동의 결과를 통해 이야기의 구조를 바르게 파악하였는지를 지필 평가와 관찰평가로 평가한다.

◈ 인물의 마음 알기

1. 학습의 필요성

가. 필요성

이야기와 동화에서 인물의 생각을 알기 위해서는 인물의 마음을 이해하고 파악하는 것이 중요하다. 인물의 마음을 이해한다는 것은 인물의 상황과 처지를 이해해 공감하는 것을 말한다. 그리고 읽을 사람의 마음을 고려해 자신의 생각을 전달하는 것은 사회적 존재로 살아가는 학생들에게 필요한 능력이다. 공동체 생활을 하는 사람으로서 자신과 주위 사람들을 두루 생각하는 자세야말로 세상을 원만하게 살아가는 데 필요한 태도이기도 하다. 따라서 인물의 마음을 짐작하는 방법의 학습이 중요하다.

나. 효과

학습 효과로는 첫째, 다른 사람을 배려하고 다른 사람의 마음에 공감하는 공동체 대인 관계 역량을 기를 수 있다. 또한, 자신의 생각을 적절하게 표현하고 상대의 입장에서 생각해보는 태도를 기를 수 있다. 둘째, 인물의 마음을 짐작함으로써 이야기를 이해할 수 있다. 셋째, 내용을 이해하는 데 도움을 주는 비언어의 의미와 효과를 알 수 있다. 넷째, 말하는 내용에 어울리는 말투, 표정, 몸짓으로 말하는 능력을 기를 수 있다.[95]

2. 학습 내용 및 방법

가. 이야기 속 인물의 표정·말·행동으로 인물 마음 짐작하기[96]

예1) 꼬마가 아저씨에게 수박을 가져다 드리면서 "아저씨, 수박 드세요."라고 말한 것을 보니, 꼬마가 아저씨와 친해지고 싶은 마음인 것 같습니다. (2-1, 11단원)

예2) 미니가 강아지를 만나 신나는 표정을 보니 기쁜 마음인 것 같습니다. (2-2, 4단원)

나. 이야기 속 인물이 처한 상황에서 인물 마음 짐작하기[97]

예1) 아저씨가 동네 꼬마에게 수박을 받은 날 밤에 잠을 이루지 못하는 상황입니다. 꼬마에게 아무것도 주지 못해 미안한 마음이 들었던 것 같습니다. (2-1, 11단원)

예2) 미니는 강아지를 잃어버린 상황입니다. 강아지가 사라져서 슬픈 마음일 것 같습니다. (2-2, 4단원)

예3) 크록텔레 가족이 텔레비전을 너무 많이 봐서 텔레비전이 힘들어하는 것 같습니다. (2-2, 4단원)

예4) 달리기를 못한다며 이호와 친구들이 놀릴 때 기찬이의 마음은 너무 속상하고 외로웠을 것 같습니다. (3-2, 6단원)

---

95) 2-2 지도서, 156쪽. 2-1 364쪽. 3-2 264쪽. 4-1 382쪽.
96) 2-1 374쪽. 2-2 162쪽.
97) 2-1 지도서, 374쪽. 2-2 166족. 2-2 170쪽. 3-2 279쪽.

다. 이야기에서 마음이 드러나는 표현을 찾아 인물의 마음 짐작하기[98]

예1) "미니는 주저앉아 강아지를 꼭 끌어안았어요."에서 강아지를 보고 싶어 했다는 것을 짐작할 수 있어요. (2-2, 4단원)

예2) "난 정말 지쳤다고!" / "난 팍 쓰러져 버릴 것 같아!"에서 텔레비전이 많이 힘들어하는 것 같습니다. (2-2, 4단원)

라. 그림 속 인물의 표정, 행동을 통해 인물 마음 짐작하기[99]

	예1) 미니가 웃으며 강아지와 뛰어가는 그림을 보니 미니가 강아지를 만나 행복한 마음인 것 같습니다. (2-2, 4단원)
	예2) 우울한 텔레비전의 표정을 보니 텔레비전이 힘들어하는 것 같습니다. (2-2, 4단원)
	예3) 아이가 행복해하는 표정을 보니 엄마가 커튼을 달아주셔서 고마운 마음이 드는 것 같습니다. (2-2, 4단원)
	예4 시무룩해 있는 그림을 보니 친한 친구가 전학을 가서 외롭고 슬픈 마음인 것 같습니다. (4-1, 10단원)

---

98) 2-2 지도서, 166쪽. 2-2 170쪽.
99) 2-2 지도서, 166쪽. 2-2 170쪽. 2-2 178쪽. 4-1 387쪽.

마. 시의 장면을 몸짓으로 표현하며 인물 마음 짐작하기[100]

예1) 생쥐처럼 살금살금 아버지의 양말을 벗겨 드리는 아이의 행동을 몸짓으로 표현해 보니, 피곤한 아버지께서 잠에서 깨실까봐 조마조마해하는 아이의 마음이 더 잘 느껴집니다. (2-1, 1단원)

바. 시에 나타난 표현 보고 인물 마음 짐작하기[101]

예1) "생쥐처럼 살금살금 양말을 벗겨 드렸다."에서 아버지께서 푹 주무시기를 바라는 마음을 알 수 있다. (2-1, 1단원)

사. 시의 내용과 비슷한 경험 떠올리며 인물 마음 짐작하기[102]

예1) 감기에 걸리신 어머니가 걱정되어 대신 빨래를 정리한 적이 있습니다. 그때 어머니께서 푹 주무시고 감기가 빨리 나으시기를 바랐습니다. 아이도 피곤한 가족을 걱정하는 마음인 것 같습니다. (2-1, 1단원)

예2) 저는 독감 예방 주사를 맞으러 보건소에 갔을 때 주사를 맞는 것이 너무 무서워 주사를 맞기도 전에 울음을 터뜨리고 말았습니다. 시 속 아이도 저처럼 겁이 많이 난 것 같습니다. (2-1, 1단원)

---

100) 2-1 지도서, 69쪽.
101) 2-1 지도서, 70쪽.
102) 2-1 지도서, 70쪽. 2-1 74쪽.

아. 시 속 인물의 표정을 그려보며 인물 마음 짐작하기[103)

예1) 입을 더 크게 벌려야 하는데 무서워서 자꾸 입을 다무는 아이의 표정을 그렸습니다. 아마 겁이 많이 나고 무서워하는 것 같습니다. (2-1, 1단원)

자. 만화 속 인물의 표정, 행동, 말풍선 모양, 배경 효과를 통해 인물 마음 짐작하기[104)

	예1) 소민이의 이마에서 땀이 나고 있는 것을 보니 당황한 것 같습니다. (4-1, 10단원)
	예2) 소민이가 두 손으로 얼굴을 가리고 있는 모습을 보니 창피해하는 것 같습니다. (4-1, 10단원)
	예3) 울퉁불퉁한 말풍선의 모양을 보니 소민이가 떨리는 마음인 것 같습니다. (4-1, 10단원)
	예4) 배경에 그려진 구부러진 검은색 선을 보니 소민이가 긴장한 것 같습니다. (4-1, 10단원)

---

103) 2-1 지도서, 74쪽.
104) 4-1 지도서, 391~392쪽.

3. 지도상의 유의점105)

가. 이야기

1) 지도의 유의점
① 글만 있거나 글과 삽화가 같이 있는 책을 읽을 때, 인물의 마음을 짐작하는 방법이 다름에 유의하도록 지도한다.
② 저학년은 인물이란 용어를 이해 못할 수도 있다. 인물의 개념이 이야기에서 사람, 동·식물, 사물 등 사건의 주체임을 지도할 필요가 있다.
③ 인물의 마음을 알 수 있는 근거로서 이야기의 상황, 인물의 말이나 행동 등을 함께 쓰도록 한다.

2) 평가의 유의점
① 학생들이 이야기를 읽으며 이야기의 상황, 인물의 말, 행동을 통해 인물의 마음을 짐작할 수 있는지 평가한다.
② 인물의 마음에 공감하는 능력에 중점을 두어 평가한다.

3) 지나치게 맞춤법을 강조하기보다 다양한 감정 표현 어휘를 활용해 문장을 구성하는 능력에 중점을 두어 평가한다.

---

105) 2-2 지도서, 183쪽. 2-1 지도서, 80쪽, 397쪽. 3-2 지도서, 290쪽. 4-1 지도서, 411쪽.

나. 시

1) 지도의 유의점

① '시 속 인물'은 시의 내용을 바탕으로 추론할 수 있는 모든 인물
   이 될 수 있다. 학습의 초점은 시 속의 화자에 두어야 한다.
② 시 속 인물의 마음을 상상하는 수업의 제재로는 시 속 인물의
   경험이 분명하게 드러나는 작품이 좋다.
③ 저학년 수준에서는 운율이나 이미지가 두드러진 시에서 인물을
   추론하거나 시 속 인물의 마음을 상상하기 어려우니 피한다. 교
   사는 인물의 마음을 짐작하기 쉬운 시로 지도한다.

2) 평가의 유의점

① 맞춤법에 맞게 썼는지 보다는 인물의 마음을 상상한 내용에 중점
   을 두어 평가한다.
② 자신의 경험이나 시를 읽고 떠오르는 장면을 근거로 들어 시
   속 인물의 마음을 상상할 수 있는지 평가한다.

다. 만화 및 만화 영화

1) 지도의 유의점

① 말과 함께 전달되는 반언어(말투)와 비언어(표정, 몸짓)의 중요
   성을 이해하도록 지도한다.
② 인물의 말투, 표정, 몸짓을 이해하기 위해 인물이 말하고 행동하
   는 상황을 정확히 파악하도록 지도한다.
③ 막연한 상상보다는 그렇게 생각한 까닭을 인물의 말투, 표정,

몸짓 등과 관련지어 생각해 보게 하여 사고력을 함양시킨다.

2) 평가 시 유의점

① 수업 자료로 활용되는 만화, 만화 영화 속 인물의 마음을 짐작해 그에 어울리는 말투, 표정, 몸짓으로 실감 나게 표현할 수 있는지를 평가한다.

② 인물의 마음이 말투, 표정, 행동에 잘 나타난 만화를 선택한 뒤에 만화에서 인물의 마음을 어떻게 표현하는지 살펴보고, 인물의 마음을 표현하는 방법을 찾을 수 있는지 평가한다.

◈ 독서지도

1. 독서지도의 필요성 및 효과

독서 단원은 '한 학기 한 권 읽기' 경험으로 학생들에게 책을 읽는 방법을 체계적으로 지도하여 학생들이 독서 습관과 태도를 형성하고, 나아가 평생 독자로 성장하도록 하는 데 목적이 있다. 그리고 미래 사회가 요구하는 핵심 역량 함양을 기반으로 바른 인성을 갖춘 창의 융합형 인재 양성을 추구한다.

책 한 권을 온전히 읽음으로써 작품 이해와 감상의 폭을 넓히고 단편적인 내용만 읽지 않고 한 권을 통째로 읽어 보는 습관을 길러야 능숙하고 체계적인 독서 능력을 향상할 수 있다.

독서 학습 후에 학생들은 이야기를 읽고 생각이나 느낌을 나눌 수 있으며 인물의 모습과 행동을 상상할 수 있다. 또한, 책을 읽음으로써 자신의 삶을 돌아보고 성찰하며, 다른 사람의 처지에 공감하고 배려하는 마음을 키울 수 있다.

2. 학습 내용 및 지도 방법

가. 책 고르는 방법106)

1) 책의 흥미·내용 수준에 따라 선정하기

---

106) 3-1 지도서 독서단원, 68쪽. 4-1 지도서 독서단원, 70쪽.

2) 글쓴이와 책의 차례, 삽화 보고 선정하기

3) 읽기 전에 책 내용 예상하기

4) 전략에 따라 책 고르기

5) 지도 방법
① 흥미, 책의 길이, 일상 언어 사용 정도, 구조, 선행 지식, 장르, 주제의 적합성, 현실과의 연관성의 기준에 따라 책 선정하기
② 글쓴이, 제목, 차례, 그림, 글자 크기, 종류 등을 고려해 책 선정하기
③ 표지와 책 속의 그림을 살펴보고 내용 예상하기
　예) '곱구나! 우리 장신구'라는 책 제목과 책 속의 삽화를 보고 우리나라 전통 장신구를 설명하는 내용임을 예상하기
④ 책에 자주 나오는 낱말로 내용을 예상하기
⑤ 누구와 읽을지에 따라 책 고르기
⑥ 북매치 전략에 따라 책 고르기
　예) 책을 몇 군데 펴 보고 어려운 낱말이 다섯 개가 넘을 경우 학생 자신의 수준에 어렵다고 판단하기(북매치 전략)

나. 국어사전 활용하여 책 읽기[107]

1) 국어사전 찾는 방법 알기

---

107) 3-1 7단원 지도서, 290쪽. 4-1 독서단원 지도서, 80쪽. 4-1 7단원 지도서, 303쪽.

2) 국어사전의 낱말 배열순서 알기

3) 국어사전에 사용된 기호와 부호 사용 방법 알기

4) 자음자와 모음자, 받침자의 순서에 따라 사전 찾기

5) 지도 방법
① 국어사전 찾는 방법을 알고 활용하기
② 국어사전에 사용된 기호화 부호 표시를 알아보기

다. 책 내용 간추리기[108]

1) 6하 원칙을 생각하며 글 간추리기

2) 주요 낱말 중심으로 설명하는 글 간추리기

3) 이어주는 말을 사용하여 문장 연결하기

4) '자석 요약하기' 방법으로 중심생각 확인하기

5) 시간과 장소 변화에 따라 사건 간추리기

---

108) 3-1 독서 단원 지도서, 78쪽. 5단원 지도서, 236쪽. 3-2 독서 단원 지도서, 82쪽. 8단원 지도서, 340쪽. 4-1 독서 단원 지도서, 82쪽. 2단원 지도서, 82쪽. 5-1 독서단원 지도서, 82쪽. 6-1 독서단원 지도서, 76쪽.

6) 지도 방법

① 언제, 누가, 어디에서, 무엇을, 어떻게, 왜 했나를 생각하며 이야기 글 간추리기

② 중요한 낱말을 중심으로 내용을 정리한 뒤에 관련 있는 내용을 덧붙이며 설명하는 글을 간추리기

③ 글을 간추릴 때, 이어주는 말을 넣어 문장을 자연스럽게 연결시키기

　예) 문장을 연결할 때, '그래서', '그러나', '그리고'와 같은 이어주는 말을 사용하기

④ '자석 요약하기'를 통해 중심 생각을 찾는 방법을 알기

　예) 자석 낱말: 옛날 사람, 그림, 특별한 목적, 민화(1문단에서 끌고 왔다.) → 간추린 내용: 민화는 옛날 사람들이 널리 사용하던 그림으로, 특별한 목적을 위해 사용했다.

⑤ 시간과 장소 변화를 확인하고, 시간과 장소 변화에 따라 일어난 일을 간추리기

　예) 〈주말여행〉을 읽고 고인돌 박물관, 동림 저수지, 선운사 순으로 이동함을 파악하거나 시간을 나타내는 말을 중심으로 여행한 일을 간추리기

라. 생각을 나누기[109]

1) 독서에 필요한 전략 알고 적용하기

---

109) 3-1 독서 단원 지도서, 79쪽. 3-1 1단원 지도서, 118쪽. 4-1 독서 단원 지도서, 82쪽. 1단원 지도서, 120쪽.

2) 인상 깊은 대목을 쓰기나 그려서 표현하는 활동하기

3) 책 선물하기 전략 알기

4) 놀이를 통하여 인물에 대한 생각, 느낌 발표하기

5) 표현, 삽화를 읽거나 보고 느낌 나누기

6) 지도 방법
① KWL, 과정 중심학습 전략을 사용하여 내용을 정리하고 발표하기
② 인상 깊은 장면을 표현하여 심상을 형성한다. 활동 방식에 따라 쓰기 활동과 그리기 활동으로 구분하기
③ 책 선물하기 전략을 사용하여 생각 나누기
④ 인물 면담하기 놀이를 통해 인물의 이야기 속 상황에서 어떤 생각이나 느낌이 들었는지 말하기
⑤ 마음에 드는 표현, 삽화를 바탕으로 또는 자신의 경험과 연관 지어 느낌을 나눈다.
   예)
   ㉠ 〈종이 봉지 공주〉를 읽고 공주가 용감하게 왕자를 구하러 가는 장면을 그리기
   ㉡ 〈행복한 청소부〉를 읽고 언니에게 파란색 물통을 선물하기

마. 인물의 마음을 알아보기(2-2, 3-1, 3-2, 4-1)[110]

1) 표정, 행동, 말투로 인물 마음 짐작하기

2) 인물의 표정, 행동을 그림으로 표현하여 인물 마음알기

3) 등장인물이 되어 이야기하기

4) 자신이 인물이 되어 행동이나 할 말 생각하기

5) 그림 보고 상황과 인물의 마음알기

6) 지도 방법
① 표정이나 행동으로 인물의 마음을 짐작하기
② 인물의 표정과 몸짓이 잘 드러나게 장면을 그림으로 표현해보고 인물의 마음을 알기
③ 이야기를 나누고 싶은 등장인물을 정하고, 한 친구가 등장인물이 되어 이야기를 나누기
④ 자신이 이야기 속의 인물이라면 어떤 말이나 행동을 할지 생각하기
⑤ 행동이 다양하게 표현된 그림을 보면서 어떤 상황과 마음일지 짐작하기
　　예) 거인의 활짝 웃는 표정과 춤을 추는 몸짓에서 거인이 즐거워하고 있다는 것을 알기

---

110) 2-2 지도서 4단원, 160쪽. 3-1 지도서 4단원, 206쪽. 3-2 지도서 1단원, 126쪽., 3-2 지도서 6단원, 276쪽. 3-2 지도서 9단원, 358쪽. 4-1 지도서 10단원, 390쪽.

바. 독서 감상문을 쓰는 방법 알아보기(3-2, 4-2)[111]

1) 감상문의 특징 알기

2) 독서 감상문에 쓸 내용 정리하고 책 만들기

3) 독서 감상문 쓰기

4) 지도 방법
① 독서 감상문을 읽고 독서 감상문의 특징 알기
② 책을 읽게 된 까닭, 책 제목과 내용, 줄거리 1~2줄 요약, 인상 깊은 장면별로 자기경험과 견주어 책을 읽은 뒤에 든 생각이나 느낌을 적어 삼면책을 만들어서 독서 감상문의 내용 정리하기
③ 책을 읽은 동기, 인상 깊은 장면, 인물에 대한 생각이나 다짐 등을 중심으로 독서 감상문 쓰기
　예) 부모님과 영화 〈명량〉을 보고 이순신 장군의 삶에 대해 더 알고 싶어 위인전 〈이순신〉을 읽고 나서 책을 읽은 동기, 인상 깊은 장면을 중심으로 생각과 느낌을 나타내어 독서 감상문 쓰기

사. 경험을 떠올리며 시, 이야기를 읽기(5-1)[112]

1) 작품의 소재와 관련된 경험 떠올리며 작품 읽기

---

111) 3-2 지도서 7단원, 312쪽. 4-2 지도서 7단원, 313쪽.
112) 5-1 지도서 2단원, 132쪽.

2) 인물이 처한 환경, 마음과 관련된 경험 떠올리며 작품 읽기

3) 반복되는 말의 리듬감 느끼며 실감나게 시 읽기

4) 인물의 입장이 되어 이야기 읽기

5) 지도 방법
① 시나 이야기의 소재와 관련된 경험을 떠올리며 작품을 읽기
② 시나 이야기 속 인물이 처한 환경이나 인물의 마음과 관련된
   자신의 경험을 떠올리며 작품 읽기
③ 시를 읽을 때는 반복되는 말을 통해 리듬감을 느끼며 실감 나게
   느낌을 살려 읽기
④ 이야기를 읽을 때는 인물의 입장이 되어 읽기
   예)
   ① 〈놀이터'에서〉, 〈집에 가도 불 꺼진 우리 집〉, 〈정말 집에 가기 싫
      어〉를 읽을 때, 집에 사람이 없어서 집에 가기 싫었던 경험을 떠올
      리며 시 읽기
   ② 〈허리 밟기〉의 제목을 보고 부모님이나 할머니, 할아버지께 허리
      밟기를 해드리거나 안마한 경험을 떠올리며 시 읽기

아. 글을 읽는 다양한 방법 알아보기(1-1, 1-2)[113]

1) 문장 부호 살펴 띄어 읽기

---

113) 1-1 지도서 8단원, 302쪽, 1-2 지도서 5단원, 198쪽. 8단원 310쪽.

2) 알맞은 목소리로 이야기 읽기

3) 실감나게 읽기

4) 지도 방법
① 문장 부호에 맞게 띄어 읽기
② 알맞은 목소리로 이야기 읽기
③ 글을 실감 나게 읽기
　예)
　① 문장부호 뒤에 조금 쉬어 읽기
　② 작품을 비교하며 글 읽기
　③ 몸짓을 하면서 시 읽기

[읽기자료]

치과에서
김시민

아, 아
입을 더 크게 벌려야 하는데
으, 으
점점 입이 다물어진다.

이를 빼야 하는데
눈물이 먼저
쏙
빠진다.

(2-1, 〈치과에서〉 전문)

> ### 호랑이 형님
>
> 나무꾼이 산길을 가고 있는데 호랑이가 또 나타났어요.
> "아우야!"
> 나무꾼은 깜짝 놀랐지만 침착하게 대답했어요.
> "형님, 여기 계셨군요."
> "어머님은 잘 계시냐?"
> "네, 형님께서 사냥해 주신 고기를 드시고 건강해지셨어요."
> "잘되었구나!"
> 나무꾼은 점심으로 싸 온 떡을 얼른 내밀며 말했어요.
> "어머님께서 싸 주신 떡이에요. 따뜻할 때 빨리 드셔요."
> 호랑이는 입을 쩍 벌리고 떡을 맛있게 먹었어요.
> "어머님께 잘 먹었다고 꼭 전해 드려라."
> 호랑이는 다시 산으로 올라갔어요.
>
> (2-1, 〈호랑이 형님〉 일부)

자. 글을 읽고 중심 생각 찾기(2-2, 3-1, 6-1)[114]

1) 글을 읽고 글쓴이의 생각 알기

2) 문단의 중심 문장으로 글의 중심 생각 알기

3) 제목 보고 내용 짐작하기

4) 문단의 중심 내용 위치 알기

5) 글의 주제 찾기

---

114) 2-2 지도서 9단원, 312쪽. 3-2 지도서 2단원, 154쪽. 6-1 지도서 독서단원, 75쪽.

6) 지도 방법

① 글에서 주요 내용이란 글쓴이의 생각 알기임을 지도

② 각 문단의 중심 문장을 정리하여 글의 중심 생각을 정리

③ 제목을 보고 무엇을 쓴 글인지 미리 알기

④ 문단의 중심 내용은 문단 첫머리, 가운데, 끝머리에 오는 경우가 많음을 알기

⑤ 중심 내용이 글에 숨겨진 경우, 글에서 전하고자 하는 주제가 무엇인지 찾아보기

예)

① 〈갯벌을 보존하는 방법〉을 읽고 글쓴이가 소중한 갯벌을 잘 보존해야 한다는 생각을 가지고 있다는 것을 안다.

② 〈미세 먼지가 심한 날, 이렇게 하세요〉를 읽으면서 미세 먼지가 심한 날에는 외출을 자제하고, 마스크를 쓰고, 환기를 하지 않고, 외출하고 돌아와서 몸을 씻고 물을 충분히 마셔야 한다는 내용에 밑줄을 그으며 읽기

차. 이야기 읽고 생각·느낌 표현하기(2-1, 3-1, 3-2, 4-1)[115]

1) 이야기 읽고 생각, 느낌 말하기

2) 이야기 읽고 감각적 표현으로 말하기

---

115) 2-2 지도서 1단원, 74쪽. 3-1 지도서 1단원, 108쪽. 3-2 지도서 4단원, 216쪽. 4-2 지도서 9단원, 379쪽.

3) 감각적 표현으로 생각, 느낌 전달하기

4) 문학 작품 읽고 다양한 방법으로 느낌 표현하기

5) 지도 방법
① 이야기를 읽고 이야기에 대한 생각이나 느낌을 말하기
② 감각적 표현의 의미 알고, 이야기에서 감각적 표현 찾기
③ 감각적 표현을 사용하여 실감나게 생각·느낌을 전달하기
④ 시 읽고 느낌을 그림, 노래 등 다양한 방법으로 표현하기
　예)
　　① '눈으로 보고 표현하기'로는 '새빨간, 동글동글' 등이 있어.
　　　'귀로 듣고 표현하기'로는 '뺑, 시끌벅적' 등이 있어.
　　　'입으로 맛보고 표현하기'로는 '짭짤한, 얼큰한' 등이 있어.
　　　'손끝으로 느끼고 표현하기'로는 '부드러운, 푹신푹신' 등이 있어.
　　　'코로 냄새 맡고 표현하기'로는 '퀘퀘한, 구리구리'가 있어.
　　② 호랑이는 껑충껑충 줄넘기를 뛰어요. 그 옆에 토끼는 끈적끈적한
　　　물감으로 호랑이를 그리고 있어요. 노란 오리와 귀여운 다람쥐는
　　　달콤한 크림빵을 쩝쩝 먹고 있어요. 이때 개구리가 폴짝폴짝 뛰어
　　　와서 비눗방울을 동글동글 불었어요. 들판엔 향기로운 꽃들이 피
　　　어있어요.
　　③ 감각적 표현을 하니 생생하고 실감이 나요.
　　④ 감각적 표현을 한 동요 부르기, 이야기 듣기
　　⑤ 스스로 노래나 이야기 지어 들려주기

카. 이야기 속 인물의 모습·행동 상상하기(1-2)[116]

1) 이야기 읽고 인물의 모습, 행동 상상하기

2) 인물 모습, 행동 상상하여 따라 하기

3) 지도 방법
① 이야기에 나오는 인물의 모습과 행동을 상상하기
② 인물의 모습이나 행동을 떠올리며 따라 하기 놀이
　예) 〈숲속 재봉사〉를 읽고 모자를 쓰고 신나게 달려가는 사자의 모습
　　을 몸짓으로 표현하기

타. 이야기 읽고 차례대로 이야기 내용 말하기[117]

1) 사건(일)이 일어난 차례 파악하여 인물 모습 변화 알기

2) 뒷이야기 상상하여 말하기

3) 시간 순서대로 이야기하기

4) 장소 변화의 순서대로 이야기하기

---

116) 1-2 지도서 10단원, 358쪽.
117) 2-2 지도서 7단원, 268쪽.

5) 지도 내용

① 앞부분을 읽고 내용을 파악한 후, 일이 일어난 차례대로 인물의
  모습 변화를 알아보기
② 뒷이야기를 상상해 꾸며보며 학습 흥미 높이기
③ 등장인물 각각의 시점에 따라 일이 일어난 차례대로 이야기 내용
  말하기
④ 사건이 전개되는 동안 변화된 장소의 순서대로 이야기 내용 말하기
  예)
  ① 용이 나타나기 전에는, 공주는 비싸고 좋은 옷을 입었다.
  ② 용이 나타나 불길을 내뿜자, 공주는 입을 옷이 없었다.
  ③ 공주가 용을 찾아 나설 때, 공주는 종이옷을 입고 있었다.

파. 글의 종류에 따른 읽기 방법 알기[118]

1) 전기문의 특성알기

2) 전기문 읽고 인물의 삶 이해하기

3) 설명문의 대상과 독자의 아는 내용, 알게 된 내용 살펴보기

4) 주장하는 글의 주장과 근거의 적합성 파악하기

---

118) 4-2 지도서 6단원, 280쪽. 5-1 지도서 9단원, 328쪽.

5) 지도 방법

① 전기문의 문학성, 사실성, 역사성이라는 특성 알기

② 전기문의 특성을 알고 인물의 삶을 이해하기

③ 설명하는 글은 정보를 얻기 위해서 읽는 것이므로 설명하는 대상, 이미 알고 있는 내용과 새로 알게 된 내용 등을 살피며 읽어야

④ 주장하는 글은 비판적인 태도로 글쓴이의 주장, 주장을 뒷받침하는 근거와 근거의 적합성 등을 파악하며 읽어야

예)

① 전기문 〈김만덕〉에서 김만덕이 굶주린 제주도 사람들에게 자신의 곡식을 내어주는 모습을 보고 감동을 받았으며, 조선시대에도 나눔을 가치 있게 생각하는 사람이 있었다는 사실을 알았다.

② 〈점과 선으로 만든 암호〉에서 글쓴이는 말과 글을 점과 선이라는 부호로 정보를 전달하고, 전화에 익숙한 우리에게는 봉화와 마찬가지로 이 역시 정보를 전달하는 방법이라는 점이 신기하다.

③ 〈미래 사회의 변화에 대처하는 자세〉에서 글쓴이는 새로운 방식으로 문제를 해결하는 사람이 미래 사회에 필요한 사람이라고 하였는데 이것이 창의력이라고 생각한다. 그러나 모든 문제를 반드시 새로운 방식으로 해결하기보다는 문제 해결에 적절한 방법이라면 전통적인 방식도 사용할 필요가 있다고 생각한다. 전통적인 방식에서도 합리적인 해결방법이 있기 때문이다.

하. 글을 읽고 의견을 파악하기[119]

1) 등장인물의 생각이 곧 의견임을 알기

2) 인물의 의견에 따르는 까닭 살펴보기

3) 독자마다 의견이 다양함을 알기

4) 제목을 읽고 글쓴이의 의견 파악하기

5) 문단의 중심 내용으로 글쓴이의 의견 파악하기

6) 지도 방법
① 이야기를 읽고 등장인물의 생각을 파악하여 그 생각이 등장인물의 의견이 됨을 알기
② 인물의 의견을 파악할 때 까닭도 함께 살펴보아야 한다
③ 의견의 개념을 파악하고 사람의 의견이 다양함을 알기
④ 글쓴이의 의견을 알기 위해서는 제목을 주의 깊게 살펴야
⑤ 문단의 중심 문장을 정리하며 글쓴이의 의견을 파악하기
　예)
　　① 〈오성과 한음〉을 읽고 오성, 한음, 옆집 하인, 대감의 대사에 나타난 인물의 의견 알기
　　② 〈지구를 보호하자〉라는 제목을 읽고 글쓴이의 의견이 '지구 환경

---

119) 3-1 지도서 8단원, 320쪽.

을 깨끗하게 유지하자.'라는 뜻임을 알기

거. 독서 토의하기(5-1)[120]

1) 독서 토의 방법 알기
① 독서 토의 절차 알아보기
② 토의 주제를 정한 뒤 자신의 의견 정리하기
③ 독서 토의 활동하기

2) 지도 방법
① 책을 읽고 친구들과 생각 나누기
　예)
　　㉮ 책 내용에서 답을 찾을 수 있는 질문을 만들어 이야기 나누기
　　㉯ 책 내용에서 단서를 찾아 답할 수 있는 질문을 만들어 이야기 나누기
　　㉰ 책을 읽고 무엇을 느꼈는지 질문을 만들어 이야기 나누기
　　㉱ 자신의 삶과 관련된 질문을 만들어 이야기 나누기
② 독서 토의 주제 이야기하기
　예) 학습자의 수준에 맞게, 공통의 관심사가 될 만한 것을 토의 주제
　　로 선정하기
③ 독서 토의 주제 정하기
　예) 〈투발루에게 수영을 가르칠 걸 그랬어!〉를 읽고 지구 온난화 문제
　　를 해결하기 위한 방법에 대해 토의하고 싶어.
④ 토의 주제를 생각하며 자신의 의견 정하기

---

120) 5-1 지도서 독서단원. 84쪽.

: 내 의견을 적고 그렇게 생각한 까닭 적기

⑤ 다른 사람의 의견 듣고 함께 이야기하기

: 모둠을 만들어 각자의 의견을 듣고 이야기하기

너. 책을 읽는 능력과 태도 기르기[121)]

1) 독서준비: 읽을 책 정하고 책 훑어보기

2) 독서: 질문이나 비판하며 책 읽기

3) 독서 후: 책 내용 간추리고 생각 나누기

4) 지도 방법

가) 독서준비하기 단계[122)]

① 읽을 책 정하기

㉮ 자신의 관심 분야 말하기

*독서 전 흥미 유발하는 방법[123)]

㉠ 연상하기(제목을 보고 내용 예상하기)

㉡ 예측하기(표지와 그림을 살펴보고 내용 예측하기)

㉢ 미리보기(책 차례와 뒤표지 미리보기)

㉯ 관심 분야와 관련된 책 찾아보기

*책 고르기[124)]

㉠ 책을 골라 본 경험 나누기

㉡ 자신의 관심사, 흥미, 배경지식 떠올리기(자신이 평소 어떤 분

---

121) 지도서 5-2, 66쪽.

122) 지도서 5-2, 68~83쪽.

123) 지도서 3-2, 77쪽.

124) 지도서 3-1, 69쪽.

야의 책을 즐겨 읽고 관심이 있는 지 생각하기)

　　ⓒ 책을 고르는 자신의 기준 만들기(장르 친숙도, 주제, 흥미 중심으로, 자신의 독서 수준을 고려해서)

　㉓ 친구들이 추천한 책 찾아보기

　㉔ 함께 읽을 책 정하기

② 책 훑어보기

　㉮ 읽기 전 활동하기

　㉯ 책 차례 훑어보고 관심이 가는 부분 생각하기

　㉰ 독서 목적 생각하며 기대감 갖기

나) 독서 단계

① 책 읽을 때 생각할 점

　㉮ 내용 점검하며 읽는 방법

　　㉠ 질문하며 읽기, 비판하며 읽기

　　㉡ 상상하며 읽기, 경험이나 지식 떠올리며 읽기

　　㉢ 사실 확인하며 읽기, 자신의 생각과 비교/대조하며 읽기

　㉯ 질문하거나 비판하며 읽기

　　㉠ 내용 이해를 위한 질문

　　　• 이 낱말의 뜻은 무엇인가?

　　　• 이 글의 시대적 배경은 언제인가?

　　　• 이 글의 내용은 무엇인가?

　　㉡ 내용 추론을 위한 질문

　　　• 제목이 지닌 뜻은 무엇인가?

　　　• 글쓴이가 이 글을 쓴 목적은 무엇인가?

　　　• 이 글은 어떤 순서로 진행될까?

　　　• 이 글의 결론은 어떻게 날까?

• 이 글의 주제는 무엇인가?

• 이 글은 나에게 어떤 의미가 있는가?

ⓒ 비판적 사고를 위한 질문

• 글쓴이의 주장은 올바른가?

• 글쓴이의 주장과 내 생각은 어떻게 다른가?

• 표면에 드러난 의미 외에 숨은 의미는 무엇일까?

㉯ 비판하며 읽기

㉠ 글쓴이의 주관이 지나치게 많이 들어가 있지 않은가?

㉡ 논리에 어긋나지 않은가?

㉢ 글쓴이의 주장이 타당하고 믿을 만한가?

㉱ 비판하며 읽는 습관 갖기

㉠ 글을 쓴 까닭을 생각하며 비판하기

㉡ 궁금한 부분 질문하기

㉢ 글의 주제 정리하며 글 읽기

다) 독서 후 단계

① 책 내용 간추리기

㉮ 책을 읽고 난 뒤 내용 정리하기

• 글의 주제는 무엇인가?

• 인물, 사건, 배경을 중심으로 이야기 내용 간추리기
(어느 시대, 어디에서, 어떤 등장인물이, 무엇을, 어떻게, 왜 그
런 행동을 했는가?)

• 가장 기억에 남는 장면, 말(대사)은 무엇인가?

• 중요한 사건, 인물의 행동은 무엇인가?

㉯ 책을 읽고 배운 점 정리하기

② 생각 나누기(독서 토론)

㉮ 친구들과 함께 토론하고 싶은 주제 생각하기

- 초등학생에게는 책의 결말이 열려 있는 것이 좋다.
- 초등학생이 이해할 만한 수준의 내용이어야 한다.
- 토론 주제에 대하여 찬성, 반대가 분명한 주인공의 말, 행동이 좋다.
- 논거가 풍부한 주제가 좋다.

㉯ 독서 토론하기

*토론하고 싶은 주제 생각하기

*토론 주제 선택할 때 주의점 알기

- 토론 주제 정하기
- 토론 주제에 대한 자신의 의견쓰기
- 독서 토론하기(주제에 대한 찬, 반으로 나뉘어 서로 이야기 나누기)

*독서 토론 수업에서 교사가 주의할 점

- 교사는 수업의 지원자이므로 공정한 역할을
- 교사는 발생 가능한 장애를 예상하고 대처 방안 마련
- 사회적 상황이나 학교 환경에 따라 적절한 가치 명제나 정책 명제를 논제로 정해야
- 시간 운영 계획을 세워야
- 모든 학생이 토론을 경험할 수 있도록 배려

*독서 토론의 유형

- 원탁 토론: 사회자 중심 진행
- 세미나: 대주제를 두고 소주제 3~4개를 각각 발표
- 심포지엄: 발표자와 질문자 각각 3~4명이 의견을 말하고 그 의견들을 바탕으로 질의응답

- 찬반 토론: 미리 주제와 결론을 정해 놓고 찬반 논쟁
- 포럼: 한 사람 또는 여러 사람이 발표하고 청중이 질문하며 토론
- 패널 토론: 4~6명이 대립되는 의견을 대표자 자격으로 청중 앞에서 논의

  ㉰ 책 속 인물에게 편지 쓰기, 또는 독서 신문 만들기

③ 생각(학습 내용) 정리하기

  ㉮ 독서 활동 돌아보기

- 오각 독서 점검표 만들어 자기 점검하기
- 0~5까지 수자가 매겨진 오각형 점검표를 그린다.
- 비판하며 책을 읽으려고 노력했다.
- 질문하며 책을 읽으려고 노력했다.
- 친구들과 책을 읽으며 생각을 적극 나누었다.
- 활동에 열심히 참여했다.
- 책을 끝까지 읽으려고 노력했다.

  *위의 다섯 가지 항목을 평가하여 균형 있는 도형이 나오지 않는다면 점검하여 부족한 부분을 보완한다.

  ㉯ 더 찾아 읽기

  ㉰ 독서 습관 기르기

3. 지도 및 평가의 유의점

가. 지도의 유의점

독서 자료는 교사가 제공하는 책 목록과 책 선정하기 전략이나 학

급의 읽기 실태, 자신의 읽기 능력과 태도 등을 고려해 학생이 스스로 선택하도록 한다. 이때 교사는 사회 및 과학도서, 역사도서 같은 비문학 도서와 그림책, 동시, 동화, 극본 같은 문학 도서를 균형 있게 제공한다. 전체 학생이 과정 하나를 함께 수행하기보다는 학생들이 자신의 관심이나 능력에 따라 선택할 수 있도록 한다. 학교 도서관이나 지역 도서관을 활용할 수 있는 기회를 적극적으로 제공한다. 독서의 즐거움과 가치를 경험할 수 있는 기회를 제공하는 데 집중하도록 한다.

독서 참여 형태는 개별, 짝, 모둠, 학급 전체와 같이 학급 상황에 맞게 하되, 변화가 가능하도록 한다. 독서를 하는 다양한 방법을 수업을 통해 익힐 수 있도록 한다. 학생들의 생활 속 독서 태도를 지속적으로 평가해 독서에 대한 흥미를 유지하도록 지도한다. 독서 단원의 효과적인 학습을 위해 10차시 이상을 확보해 운영하되, 학교 및 학급의 상황에 따라 수업 시기와 학습 차시를 탄력 있게 재구성할 수 있다. 아울러 학생들이 적극적으로 토론에 참여하도록 지도한다.

나. 평가의 유의점

독서 결과에 대한 평가에 치중해 독서 동기와 의욕을 떨어뜨리는 학습 책무성을 강조하지 않도록 한다. 학생이 적정한 수준과 흥미를 고려해 책을 골랐는지 평가하도록 한다. 학생들이 책을 읽은 느낌을 다양한 형식으로 표현할 수 있는지 평가한다.

독서를 하고 나서 독서 감상문을 쓰거나 토론 활동을 통하여 자기 성찰 및 내면화의 과정을 거치면서 독서 태도를 확립하도록 한다.

단원의 목표가 독서 태도 함양에 있으므로 학생이 표현하는 방식에 과한 부담을 느끼지 않도록 한다. 다만, 독서 후 활동의 결과물을 평가할 때는 책에 대한 이해와 감상이 충분히 반영되었는지 고려해야 한다.

내용을 파악하는 방법으로 독서 퀴즈를 만들어서 학습자와 같이 평가를 하는 것도 흥미로운 평가 방법이 될 수 있다.

그밖에도 독서 우편엽서 쓰기, 독서 신문 만들기, 독서 감상화 그리기 등의 활동을 하고 내용 이해와 감상을 평가할 수 있다.

※ 2013년 기출문제

2. 김 교사는 '인물, 사건, 배경을 중심으로 이야기를 이해할 수 있다.'라는 학습 목표로 수업을 하고자 한다. 물음에 답하시오. [4점]

제재 글

며칠 전, 민우는 학교가 끝난 뒤에 반 아이들과 운동장에서 축구를 하고 있었다. 민우의 자전거는 철봉 옆에 세워져 있었다. 그런데 후반전을 하는 중에 누군가 자전거 옆에서 서성거리는가 싶더니 어느 순간 훌쩍 자전거에 올라탔다. 그러고는 유유히 학교 밖으로 빠져나갔다. 그때, 민우는 골키퍼를 보고 있던 터라 그 광경을 똑똑히 보았다.

자전거를 타고 간 아이는 4학년 때 같은 반이던 영래였다. 민우는 자전거를 훔쳐 간 범인을 자기 눈으로 분명히 보았으면서도 아무 말도 하지 않고 멍하니 바라보기만 했다.

자전거를 잃어버린 지 2주일쯤 지난 어느 날이었다.

그날은 아침부터 오후까지 안개가 자욱하였다. 민우는 피아노 학원에서 나와 집으로 향하고 있었다. 그런데 민우는 집으로 가다 파출소 앞에서 아버지와 딱 마주쳤다. 놀랍게도 아버지께서는 한 손으로 자전거를 잡고 계셨는데, 그 옆에는 영래가 죄인처럼 고개를 푹 숙이고 있었다.

아버지께서 민우를 발견하고 소리치셨다.

"민우야, 자전거 찾았다!"

민우는 멍하니 아버지를 올려다보았다.

"이거 맞지, 내 자전거? 자, 잘 봐. 새로 노란 페인트를 칠했지만 안장 뒤에 분명 M(엠)W(더블유)라고 쓰여 있잖아? 맞지?"

그건 틀림없는 민우의 자전거였다.

꼼꼼한 성격의 아버지가 혹시 잃어버릴 것에 대비하여 지워지지 않는 펜으로 안장 뒤에 아주 작게 민우의 영문 머리글자를 써 놓은 것이다. 색이 파란색에서 노란색으로 바뀐 자전거 짐칸에는 신문이 잔뜩 실려 있었다.

　민우가 고개를 끄덕이자 아버지께서는 이제 확인은 끝났다는 듯 기세 좋게 말씀하셨다.

[A]
　"이런 녀석은 파출소에 가서 혼 좀 나야 해. 얼른 따라와!"
　아버지께서는 영래를 파출소에 넘기실 생각인 것 같았다. 영래는 금세 울음을 터뜨릴 것처럼 겁에 질려 있었다.
　아버지께서 영래를 이끌고 파출소로 가려 하자, 민우가 갑자기 아버지의 팔뚝을 잡았다.
　"아버지, 제 말 좀 들어 보세요."
　"무슨 말?"
　"사실……, 이 자전거 제가 영래 준 거예요."
　"뭐라고? 누구 맘대로 자전거를 줘?"
　"아버지께서 사 주신 거니까 이 자전거 제 것이잖아요? 그렇지요?"
　"그야……, 그렇지."
　"제 것이니까 제 맘대로 영래 준 거예요."
　"뭐, 참 어이가 없네. 너, 지금 무슨 소리 하는 거야?"
　그때, 민우가 영래를 바라보며 둘만 알게 찡긋 눈짓을 하였다.
　영래는 잔뜩 굳은 표정으로 겨우 고개를 끄덕였다.
　"보셨지요, 아버지? 맞잖아요, 영래야, 어서 네 자전거 몰고 가. 그리고 내일 학교에서 보자."
　영래는 머뭇거리다 아버지께 인사를 꾸벅하고는 자전거를 질질 끌고 안개 속으로 사라졌다.

1) 다음은 김 교사가 위의 제재 글로 지도할 내용을 구상한 것이다. ㉠~㉣ 중 적절하지 <u>않은</u> 것을 2개 골라 기호를 쓰고, 틀린 부분을 수정하시오. [2점]

> ㉠ 인물의 성격을 파악하기 위해서는 갈등의 양상을 이해해야 하므로, 제재 글에서 민우와 아버지 간의 갈등 원인을 찾도록 지도해야겠다.
>
> ㉡ 공간적 배경도 인물의 심리를 드러내는 역할을 하므로, '운동장', '철봉 옆'이 영래의 심리를 암시하는 공간임을 이해하도록 지도해야겠다.
>
> ㉢ 이야기의 사건은 시간의 흐름과 밀접하게 관련되므로, 시간을 나타내는 표지어들을 찾고 사건이 시간상 역행적으로 제시되고 있음을 지도해야겠다.
>
> ㉣ 인물이 처한 상황은 구체적인 내용을 통해 확인해야 하므로, '자전거 짐칸에는 신문이 잔뜩 실려' 있는 것이 영래가 처한 상황과 관련됨을 파악하도록 지도해야겠다.

-
-

◈ 독서 토론하기, 토론 포스터 만들기

1. 독서 토론학습의 중요성

독서 후 토론활동을 하는 것은 학습자의 사고력과 사회적 문제해결력에 도움이 된다. 독서 토론 활동을 함으로써 사고력을 확장하고 그 의미를 사회적으로 구성할 수 있다.

또한, 문제를 합리적으로 해결하고 대안을 모색하는 논리적이고 비판적인 사고능력을 신장할 수 있으며, 상대의 의견을 존중하는 태도를 기를 수 있다.

독서토론과 포스터 만들기를 포함한 다양한 활동을 해 봄으로써 서로의 생각을 공유하면서 사고를 심화·확장할 수 있다는 점이 중요하다.

2. 학습 내용 및 지도 방법

가. 읽을 책 정하기(6-1)[125]

1) 읽을 책을 정하는 기준
① 자신이 관심 있는 문제에 부합하는 책인가?
② 책 분량이 지나치게 많거나 적지 않은가?
③ 책이 너무 어렵거나 쉽지 않은가?

---

125) 6-1 지도서, 68~70쪽.

2) 지도 방법
① 사회에서 일어나는 문제를 주제로 이야기 나누기
② 관심 있는 문제와 관련된 읽을 책을 정하기

나. 독서 토론 주제 정하기(6-1)[126]

1) 독서토론 주제 선정 조건
① 우리 사회에서 일어나는 문제와 관련이 있는 것
② 읽은 책 내용과 관련이 있는 것
③ 찬반 의견이 나올 수 있는 것
④ 찬반 의견이 한쪽으로 치우치지 않는 것
⑤ 쟁점이 뚜렷하게 하나인 것
⑥ 토론 참여자의 관심과 수준에 맞는 것
⑦ 작품을 깊이 있게 감상하는 것을 방해하지 않는 것
　예) 〈선녀와 나무꾼〉에서 '나무꾼이 선녀의 옷을 훔친 것은 절도죄에
　　해당하는가?'와 같은 주제는 해당 작품을 깊이 있게 감상하는 것
　　을 방해할 수 있다.

2) 토론 논제의 서술
① 논제는 찬성 편에서 서술하되, 간단명료하며 공정하게 서술하여
　야 한다.
　예) 우리 학급도 샛강 살리기 운동에 참여하여야 한다.

---

126) 6-1 지도서, 77쪽.

3) 지도 방법

① 독서토론을 할 만한 주제로 이야기 나누기

② 독서토론 주제 정하기

다. 토론의 특성 알기

1) 토론이란?

: 찬반이 나뉜 상태에서 상대편을 설득하는 경쟁적 의사소통 과정

2) 토론이 필요한 까닭

① 문제를 함께 해결할 수 있음

② 서로를 이해할 수 있음

3) 토론의 참여자와 역할

○ 사회자: 토론절차를 안내하고 이끌어 나감

○ 찬성편 토론자: 토론 주제에 대하여 찬성하는 주장을 펼침

○ 반대편 토론자: 토론 주제에 대하여 반대하는 주장을 펼침

○ 판정단: 주장과 근거의 타당성을 따져 토론의 승패를 가림

4) 토론의 규칙

① 논제는 하나의 주장을 포함하는 긍정명제이어야 함

② 찬성편이 처음과 마지막 발언을 하도록 함

③ 공평성을 위해 사전에 양쪽 토론자가 말하는 시간·순서·횟수를
   정함

④ 토론이 끝나면 판정하고 그 결과에 승복함

5) 지도 방법

① 일상생활에서 토론을 해야 하는 까닭 알아보기
② 토론의 참여자와 역할 알아보기
③ 토론의 특성 정리하기

라. 절차를 생각하며 독서 토론하기(6-1)[127]

1) 토론 준비하기

① 읽은 책 내용을 바탕으로 자신의 주장에 대한 근거 정리하기
② 근거의 적절성과 타당성 살피기
③ 상대가 어떤 근거를 들어 주장할지 생각해보고 반박내용 만들어 보기

2) 토론 절차

① 주장 펼치기: 근거를 들어 주장을 펼치고 근거에 대한 구체적인 자료 제시하기
② 반론하기: 상대편의 주장 요약하기, 상대편의 주장에 대한 근거나 그에 대한 자료의 적절성 파악하기, 상대편의 주장이 타당하지 않다는 것을 밝히기 위한 질문하기
③ 주장다지기: 자기편의 주장 다시 강조하기, 상대편에서 제기한 반론의 잘못된 점 지적하기
④ 정리하기: 찬성편과 반대편의 잘한 점과 부족한 점을 검토하고 필요하면 판단을 내리기

---

127) 6-1 지도서, 78~79쪽.

*판정의 기준: 주장에 대한 근거의 타당성, 자료의 적절성

3) 토론할 때 주의사항

① 사회자

  ㉮ 토론을 공정하게 이끌어야 함

  ㉯ 토론이 주제를 벗어나지 않게 해야 함

  ㉰ 토론 주제 소개, 토론할 때 지켜야 할 점을 알리기

② 토론자

  ㉮ 사회자의 허락을 얻고 말해야 함

  ㉯ 근거를 제시하며 주장을 말해야 함

  ㉰ 상대의 의견을 끝까지 예의 바르게 들어야 함.

  ㉱ 간결하고 분명하게 말해야 함

③ 판정단

  ㉮ 공정하게 판정해야 함

  ㉯ 토론에서 나오는 내용만 가지고 판정함

4) 지도 방법

① 토론 준비하기

② 토론의 절차 및 주의사항 설명하기

③ 토론하기

마. 책을 읽은 후, 독서 포스터 만들기(6-1)[128]

1) 포스터란
: 전달하고자 하는 내용을 일반 대중에게 널리 알리기 위해 문자, 그림, 사진 등을 사용하여 여러 가지 인쇄 방법으로 대량으로 복제해서 벽면에 부착하는 것

2) 포스터 제작 방법
① 포스터 주제 정하기
   : 누구를 대상으로, 어떤 내용을 정할지 생각하기
② 포스터에 들어갈 내용과 제목 정하기
   : 전달하고 싶은 내용과 목적에 맞는 문구 정하기
③ 적절한 이미지 구상하기
   ㉮ 알리고 싶은 내용을 한눈에 전달하고, 보는 이의 시선을 끌만한 이미지 구상하기
   ㉯ 어떤 재료와 표현방법으로 꾸밀 것인지 생각하기
④ 아이디어 스케치하기
   ㉮ 주제, 문구, 이미지, 표현방법을 구체화하기
   ㉯ 이미지와 글의 적절한 위치를 정하기
⑤ 포스터 만들기
   ㉮ 아이디어 스케치를 바탕으로 밑그림 그리기
   ㉯ 채색하여 완성시키기

---

128) 6-1 지도서, 79쪽.

3) 포스터를 만들 때 고려할 점

① 포스터에 담을 문제 상황 파악하기

② 보일 대상 고려하기

③ 해결 방안으로 제시할 내용

④ 그림·사진을 활용하는 방법 생각하기

⑤ 주제를 효과적으로 드러내기 위한 문구 사용하기

4) 지도 방법

① 사회 문제를 알리는 포스터 살펴보기

② 포스터 제작 과정 안내하기

③ 읽은 책 내용을 바탕으로 포스터 만들기

④ 포스터 전시하고 평가하기

3. 지도 및 평가의 유의점

가. 지도의 유의점

토론은 상대를 설득하는 논리적 의사소통이지만 궁극적인 목적은 참가자들의 대립적인 주장을 통하여 최선의 결론에 이르게 하는 데 있음을 인식시킨다.

토론의 절차와 규칙을 지키며 역할에 따라 토론을 하게 한다. 토론 참여 시 상대의 의견을 경청하고 바람직한 의견을 수용하는 자세를 가질 수 있도록 한다. 우리 주변 문제로 서로 생각을 나눌 수 있는 토론 주제를 찾도록 한다.

나. 평가의 유의점

책 내용을 토론의 근거 자료로 활용했는지 평가한다. 토론 과정에서 다른 사람의 의견을 경청하고 토론규칙을 지키는지 평가한다. 토론에 참여할 때에는 근거를 책 내용과 관련지어 마련할 수 있도록 하여 책 내용을 정확히 이해했는지, 깊이 있는 독서를 했는지 여부를 평가한다.

제3장 쓰기

◎ 쓰기 교육의 특성

가. 중요성

쓰기는 문제 상황을 만나 문제를 해결하는 의미 구성 행위이다. 쓰는 과정에서 지식을 정교화 하여 만들면서 의미를 구성해 나간다. 따라서 쓰기는 타인과 의사소통을 위한 방식이며, 가장 보편적인 방식이기도 하다. 쓴 글은 독자와 필자간의 상호작용을 하도록 하며, 독자는 글을 나름대로 해석할 기회를 갖게 되고, 이를 통하여 필자는 글을 쓸 때 독자의 관점, 지식, 배경에 더욱 관심을 갖게 된다. 이 점에서 쓰기는 독자와 만나는 행위가 된다. 글을 잘 쓰기 위해서는 필자는 수준 높은 사고를 하게 되고, 또 사고력이 높은 필자는 글쓰기를 잘 하게 된다. 학습자는 문제 상황(과제), 글쓰기 목적, 독자 등을 고려하여 자신의 생각을 조직, 분석, 정리, 표현하는 과정에서 사고력을 기를 수 있다. 이 점에서 쓰기는 사고 행위가 된다. 쓰기는 문자를 통하여 문화를 유지, 발전시키고, 다음 세대에 전달한다.

나. 쓰기 교육의 특성

쓰기 교육을 할 때 교사는 몇 가지 원칙을 지켜야 한다.

첫째, 과정 중심의 글쓰기를 지도할 필요가 있다. 전체적으로는 쓰기 전·중·후의 과정을 거쳐야 하지만, 부분적으로는 '계획하기 – 내용 생성하기 – 조직하기 – 표현하기 – 고쳐 쓰기'의 단계를 거치게 된다.

쓰기 전 과정에 해당하는 '계획하기' 단계에서는 글쓰기 준비활동을 한다. 글을 쓰는 목적, 읽힐 대상을 생각하여, 화제를 선택하고, 아이디어를 수집하며, 아이디어를 생성하기 위하여 친구들과 말하기, 읽기, 그리기, 쓰기 활동을 할 필요가 있다. 계획단계가 성공하기 위해서는 주제, 목적, 독자, 상황이 나타난 글쓰기 활동이 제시되어야 한다. 예컨대 '입원한 친구를 위로하는 글을 써 봅시다.'라고 하면, 글 쓰는 목적, 독자, 대상, 상황이 드러나게 된다.

내용 생성하기 단계도 쓰기 전 활동이다. 아이디어를 떠 올리고 수집하는 과정이다. 아이디어가 좋으면 좋은 글을 가능성이 높아진다. 내용 생성을 잘 하기 위해서는 학습자가 경험한 내용을 쓰도록 한다. 예컨대 체육시간, 운동회, 아버지, 어머니 등 생활에서 찾기 쉬운 것부터 떠올리도록 한다. 이때 브레인스토밍이나 생각그물 만들기 전략을 사용할 수 있다.

내용 조직하기 단계에서는 글을 어떤 순서로 쓰는 것이 좋을지 생각하는 활동을 한다. 아이디어들 간의 관계를 따져서 '다발짓기'(관련있는 아이디어끼리 묶기)나 '생각그물 만들기', '얼개(개요)짜기' 등을 시범 보여서 이해를 돕는다. 여기서 '다발짓기 – 마인드 맵(생각그물 만들기) – 얼개짜기 – 협의하기' 활동을 하면서 아이디어 조직능력을 길러줄 수 있다.

표현하기 단계는 아이디어를 생성하고 조직한 것을 바탕으로 초고를 쓰는 쓰기 중 활동에 해당한다. 초고는 글의 전체적인 흐름을 완성하는 단계이므로 절대로 글씨, 맞춤법, 수사법 사용, 좋은 문장 등을 요구하면 안 된다. 이때 표현 능력을 길러 주기 위하여 '구두 작문하기'(말로 쓰기), 글씨나 맞춤법에 구애받지 않는 '내리쓰기', '컴퓨터를 활용한 글쓰기'를 할 수도 있다. 여기서 글 조직 방식, 문장 구성 방식을 생각하며 쓰도록 한다. '의미 지도 그리기'도 각 단락이 전체 주제와 어떻게 연결되는지 알도록 하는 데 도움이 된다.

고쳐 쓰기 단계는 글 쓴 후 활동이다. 이 단계에서는 초고를 완성한 뒤에 내용과 형식을 고치는 활동을 한다. 쓴 글을 읽으면서 주제를 표현하는 데 필요한 내용을 첨가, 삭제하고, 다른 내용으로 대체하거나 이동, 재배열을 하는 활동을 이 단계에서 수행한다. 이때 사용할 전략이 '훑어읽기'이다. 고쳐 쓰고 다시 자기 글을 평가하고, 친구들과 돌려 읽으며, 서로 비평하도록 하는 활동을 할 수 있다. 한 걸음 더 나아가 자신의 인지 행위를 점검하고 조정하는 활동이 필요하다. 이것이 '조정하기' 이다. 자기 글을 평가하고, 아이디어가 적절한지, 표현이 알맞은지, 스스로에게 자기 질문을 하고 답하면서 자기 교수 활동을 할수 있다.

다. 객관주의와 구성주의 글쓰기의 비교

비교 항목	결과 중심(객관주의) 접근	과정 중심(구성주의) 접근
지식관	절대(객관)주의 지식	상대(구성)주의 지식
쓰기 본질	의미 발견 중시	의미 창조 중시
쓰기 목적	글쓰기 능력 신장	작문+사고력 신장
쓰기 방식	직관적 방식	구성 및 조직하는 방식
쓰기 강조점	표현 행위	내용 선정, 조직, 수정
교육 내용	지식, 기능, 수사법	전략, 통합적 능력
교육 방식	반복 연습, 모방	상호작용, 협의, 워크숍
교사 역할	결과 점검, 평가	과정별 촉진자, 안내자
수업의 중심	교사(학생)	학생
학생상호작용	강조 않음	강조함
맥락 강조	강조 않음	강조함
평가 방식	형식적 평가, 결과 중심	비형식적, 과정 중심
평가 주안점	정확성, 형식성	탐구성, 수행성

　결과 중심의 객관주의 글쓰기는 글제를 제시하고 글을 쓰게 한 뒤, 쓴 글에서 고칠 부분을 지적하는 활동이 주류를 이룬다. 좋은 글을 보여주고 연습으로 익히는 활동이다. 과정 중심의 구성주의 글쓰기는 아이디어를 생성, 조직, 표현, 고치기 등의 과정을 중시한다. 이 일련의 과정이 문제 해결의 과정으로 인식한다.

[참고문헌]

신헌재 외(2005), 『초등 국어과 교수·학습 방법』, 박이정.

신헌재 외(2017), 『초등 국어교육학 개론』, 박이정.

◈ 여러 가지 문장으로 표현하기

1. 학습의 필요성 및 효과

가. 학습의 필요성

여러 개의 문장으로 표현하기를 통해 생각을 문장으로 표현하는 능력의 기본을 배울 수 있다. 생각을 문장으로 표현하기 위해서는 문장을 읽고 쓸 수 있는 능력이 먼저 요구된다. 문장으로 표현하는 능력이 길러진 이후에는 꾸며주는 말을 이용하여 글을 쓰거나, 자신의 인상 깊은 경험을 글로 써보는 활동도 진행할 수 있다. 나아가서 인상 깊었던 일을 생각, 느낌이 잘 드러나게 글로 쓸 수 있게 된다.

나. 학습의 효과

이 학습을 통하여 다음과 같은 능력을 기를 수 있다.

첫째, 문장을 읽고 쓸 수 있는 능력을 기를 수 있다. 주어진 상황에서 한두 문장 단위의 짧은 글을 쓰고 그 문장을 정확하게 소리 내어 읽는 능력을 기른다. 더 나아가 문장을 구성해서 쓰고, 정확하게 읽어보는 활동을 한다. 이 활동으로 문장을 읽고 쓸 수 있는 능력을 기를 수 있다.[129]

둘째, 생각을 문장으로 표현하는 능력을 기를 수 있다. 알맞은 문장 부호를 사용해 문장을 쓰고, 문장의 내용을 분명하게 나타낼 수 있는

---

129) 1-1 지도서, 252쪽.

능력을 기른다.[130]

셋째, 꾸며 주는 말을 사용하여 짧은 글짓기 능력을 기른다. 꾸며주는 말을 사용해 자신의 생각이나 느낌을 자세히 표현함으로써 생생한 표현을 하는 능력을 기른다. 또 꾸며 주는 말을 배우는 과정에서 어휘력이 향상될 수 있다.[131]

넷째, 인상 깊은 경험을 글로 쓰는 능력을 기른다. 경험한 일을 되돌아보고 바르게 글로 표현하는 능력을 기르게 된다. 이 과정에서 학생들은 자기 정체성을 확인하고, 자기 표현적 글쓰기 능력을 신장시킬 수 있다. 이를 통해 학생들은 겪은 일을 단순히 등가적으로 나열하는 것에서 벗어나 인상적인 일을 중심으로 입체화하고 재구성해 말하거나 쓰는 서사 능력을 기를 수 있다.[132]

2. 학습 내용 및 방법

가. 학년별 내용

1) 문장구성 방법(1-1)
① 문장의 기본 구성 요소 알기
② 문장에 어울리는 낱말을 넣기
③ 짧은 문장을 쓰고 읽어보기

---

130) 1-2 지도서, 122쪽.
131) 2-1 지도서, 304쪽.
132) 2-2 지도서, 94쪽.

2) 여러 문장으로 표현하기(1-2)

① 표현하고자 하는 대상이나 상황을 살펴보기

② 장면을 부분으로 나누어 문장으로 표현하기

③ 적당한 길이로 문장 쓰기

3) 꾸며주는 말 사용한 문장 만들기(2-1)

① 대상을 충분히 관찰하기

② 대상에 어울리는 꾸며 주는 말을 떠올리기

③ 꾸며 주는 말을 넣어 문장을 만들기

4) 겪은 일 떠올려 표현하기(2-2)

① 겪은 일을 떠올리기

② 겪은 일을 차례대로 정리하기

③ 일이 일어난 차례대로 정확하게 글쓰기

5) 인상 깊은 일 글쓰기(3-2)

① 자신이 경험한 일 가운데에서 인상 깊은 일 떠올리기

② 인상 깊은 일 정리하기

③ 인상 깊은 일을 글로 쓰기

나. 학습 방법

1) 문장 구성 방법

① '누가' 자리에 알맞은 낱말 찾기

② '무엇을' 자리에 알맞은 낱말 찾기

③ '~하다' 자리에 알맞은 낱말 찾기

  예1) 나는 밥을 먹었습니다.

      ⇨ 어제 나는 밥을 먹었습니다.

      나는 친구와 함께 밥을 먹었습니다.

  예2) 단풍이 들었습니다.

      ⇨ 단풍이 예쁘게 들었습니다.

      산과 들이 울긋불긋 예쁘게 물들었습니다.

  예3) 나는 시장에 갔습니다.

      ⇨ 나는 어제 시장에 갔습니다.

      나는 어제 친구와 함께 시장에 갔습니다.

*문장은 사상과 감정을 말이나 글로 표현할 때 완결된 내용을 나타내는 최소 단위다. 문장의 가장 기본적 요소는 주어, 서술어, 또는 주어, 목적어(보어), 서술어이다. 때로는 이런 요소들이 일부 생략되어 하나의 단어가 하나의 문장이 될 수도 있다.

    예) 가자! 오라. 보시오. 살려줘!

2) 문장의 짜임을 알기 위한 구성요소

  예) 내 친구는 매우 친절하다.

① 주어: 친구는

② 서술어: 친절하다

3) 문장의 짜임을 알면 좋은 점

① 문장을 두 부분으로 끊어 읽을 수 있어 이해가 쉽다.

② 문장의 앞뒤 연결이 자연스러운지 확인하며 글을 쓸 수 있다.

③ 문장의 앞뒤를 살피면서 어색한 문장을 고칠 수 있다.

4) 문장 쓰기 지도

① 알고 있는 낱말을 떠올리기

② 문장 구성 요소에 따라 문장 완성하기

③ 이어주는 말을 이용해서 문장을 이어 쓰기

④ 잘못된 문장 바르게 고치기

문장 쓰기는 문장의 규칙을 알게 한 다음, 이를 잘 활용하는 지도를 통해 학습될 수 있다. 첫째 단계는 기초 문장 쓰기 지도를 해야 한다. 기초 문장 쓰기는 먼저 단일 문장을 써 보는 활동으로 시작한다. 이때에는 서술어를 중심으로 한 문장 구성 성분의 통합 관계가 바르게 제시된 문형 틀을 이용한 문장 쓰기, 문장의 종류에 따른 문장 쓰기, 문장의 호응에 따른 문장 쓰기, 문장 성분 대용어를 이용한 문장 쓰기 활동을 한다.

둘째 단계는 첫 단계에서 배운 기초 문장을 이어 쓰는 지도를 한다. 몇 개의 내용 구성상 결속성이 있는 서술어 또는 접속어를 제시하여 문단이 작은 문장 이어쓰기를 한다.

• 관련단원: 1학년 2학기 3단원 〈문장으로 표현해요〉133),

　　　　　　　2학년 1학기 9단원 〈생각을 생생하게 나타내요〉134)

예) 토끼가 뛰어갑니다. ⇨ 하얀 토끼가 뛰어갑니다. ⇨ 하얀 토끼가 빠르게 뛰어갑니다.

셋째 단계는 문장 이어 쓰기를 한 텍스트에 대하여 검토한다. 친구들과 문장을 바르게 썼는지 내용상 결속성 있는 문장을 썼는지 검토한다.

---

133) 1-2 지도서, 122~153쪽.

134) 2-1 지도서, 304~329쪽.

넷째 단계는 잘못된 문장이 있으면 바르게 고쳐 쓰기를 한다.

5) 꾸며 주는 말 지도

① 꾸며 주는 말을 사용했을 때 효과 알아본다.

② 그림에 어울리는 꾸며주는 말 떠올린다.

③ 적절한 꾸며주는 말을 사용해 문장 완성한다.

④ 꾸며주는 말을 넣어 글을 쓴다.

　예) 학생1: 게가 옆으로 걸어갑니다.

　　　학생2: 게가 성큼성큼 걸어갑니다.

　　　학생3: 게가 엉거주춤 걸어갑니다.

　※행동을 자세히 표현하는 말을 다양하게 넣을 수 있다.

　　가) 꾸며주는 말의 종류

　　　① 성상 관형사: <u>새</u> 집 / <u>갖은</u> 양념

　　　② 용언의 관형사형: <u>푸른</u> 하늘을 보았다. / <u>예쁜</u> 가방을 샀다.

　　　③ 성상 부사: 날씨가 <u>매우</u> 춥다. / 토끼가 <u>깡충깡충</u> 뛰어간다.

　　　④ 어미 '게'에 의한 용언의 활용형: 아이들이 <u>즐겁게</u> 뛰어논다.

　　　　/ 큰 배가 <u>빠르게</u> 다가온다.

　　나) 꾸며주는 말을 넣는 위치

　　　① 관형어: 체언으로 된 주어, 목적어 같은 문장 성분 앞에 붙인다.

　　　② 부사어: 서술어에 덧붙여 뜻을 한정한다.

6) 겪은 일을 차례대로 정리하기

① 육하원칙을 살려 또렷이 쓴다.

② 꼭 필요한 말로 자세하게 쓴다.

③ 일이 일어난 차례대로 정확하게 쓴다.

3. 평가의 유의점

여러 가지 문장으로 표현하는 쓰기를 할 때는 다음 사항에 유의해야 한다.

첫째, 지나치게 맞춤법에 치중하기 보다는 문장을 구성하는 능력에 중점을 두어 평가한다.

문장을 읽고 쓰는 방법을 지도할 때에는 그림을 제시하거나 이야기를 들려주는 등 문장 쓰기의 상황을 다양하게 제시하는 게 좋다. 지나치게 맞춤법에 치중하기보다는 다양한 낱말을 이용해 문장을 구성하는 능력에 중점을 두어 평가한다. 제시하는 낱말은 일상생활에서 자주 사용하는 낱말이 좋고, 어린이의 발달 단계에 맞는 낱말이어야 한다.

둘째, 자신의 경험을 떠올리며 문장을 완성하도록 안내한다.

생각을 문장으로 표현하기를 지도할 때, 자신의 경험을 떠올리며 문장을 완성할 수 있도록 안내한다. 이후 학생들이 쓴 답은 흐름이 자연스러우면 알맞은 낱말로 처리한다. 평가 후 동료끼리 답을 공유하게 하여 문장의 수식이 다양함을 인식할 수 있게 한다.

셋째, 꾸며 주는 말을 사용하지 않았더라도 인상 깊었던 일과 그때의 느낌을 자세하게 표현하였으면 이를 감안해서 평가 기준을 적용한다.

학생들이 쓴 문장을 보고 단순히 꾸며 주는 말을 사용한 것인지, 꾸며 주는 말을 사용해 생각이나 느낌을 구체적이고 생생하게 표현했는지를 확인하여 평가한다.

넷째, 경험 중에서 인상 깊은 부분이 잘 드러났는지 평가한다.

인상 깊은 경험을 글로 쓰기를 지도할 때에는 학생들에게 자신과 친구의 글을 평가할 수 있는 기회를 줌으로써 책임감과 자존감을 높일 수 있도록 하고, 겪은 일을 차례대로 썼는지 확인한다. 또한 읽는 이를 고려해 자신의 경험 가운데에서 인상 깊은 부분이 잘 드러나도록 썼는지 평가한다.

◈ 일기쓰기[135]

1. 일기쓰기의 필요성 및 효과

가. 필요성

초등학교 어린이들은 일기를 쓰고 있다. 그러나 쓰기를 싫어한다. 이유는 미디어 시대에 생각하기도 쓰기도 귀찮기 때문이다. 특히 매일 써야 한다는 것이 아이들에게 힘든 일이 되고 있다. 거의 비슷한 일상이 반복되는데 아이들로서는 쓸거리가 없다고 생각되는 것도 공통적인 이유가 된다. 이처럼 일기를 쓰기 싫어하고 쓰지 않는 현실이 바로 일기를 써야 하는 이유가 된다.

일기쓰기는 국어교육과 반성의 도구가 아닌 감정훈련 자체이다. 즉 일기를 쓰지 않으면 아무 것도 자세히 볼 필요도 없고, 남의 처지를 살피거나 관찰할 필요도 없다. 그러나 일기를 쓰기 위하여 어떤 일이 벌어지는지, 친구들은 어떻게 사는지, 시장 사람들은 무엇을 하는지, 다른 사람들은 왜 나보다 잘 살거나 못사는지 관심을 가지게 된다. 이런 관심은 공감적 이해의 첫걸음이다. 이런 관심은 이 사회를 좀 더 살맛나게 하는 감정을 길러 주고 같이 힘을 모아 어려움을 이겨내는 원동력이 될 수 있다. 그래서 어린이에게 일기를 쓰도록 지도하는 것이다.

---

135) 이 내용은 앞부분과 뒷부분을 빼고는 '윤태규, 일기쓰기 어떻게 시작할까, 보리.'의 내용을 요약한 것이다.

나. 효과

일기장에는 나의 개인 일상을 기록할 수 있다. 즉 개인의 역사를 기록하는 곳이 바로 일기장이다. 어린이들이 비록 일기쓰기를 숙제로 여기고 싫어하는 현실이지만 제대로만 지도한다면, 또 일기 쓰는 방법을 바르게 지도한다면 그렇게 싫어하는 글쓰기가 아니다. 오히려 즐거워 할 수 있다.

이처럼 일기를 성실하게 쓴다면 오랜 시간이 지나면 역사의 일부, 어린이 문화사의 한 부분이 될 수 있다. 조선시대 이문건이 손자를 키우면서 기록한 『양아록(養兒錄)』이 오늘날 각광을 받는 것과 같은 가치를 갖게 될 것이다.

사물과 사람을 관찰하고 공감하는 능력이 길러질 것이다. 그것과 남다른 인식을 갖는다는 것은 관심을 갖게 되는 것이고, 이로써 사물과 이웃에 대하여 관심을 가지고 공감하는 힘을 갖게 되는 것이다. 이로써 관계를 형성하고 발전시키는 데도 효과가 있을 것이다.

스스로를 성찰하고 자기 발전과 계발의 계기로 활용할 수 있을 것이다. 사람은 누구나 실수를 하고, 그 뒤에 더 나은 방법을 찾게 된다. 그러나 아무나 그렇게 되는 것이 아니다. 스스로를 성찰하는 기회를 갖는 사람만이 그렇게 될 수 있다. 그것이 일기쓰기의 효과다.

어린이에게 일기를 즐겁게 쓰고 이를 통하여 자기 삶을 윤택하게 할 수 있다면 이보다 더 절실한 효과가 있겠는가.

2. 일기쓰기 어떻게 시작할까

가. 일기 쓰기는 왜 실패하고 있는가

1) 글쓰기나 국어 공부를 시키려고 하기 때문에

지금까지 교사들은 일기 쓰기에서 쓰기 교육이 너무 당연한 것처럼 강조만 하고 있었다. 아이들이 어려워하는 쓰기 교육은 특히 저학년 일수록 간접적으로 진행되어야지 직접 글쓰기나 국어 공부를 시키려 는 목적으로 가르칠 것은 아니다.

2) 특별한 일을 쓰라고 하기 때문에

일기거리는 특별한 일이 아니다. 그런 일이 자주 일어나서도 안 되지만 사고, 사건, 위기 등이 특별한 일이다. 이런 일이 잦으면 그 집은 망하게 될 것이다. 오히려 일기는 평범한 일상 속 작은 순간순간 들의 감정을 담는 그릇이 되어야 한다. 집에서, 학교에서, 학원에서, 시장에서, 놀이터에서 등 어린이들이 가서 보고 느끼고 생각한 내용 을 일기거리로 삼아야 한다. 꼭 누가 다치거나 충격을 받는 그런 내용 이 아니어야 한다. 체육시간에 다른 교과 수업시간에, 학교를 오가면 서 보고 듣고 느끼고 생각한 것들이 일기거리가 된다.

3) 길게 쓰라고 하기 때문에

일기에서 반드시 길어야 하는 것은 아니다. 그러나 어린이가 일기 를 쓰고, 그것을 나중에 스스로 읽었을 때, 또 다른 사람이 읽었을 때 어떤 상황인지 알 수 있도록 육하원칙을 유지하면서 자세하게 적 도록 유도하는 게 좋다. 그러면 그 일기를 먼 훗날 읽더라도 내용을 자세히 파악하고 스스로 웃음을 짓게 될 것이다. 축구 경기를 했더라도 이긴 것만 적는 것이 아니라 누구누구와 어디서 축구를 했는데 누가 골을 어떻게 넣었는지, 그래서 느낌이나 생각이 어떻게 들었는지 자세히 적는 것이다.

4) 잠자기 바로 전에 쓰기 때문에

어린이가 일기를 쓰지 못하는 이유 중의 하나가 잠자기 바로 전에 일기를 쓰라고 가르치기 때문이다. 일기는 어떤 일이 일어난 직후에 쓰는 것이 가장 좋다. 방금 있었던 일이기에 생동감 있게 쓸 수 있고, 기억이 생생하기 때문에 쓸거리를 잊어버릴 염려가 없다. 그러나 일상에서 일기장을 가지고 다니는 사람은 없다. 수첩에 메모해 두었다가 학원을 마치고, 또는 학교에서 돌아와서 바로 쓰도록 하는 것이 좋겠다.

5) 반성하는 일기를 쓰라고 하기 때문에

일기는 반성문이 아니다. 그러나 옛날 형식을 갖춘 일기장에는 오늘의 반성이라는 칸이 있다. 그래서 일기는 매일 반성하는 글처럼 되기 쉽다. 일기는 솔직하게 적으면 된다. 선생님이 보지 않았으면 하는 일기는 공책을 반으로 접어주면 읽지 않도록 약속을 하면 된다.

6) 사실만 쓰지 말고 생각이나 느낌을 많이 쓰라고 하기 때문에

일기는 무엇을 쓰라고 하지 않는다. 그러면 어린이는 일기에 싫증을 느끼게 된다. 중요한 건 아이들에게 일기쓰기에서 그 어떤 특별한 것을 강조하지 않고, 보고 듣고 생각하고 느낀 것을 자유롭게 쓰도록 하는 게 중요하다.

7) 파는 일기장속의 잡다한 틀 때문에

학용품 가게에서 파는 일기장은 일정한 형식이 만들어져 있다. 그러면 어린이는 그 형식을 다 채워야 하는 것으로 생각하기 쉽다. 이런 형식은 어린이를 괴롭힌다. 그래서 일기장은 저학년 때부터 일반 공책을 사용하는 게 좋다. 저학년은 칸으로 된 공책, 고학년은 줄로 된 공책을 준비하여 쓰면 된다. 특별히 자신을 성찰할 일이 아니면 반성문 같은 일기는 쓰지 않아야 한다.

8) 일기 검사 때문에

보통 일기쓰기를 숙제로 생각하기 때문에 더 부담스럽다. 그리고 교사는 일기 검사를 한다. 글씨가 반듯반듯하면 동그라미를 여러 개 쳐 주고, 아니면 '참 잘했어요.' 도장을 찍어 준다. 다 좋지 못한 방법이다. 접지 않은 일기장을 교사가 읽을 수 있다. 그게 생활지도나 학습지도, 가정환경을 파악하는 데 요긴한 자료이기 때문이다. 일기장은 검사 대신 소통하고 의견을 제시하는 창구가 되어야 한다. 무조건 칭찬하지 말고, 아이의 생각에 공감하면서 고민이나 문제를 해결할 수 있는 소통을 하는 수단으로 삼을 수 있다.

9) 숙제로 쓰기 때문에

일기를 쓰는 일은 밥 먹는 일과 같다는 이야기를 자주 해 주라고 저자는 조언한다. 그런다고 일기쓰기에 싫증을 느낀 어린이들이 쉽게 동조할 것 같지는 않다. 어떻게 말하면 학생들이 그렇게 인식할 수 있을까.

"일기는 나만의 이야기책이에요. 선생님은 하루의 중간이라도 일기 거리가 있으면 일기를 쓴답니다."

"재미있는 일, 슬픈 일, 평범한 일 상관없이 적고 싶은 내용이 생기면 바로 적어요."

하지만 이런 발화를 하기 위해서는 교사부터 진짜 습관이 되어야 할 것이다.

10) 대신 써 주기 때문에

저학년은 일기를 잘 쓸 수 없다. 그것을 보다 못한 부모는 아이의 일기를 대신 써 줄 수 있다. 그 과정에서 이렇게 써라. 이거는 빼라. 등등의 지적과 꾸지람이 따를 수 있다. 이때 어린이들은 일기에 확실한 거부감을 느끼게 된다.

11) 그림일기로 시작하기 때문에

저학년 교육과정에서는 그림일기로 일기를 시작하는 것으로 되어 있다. 그러나 그림을 싫어하는 어린이도 있다. 그보다는 1학년 7월부터 바로 아는 글자로 일기를 쓰거나 글자를 모르면 말로 하는 일기를 쓰도록 하는 것이 좋다. 모르는 글자는 동그라미를 쳐 두도록 해도 된다.

12) 어른들이 일기 쓰는 모습을 보여주지 않기 때문에

어린이들은 어른에게 배운다. 어른이 쓰지 않는 일기를 어린이만 쓰도록 하니 그것이 꼭 필요한 것인지 인식하지 못한다. 교사도 마찬가지다. 어른이 먼저 본을 보여 주어야 한다. 어른들은 일기쓰기 외에도 책 읽기, 손 닦기, 양치 등 사소한 습관들을 아이들에게 강요하지만, 정작 자신들은 안 하는 경우가 많다. 좋은 교사의 본보기가 되기 위해 내가 진정으로 이것들을 즐기며 습관으로 만들어야 한다.

나. 어떻게 시작할까

1) 유치원 때부터 쓰는 그림일기

유치원 때는 그림만 하는 게 좋다고 한다. 초등학교에 들어와서도 1학년 7월부터 일기 쓰기를 시작하는 게 좋다. 요즘 초등학교 현장에서도 입학하고 바로 일기나 알림장을 쓰는 것은 지양하고 있다.

2) 말로 쓰는 일기

저학년은 아직 문자 해득 능력이 부족하므로 말로써 이야기/일기를 전할 수 있도록 한다. 아이들의 이야기를 평소에 관심 있게 들어주면 그게 좋은 일기가 된다. 조심스러운 이야기는 손톱을 깎아주며 이야기하는 것도 좋은 방법이다. 적절한 신체접촉과 함께 일어나는 소통은 더 효과가 좋기 때문이다. 손·발톱을 깎아주는 것 만한 적절한 신체접촉이 없다. 오해를 사지도 않을 것이고.

3) 처음 써 보는 짧은 글짓기

일기를 쓰기 전, 낱말 교육의 방법으로 친숙한 낱말을 주고 짧은 글짓기를 한다. 이때 낱말을 잘 선택해서 이게 일기로 이어질 수 있도록 한다. 동일한 맥락에서 글을 써 보게 하는 것은 일기쓰기의 첫걸음이다. 이때 아이들의 인지 능력을 고려하여 주제를 잘 선택하는 것도 교사의 역량이다.

4) 일기 쓰기, 언제쯤 시작할까

앞에서 말했듯이 1학년 1학기 7월쯤 시작하는 게 좋다. 준비는 2주 전부터 한다.

5) 준비는 어떻게 할까

먼저 짧은 글짓기를 하며 일기에 대해 기대감을 형성한다. 다음 또래 학생이 적은 일기를 예시로 보여주며 일기에 대한 부담감을 줄이고 아이들이 일기 쓰는 것을 기대하도록 한다. 또 교사의 일기를 소개한다. 예시 일기 내용은 실수나 실패담을 쓴 내용이면 더 좋다. 겪은 내용을 거리낌 없이 쓰도록 하는 데 필요한 방법이다. 가급적이면 정직하고, 오타가 있으며, 어린이에게 친숙한 소재여야 한다. 그리고 환경이 비슷하고 양이 적절해야 한다. 예시 일기를 같이 읽어보고 이에 대해 이야기해 보는 시간을 갖는 것도 중요하다. 이를 통해 일기 쓰기가 어려운 일이 아님을 아이들이 느낄 수 있도록 한다.

6) 일기를 처음 시작하는 날

어린이가 일기 쓰기를 기대하게 하고, 일기 쓰기 시작하는 날에는 알림장에 보기 일기 글을 제시하여 학부모님들께 당부의 말을 전한다. 일기장은 8줄 정도의 줄잡기 공책을 준비하도록 한다. 알아두어야 할 내용을 인쇄하여 학생과 학부모가 볼 수 있도록 안내한다.

7) 첫날 쓴 일기

첫날 아이들의 일기가 생각보다 좋을 수도 있고, 나쁠 수도 있지만 중요한 점은 아이들이 일기 쓰기를 진정으로 즐길 수 있도록 안내하고 동기유발을 시켜야 한다는 것이다.

다. 무엇을 어떻게 쓰게 할까

1) 날씨 쓰기

날씨는 문장으로 쓰도록 지도한다. 가끔은 낱말로 적을 수도 있다. 다만 교사가 계속 간섭을 하는 것은 좋지 않다. 하루 날씨 변화를 적는 것도 좋다. 아이들에게 관찰하고 생각하는 태도를 기르게 할 수 있는 좋은 습관이 된다.

예를 들면, '오늘 오전에 비가 오다가 오후부터 갰다.', '아침에 맑다가 소나기가 오더니 오후 늦게 해가 났다.' 이런 식이다.

2) 일기거리 고르기

일기거리를 고르는 것은 어려운 일이다. 평범한 일을 적는다고 해도 쉬운 일은 아니다. 많은 학생은 하루 있던 일을 나열하는 형식을 일기를 적는다. 이런 일기는 쓰는 사람도 읽는 사람도 재미없는 글이다.

교사는 학생들에게 일기거리를 고를 세 가지 잣대를 제공해야 한다. 누군가에게 들려주고 싶은 이야기인가, 숨기고 싶은 이야기인가, 억울하고 답답하고 속상한 일인가가 그것이다.

누군가에게 들려주고 싶은 이야기인가는 아이들이 들려주는 이야기를 다음과 같은 발화를 통해 일기로 적도록 유도할 수 있다.

"그런 일이 있었어? 그걸 일기로 적으면 되겠다."

(아이들이 싸우고 나서 올 때) "자세히 일기로 적어줄래요? 선생님은 지금은 들어서는 정확히 무슨 일인지 모르겠다."

숨기고 싶은 이야기인가는 아이들이 적도록 하려면 교사와 부모와 학생 사이에 믿음이 있어야 한다. 또한, 만약 내용이 훈육이 필요하다고 생각되더라도 아이가 일기를 적는 과정에서 충분히 반성했을 것이기에 따로 훈육하지 않는다. 그런데도 필요하다고 생각되면 시간이 흐른 뒤 훈육한다.

책에 나와 있지는 않았지만, 시간이 흐른 뒤 아이가 일기에 자신의 잘못을 적은 용기를 칭찬해주는 것도 괜찮은 방법이다.

마지막으로 억울하고 답답하고 속상한 일인가는 비슷한 맥락이지만 조금 다르다. 아이가 교사나 부모로부터 받은 속상함을 풀어낼 장치로서의 일기의 역할이 빛을 보는 순간이다. 이런 내용을 적는다면 아이를 꾸중할 게 아니라 아이가 건강히 자라고 있음을 알려 주어야 한다.

아이들이 일기거리를 정할 때는 하루에 있던 일 중에서 세 가지 정도 적고 그중에서 골라 쓰도록 한다. 선택하는 과정은 일기 쓰기에서도 또 쓰기에도 큰 도움이 될 수 있다.

3) 본문 쓰기

본문을 쓸 때는 자세히 진솔한 내용을 적어야 한다. 그러기 위해 '겪어 보기'는 필수적이다. '겪어 보기'는 있었던 일을 다시 한번 생생하게 되짚어 생각해 보는 과정이다. 시간이 오래 걸리지만 겪어 보기를 한 일기와 안 한 일기의 차이는 확연하다. 겪어 보기를 한 일기는 주고받은 말이나 그때의 감정 등이 자세하게 나타나게 된다. 겪어 보기를 통해 학생은 그때의 감정, 자기 성찰을 해 볼 수도 있다.

본문을 자세히 적게 하려고 궁금한 것을 물어보는 것도 좋은 방법이다. 아이들의 일기에 직접 답글을 달거나, 평소 대화 시 아이들에게 구체적인 내용을 되묻는 방법이 그것이다. 비슷하지만 조금 다른 방법으로는 지도하는 사람이 아이들을 궁금하게 하는 방법도 있다.

궁금하게 하고 궁금증을 해소해 준 다음 이야기나 글에서 자세하게 적어야 재미있음을 알게 된다. 따로 더 이상의 일기와 관련은 짓지 않는다.

장소나 시간을 자세하게 적는 것도 도움이 된다. 많은 학생이 일기 시작을 '나는 오늘~'로 시작한다. 이는 당연하므로 필요 없는 말이다. 다만 때나 장소를 자세히 밝혀 적는 방법을 알려 줄 필요가 있다.

본문을 쓸 때 자세히 쓰는 것 못지않게 중요한 것은 우리말을 쓰도록 하는 것이다. 저학년 학생들도 수업시간에 한두 번 알려주면 충분히 무엇이 우리말인지 아닌지 파악할 수 있다. 먼저 교사가 수업시간에 교과서에서 우리말이 아닌 표현들을 우리말로 바꾸는 과정을 몇 차례 반복한다. 그러다 보면 학생들이 먼저 찾고 알려주기도 하고, 학생들끼리 대화 속에서 고치기도, 학생 스스로가 자신의 말을 고치기도 한다.

4) 쓴 글 다시 읽어보기

쓴 글을 다시 읽어보게 하여 마무리할 때의 시원함과 뿌듯함을 느끼도록 한다. 자신이 고쳐야겠다간 생각이 든다면 고칠 수 있도록 간단한 고침표를 알려주어도 좋다. 다만 고침표가 주가 아니라 시원함, 뿌듯함이 주가 되어야 한다.

5) 일기 쓰는 시간

일기는 자신이 일기로 적고 싶은 일이 생긴 직후가 좋지만, 현실적으로 불가능하기에 방과 후 집에 도착하자마자 적는 것이 가장 좋다.

6) 일기장 봐 주기

아침 시간에 일기장을 걷고 1교시 전에 다 보는 것이 가장 이상적이다. 미처 완료하지 못했다면 점심시간까지 완료해야 한다. 도움말은 피드백이 아니라 아이들과 대화를 하는 것처럼 적는 것이 좋다. 아이들이 비밀일기를 적는다면 보지 않고 반으로 접도록 하거나 그래도 불안하면 풀로 붙이는 방법을 알려주며 믿음을 쌓아야 한다. 시간이 지나면 더 이상 비밀이 아닌 경우도 있다. 만약 꼭 지도가 필요한 내용이라 생각되면 다른 수업시간 내용과 연계하여 지도한다. 틀린 글자 고치기가 그렇다.

7) 일기 발표

일기는 서로 읽거나 복사해서 발표할 수도, 문집에 실을 수도, 신문사나 잡지사에 발표할 수도 있다. 신문사나 잡지사는 아이들이 내용을 내려 일기를 쓸 수도 있으므로 좋은 방법은 아니다.

학급 문집으로 낸다면, 문집의 주기, 실을 글의 선정, 편집 방법 등에 대해 고려해서 실어야 한다.

문집의 주기는 다양하며 각각 장단점이 있다. 실을 글은 평소 교사가 일기를 확인하면서 잘 쓴 일기에 별표를 주고 학생들은 별표를 받은 일기 중에서 실을 내용을 고르도록 한다. 일기 내용의 적절성은 교사가 판단해보고 모호하면 학부모에게도 물어본다. 편집 시는 12쪽이 적당하며 방학 전후로 방학특집으로 만드는 것도 관심을 유발하기 좋은 사례다.

8) 일기장 묶어주기

아이들이 1년간 적은 일기장은 잘 간직할 수 있도록 묶어준다. 보관을 위해 학기 초에 보물 상자를 만들고 미술 시간에 꾸민다. 보물 상자에는 일기, 문집, 창작물 등을 담을 수 있음을 알려준다. 이를 통해 아이들은 일기장을 소중히 여길 수 있게 된다.

9) 그 뒤의 지도

아이들이 내년에도 일기를 적고 있는지 확인하는 게 중요하다. 일기 쓰기를 지속해도 좋아할 수 있도록 노력이 필요하다.

라. 이럴 때는 어떻게 할까?

1) 아이가 글자를 잘 모를 때

아이가 헷갈리는 글자에는 동그라미를 치도록 한다. 아이가 모르는 글자에 대해 크게 고민하지 않고 일기가 쓸 수 있도록 하기 위함이다. 동시에 나중에 스스로 답을 찾고 난 후 고칠 수 있도록 하기 위함이다. 저학년일수록 오타와 글씨체 때문에 일기를 읽는 데 어려움이 있다. 이를 참고 이해심을 발휘해야 한다.

2) 글감 고르기 어려워할 때

글감을 고르지 못하는 이유는 가만히 떠올리거나 생각하기 싫어하거나 삶이 없기 때문이다.

생각하기 싫어하는 학생들은 교사가 글의 주제를 제시해 줄 수 있다. 그러기 위해서는 아이들이 그 날 어떤 일들이 있었는지 잘 알고 있어야 한다. 어린이와 대화를 하며 자연스럽게 글감을 찾아주는 것도 방법이다.

일기 쓰기도 가끔은 교실에서 다 함께 쓰는 것도 재미있는 일이다.

이는 글감도 찾고, '겪어 보기' 훈련을 하기 위해서이다. 교실에서 일기 쓰는 차례는 두 시간의 여유시간을 준비하고, 일기장 위에 현재 시간을 적는다. 날씨는 개인이 적을 수도, 다 같이 합의해서 칠판에 적을 수도 있다. 다음 글감을 고를 때는 발표를 시키고 교사도 개입하여 도와준다. 그다음 겪어 보기, 글을 쓰기이다. 마지막으로 다시 읽어 보고 끝낸 시간을 적는다.

아이들이 전체적으로 글감을 못 고를 때는 교사가 칠판에 몇 가지의 글감을 제시할 수 있다. 다만 이는 억지스러운 방법이므로, 몇 개의 글감 말고도 다른 것도 적을 수 있다는 것을 꼭 알려주어야 한다.

3) 아이들이 갑자기 대충대충 쓸 때

아이들이 일기를 대충대충 쓰게 되는 주기가 있다. 이때는 자기 평가를 하면 효과적이다. 전날 일기를 기준으로 평가지를 나누어주고 스스로 평가하게 한다. 평가지에는 다양한 척도를 적는다. 평가 척도는 우리가 앞서 고려했던 내용을 지켰는지가 중심이 된다.

4) 시·편지·독후감의 일정한 형식만 고집하는 아이

아이들이 스스로 어떤 형식을 다양하게 사용하는 것은 괜찮지만, 교사가 먼저 형식을 정해주는 것은 위험하다. 저학년은 시·독후감의 형식을 따라 하는 것밖에 안 되기 때문에 지양해야 한다.

5) 학부모와 교사의 지도 방법이 다를 때

모두가 일기 쓰기 교육에 대한 확고한 믿음이 있어야 한다. 교사는 가정통신문으로 학부모에게 자신의 철학을 전할 수 있다.

3. 지도 방법 및 유의점

가. 지도 방법

일기쓰기를 지도하는 방법은 과거 정해진 틀에서 벗어나는 것이다. 그것은 학용품 가게에서 파는 일기장을 사용하지 않아야 한다는 뜻이다. 지도 내용은 앞 장에서 모두 진술했으나 몇 가지를 간추리면 다음과 같다.

첫째, 반드시 종이 공책이 아니어도 된다. 예컨대 에스엔에스(SNS)를 이용해도 좋고, 학생의 말을 녹음이나 동영상을 찍어도 좋다. 그러나 에스엔에스(SNS)나 동영상은 나중에 책으로 만들어 가질 수가 없다. 전체를 파일로 편집하여 나누어 가질 수는 있겠으나 지우기 쉽다는 점에 단점이 있다. 그래서 일반 공책에 적는 방법이 최상이다.

둘째, 교사 입장에서는 수업준비 하기, 알림장 만들기, 일기쓰기지도, 청소지도, 급식지도 등 학교에서 해야 할 일이 많다. 그러나 대학에서는 이런 일들은 접근도 못해보고 현장에 나가는 경우가 대부분이다. 그래서 연차별로 하나씩 공부하고 준비하여 담임이 되었을 때를 대비해야 한다.

셋째, 줄임말이나 외국어(영어, 일본어)를 일기에 쓰지 않도록 해야 한다. 현실은 국어의 정체성을 상실한지 오래다. 학교교육에서부터 바른 어문 교육을 실시해야 한다.

넷째, 어린이의 관점에서 일기 지도를 해야 한다. 그러기 위해서는 교사의 바람직하고 긍정적인 교육철학이 확립되어야 한다.

다섯째, 어린이에게 일기를 쓰라고 하기 전에 교사부터 일기쓰기를 해야 한다. 과거 일기를 쓰기 싫었다고 어린이에게 일기는 쓰지 않아도 된다는 식의 지도는 교사의 본분을 포기하는 행위라는 점을 깊이 인식해야 한다.

나. 유의점

일기쓰기는 어린이가 자연스럽게 익히도록 하는 것이 좋다. 그러기 위해서는 몇 가지 지켜야 할 사항이 있다.

첫째, 어린이가 일기를 쓰고 싶은 마음이 들도록 지도 방법을 안내한 도서를 숙독하고 지도해야 한다.

둘째, 어린이에게 일기쓰기가 재미있도록 하기 위하여 분위기를 부드럽게 하고 교사의 실패담, 일화를 적은 일기를 읽어준다.

셋째, 일기쓰기를 문자지도나 맞춤법 지도 수단으로 활용해서는 안 된다. 이런 지도는 국어시간에 따로 접근해야 한다.

넷째, 일기 검사하는 느낌이 나지 않도록 유의하고 소통하는 시간으로 만들어야 한다.

다섯째, 일기 자체를 평가하여 칭찬이나 지적을 하지 않도록 한다. 학습자의 고민이나 걱정을 공감하는 지도가 되어야 한다.

◈ 소개하는 글쓰기

1. 학습의 필요성 및 효과

가. 학습의 필요성

사회 공동체에서 원만한 대인관계를 꾸리며 살아가는 것은 중요하다. 이 점에서 소개하는 글쓰기는 타인과 사회적 의사소통을 통해 긍정적인 인간관계를 형성해 나갈 수 있는 활동이다.

개성의 시대에 자신의 특징과 장점을 소개하는 글쓰기는 여러 집단에 속하기 위한 절차 중 하나로 중요한 학습이다. 따라서 소개하는 글을 올바르게 쓰는 방법을 배울 필요가 있다.

나. 학습의 효과

학생은 다른 사람에게 소개하는 활동을 통해 사회적 의사소통을 하고 긍정적인 인간관계 형성의 기초를 다진다.

다른 사람에게 소개하는 활동은 자신의 지식을 바탕으로 하는 활동이다. 소개할 대상을 고려하는 과정에서 학생의 배경지식을 확장시키고, 효과적인 정보 전달을 위해 습득한 지식을 재구성하는 능력과 공동체·대인관계 역량을 향상시킬 수 있다.

소개하는 글쓰기 활동은 학생 스스로 소개할 내용을 구성, 조직하여 글을 써보는 경험을 통해 자신의 생각을 나타내는 학생의 언어 능력을 향상시킬 수 있다. 소개하는 글쓰기는 자신의 실제 생활과 연결된 작문이다. 학생들은 이 활동을 통해 일상생활에 필요한 정보를 얻고, 학문을 하는 즐거움과 교훈을 얻을 수 있다.

2. 학습 내용 및 방법

가. 소개하는 글에 들어갈 내용

1) 사람 소개하는 글에 들어갈 내용(2-2)[136]
가) 내용
　① 소개하는 사람의 이름과 성별
　② 모습
　③ 좋아하는 것, 취미
　④ 잘하는 것
　⑤ 장래희망
나) 방법
　① 짝을 소개하는 대화를 읽고 소개한 내용 정리하기
　② 사람 소개할 때 들어가야 할 내용을 친구들과 이야기하기

2) 책을 소개하는 글에 들어갈 내용
가) 내용(1-2, 1단원)
　① 책 제목 읽기
　② 글의 재미있는 부분과 그 까닭 말하기
　③ 새롭게 알게 된 부분 말하기

---

136) 2-2 지도서 6단원.

나) 중요한 내용(3-1, 5단원)

　① 책 제목 읽기

　② 소개하고 싶은 정보의 내용 알기

　③ 책을 고른 까닭 알기

　④ 책을 소개하는 목적 알기

　⑤ 책이 담고 있는 정보의 좋은 점 알기

다) 문학(3-1, 10단원)

　① 재미와 감동을 느낀 부분 찾기

　② 재미와 감동을 느낀 까닭 적기

　③ 책을 읽고 떠올린 자신의 경험 적기

　④ 줄거리 적기

　⑤ 소개하는 까닭 적기

라) 글 읽고 소개하기(3-2, 7단원)

　① 책 제목

　② 책을 읽게 된 까닭

　③ 책 내용 말하기

　④ 인상 깊은 부분 말하기

　⑤ 책 읽은 뒤에 든 생각, 느낌

　⑥ 소개하고 싶은 책 내용

　⑦ 가장 인상 깊은 부분과 까닭

　⑧ 책 표지를 보여주며 제목을 말하고 앞표지나 뒤표지에 있는 글과
　　그림을 소개하기

마) 독서 감상문(4-2, 7단원)

　① 책을 읽고 생각하거나 느낀 점

　② 책을 읽은 동기

③ 인상 깊었던 내용과 자신의 경험 쓰기

④ 자신의 희망이나 꿈과 연결 지어 마무리₩

3) 학습 방법

① 책을 소개하는 글을 읽는다.

② 책을 소개하는 글에 들어간 내용을 살펴본다.

③ 친구들에게 소개할 내용이 어떤 것들이 있을지 정리한다.

나. 놀이 및 지역 소개에 들어갈 내용

1) 놀이를 소개하는 글에 들어갈 내용[137]

① 놀이 이름

② 준비할 내용

③ 규칙

2) 우리 지역을 소개하는 글에 들어갈 내용[138]

가) 내용

① 우리 지역의 자랑거리

② 우리 지역의 옛길

③ 우리 지역의 위인

④ 지명 변화

⑤ 지역 특산물

---

137) 3-2 지도서 7단원.

138) 3-2 지도서 8단원.

나) 방법

　① 괴산 친구가 쓴 글을 읽는다.

　② 글 속에서 지역을 소개할 때 들어가는 내용을 찾는다.

　③ 우리 지역에 대해 조사해본다

　④ 우리지역의 자랑거리를 생각해보고 그 중 소개 할 몇 가지를 고른다.

다. 문학 및 사물 소개하는 글에 들어갈 내용[139]

1) 문학
가) 내용

　① 작품 제목, 지은이

　② 소개할 인물의 이름, 성별, 나이

　③ 인물에게 일어난 일

　④ 인물의 특징

　⑤ 기억나는 인물의 말과 행동

나) 방법

　① 인물 소개서의 내용 살펴보기

　② 인물 소개서를 보고 내용 면에서 어떤 점을 참고할 수 있을지 말해
　　보기

2) 사물
① 사물의 쓰임새

② 사물의 기원

---

139) 6-1 지도서 8단원.

③ 사물의 특징

3. 소개하는 글을 쓰는 방법

가. 소개하는 글을 쓰는 방법 알기

① 두개의 소개하는 글을 읽는다.
② 두 글을 비교한다.
③ 비교한 내용을 토대로 소개하는 글 쓰는 방법을 탐색한다.

1) 사람을 소개하는 글을 쓰는 방법[140]
가) 내용

　① 소개하는 대상의 특징이 잘 드러나게 소개한다.

　② 중요한 내용을 골라서 소개한다.

　③ 읽을 사람이 궁금해 할 내용을 소개한다.

　④ 듣는 친구가 이미 아는 내용은 소개하지 않는 것이 좋다.

　⑤ 누구에게 소개할지 미리 생각하고 쓴다.

　⑥ 소개하는 내용을 맞춤법에 맞게 쓴다.

나) 방법

　① 말놀이를 통해서 소개하는 사람의 특징을 잘 드러나게 문장을 만
　　 드는 연습을 한다.

　　 예) '누구일까요' 놀이하기

　② 소개할 사람의 특징을 다섯 문장으로 만들어 친구에게 알려 준다.

---

140) 2-2 지도서 6단원.

③ 듣는 사람이 누구를 설명하는지 알아맞히기

나. 책을 소개하는 글을 쓰는 방법

1) 내용
가) 책 내용을 간추리는 방법(3-1, 5단원)
　① 모든 내용을 쓰는 것이 아니라 중요한 내용만 짧게 써서 메모하며
　　간추려 보기
　② 각 문단의 중요한 내용을 간단하게 정리하기
　③ 각각 묶을 수 있는 낱말을 이용해서 간단하게 정리하기
　④ 중요한 내용을 이어서 전체 내용을 하나로 묶기
　⑤ 문장을 이을 때 이어주는 말 사용하기
나) 중심생각 찾기(3-2, 2단원)
　① 글의 제목을 읽고 생각하기
　② 글에 있는 사진이나 그림을 보기
　③ 각 문단의 중심문장을 찾기
다) 글의 흐름(3-2, 8단원)
　① 장소 변화에 따라 글 간추리기
　② 글의 흐름에 따라 내용 간추리기

2) 책 소개 글 쓰는 방법
가) 중요한 내용 적기(3-1, 5단원)
　① 어떤 책의 어떤 내용을 소개하고 싶은지 생각하기
　② 소개할 내용 외의 것은 학습자가 덧붙이거나 삭제할 수 있다.

나) 문학의 향기(3-1, 10단원)

　① 제목을 먼저 이야기 한다.

　② 듣는 사람이 이해하기 쉬운 말로 소개한다.

　③ 줄거리만 너무 길게 이야기하지 않는다.

다) 글을 읽고 소개하기(3-2, 7단원)

　① 노랫말을 바꾸어 소개하기

　② 책갈피를 만들어 소개하기

　③ 새롭게 안 내용을 그림으로 보여 주며 소개하기

　④ 책 보물 상자를 만들어 소개하기

　⑤ 책에서 모든 내용이나 사건을 다 쓰지 않고 중요한 내용이나 사건
　　을 중심으로 쓸 수 있다.

　⑥ 책을 읽게 된 까닭이나 인상 깊은 부분은 생략 가능함

라) 독서감상문 쓰기(4-2, 7단원)

　① 독서 감상문을 쓸 책을 고르기

　② 책 내용을 떠올리기

　③ 인상 깊은 장면이나 내용을 정하기

　④ 인상 깊은 까닭을 생각해보기

　⑤ 책에 대한 생각이나 느낌을 정리하기

　⑥ 독서 감상문에 알맞은 제목을 붙이기

마) 학습 방법

　① 책을 읽는다.

　② 중요한 내용에 밑줄을 쳐 본다.

　③ 각 문단에 중요한 내용을 간단하게 정리 해본다.

　④ 정리한 내용을 바탕으로 책 내용을 간추려 글을 써 본다.

3) 우리 지역을 소개 글 쓰는 방법[141]

가) 내용

　① 일 차례에 따라 소개하기

　② 시간의 흐름에 따라 소개하기

　③ 장소의 변화대로 소개하기

　　예) 괴산 지역 소개하기

　④ 일 차례에 따라 소개하기: 괴산 특산물인 한지를 만드는 방법을 일 차례대로 소개하기

　⑤ 시간의 흐름에 따라 소개하기: 괴산 지역의 지명 변화를 시간 차례대로 소개하기

　⑥ 장소의 변화대로 소개하기: 괴산의 옛길을 장소 변화대로 소개하기

나) 방법

　① 괴산 지역 친구들이 쓴 글 세 편을 읽기

　② 각각의 글이 어떤 흐름으로 쓰였는지 파악하기

　③ 소개 하고 싶은 내용 생각하기

　④ 우리 지역에 대해 조사해보기

　⑤ 우리 지역의 자랑거리를 생각해보기

　⑥ 자랑거리 중 소개할 몇 가지를 고르기

---

141) 3-2 지도서 8단원.

4. 소개하는 글을 바르게 쓰기

가. 읽는 사람을 고려해서 글쓰기

1) 내용
① 읽는 사람의 나이를 고려하여 어휘를 고르기
② 읽는 사람의 처지와 상황 고려하기
③ 기분이 상하지 않도록 예의를 지켜서 글쓰기

2) 방법
① 자신의 글을 읽는 사람의 처지에서 글을 읽기
② 친구와 글을 바꾸어 읽기

나. 글 쓸 때 유의점

1) 내용
① '누가/무엇이'와 '무엇이다/어찌하다/어떠하다'의 연결이 자연
　스러운 문장을 사용했는지 검토하기
② 읽는 사람을 생각하며 예의바르게 글을 썼는지 검토하기

2) 방법
① 교과서의 자기 점검표를 통해 점검하기

5. 인물 소개하기

가. 자세하게 소개하기(2-2, 6단원)[142]

단원 3~4차시에서는 사람을 소개하는 방법, 5~6차시에서는 사람을 소개하는 말놀이 방법이 나온다.

1) 인물 설명하기[143]

가) 소개할 사람 정하기

　① 주변 사람 가운데서 자신이 잘 아는 사람 고르기

　　예) 가족 / 친구 / 선생님 / 이웃

　② 소개하는 인물을 상대방이 모른다고 가정하고 지도

나) 소개할 사람의 특징을 문장(단어)으로 만들기

　① 사람의 모습을 나타내는 다양한 말을 활용하도록 지도

　② 특징의 종류를 알려주기

　　예) 생김새 / 성격 / 하는 일 / 성별 / 나이 / 물리적 위치 / 좋아하는
　　　것 등

　③ 바로 문장으로 만들기 어렵다면 특징만 적게 하기

　　예) 브레인스토밍, 생각그물 만들기 전략 사용

다) 만든 문장을 연결해 소개할 사람의 특징을 설명하기

　① 만든 문장을 잇기

　② 일반적인 것에서부터 구체적인 것으로 소개

---

142) 2-2 지도서, 218쪽.

143) 2-2 지도서, 220~223쪽.

③ 꾸며주는 말을 사용하면 더욱더 효과적임을 지도

　예) 키가 큽니다. ⇨ 우리 반에서 키가 제일 큽니다.

> 예) 제 짝 이름은 정하윤입니다. 여자아이입니다. 키가 크고 눈썹이 진합
> 니다. 종이접기를 좋아합니다. 달리기를 잘합니다.
> ⇨ 제 짝은 정하윤이라는 여자아이예요. 하윤이는 키가 크고 눈썹이
> 진해요. 하윤이는 종이접기를 좋아해요. 그리고 달리기를 잘해서 우
> 리 반 여학생들 가운데서 가장 빨라요.

2) 친구 특징 설명하는 '누구일까요' 놀이[144]

학생들의 흥미와 수준에 따라 '누구일까요' 놀이는 다음과 같이 크게 두 가지 방식으로 진행할 수 있다.

방법1) 설명하기 방법

가) 질문자는 '인물 설명하기 방법'에 따라 인물을 소개

　① 문장 수는 제한

　② '인물 설명하기 방법'에 따라 소개하되, 이름은 말하지 않음

　③ 질문하는 사람과 답을 맞히는 사람 모두 아는 인물이어야

나) 청자는 질문자의 말을 잘 듣고 답하기

　예) 나는 누구일까요?

　　나는 이빨이 날카로워요. 멋진 갈기도 있어요.

　　사람들은 나를 동물의 왕이라고 부르기도 하지요.

방법2) 질문하기 방법(스무고개와 유사)

가) 질문자는 인물을 떠올린다.

---

144) 2-2 지도서, 230~233쪽.

나) 청중은 질문을 한다.

    ① 이때, "동물인가요?" 같이 일반적인 질문부터 먼저 한 후에 "날개가 있나요?" 같은 구체적인 질문을 하도록 한다.

    ② 질문의 수는 제한한다.

    ③ 답은 '예' 또는 '아니오.'로만 대답한다.

다) 정답 범위를 좁혔으면 정답을 유추하도록 한다.

    예) 우리학교에 다니나요? 예.

        우리 반 교실에 있나요? 예.

        짝이 있나요? 아니요

        학생들에게 공부를 가르치나요? 예

정답: 선생님

나. '무엇이 중요할까(1-2, 7단원)[145]

이 단원 1~2차시에서는 '알아맞히기 놀이'를 한다. 앞에서 설명하기 방법과 질문하기 방법을 사용했으므로 설명을 생략하고 '대상 알아맞히기' 방법을 소개한다.

방법3) 등 뒤에 붙은 대상 알아맞히기 놀이

가) 여러 가지 대상(물)을 학생들의 등 뒤에 붙이기

나) 학생들은 친구에게 등에 붙은 것이 무엇인지 알기 위해 질문하기: 대상을 모두 칠판에 제시해 어떤 질문을 해야 할지 생각해 보기

다) 질문을 받은 친구는 "예" 또는 "아니오"로만 대답

---

145) 1-2 지도서, 256~257쪽.

라) 정답을 맞힐 때까지 다른 친구를 만나 계속 질문

다. 문학 작품 속의 인물 소개(6-1, 8단원)

8단원 9~10차시는 문학작품 속의 인물을 소개하는 활동을 한다.

1) 문학 작품 속 인물 설명하기

2) 인물 소개서 작성법[146]

가) 소개할 인물 정하기

나) 인물 소개서에 들어갈 내용 간추리기

　① 작품제목, 글쓴이, 인물의 이름 소개

　② 인물에게 일어난 일 적기

　③ 인물과 인물 간의 관계 파악하기(관계도 그리기)

　④ 인물의 갈등에 따른 심정변화 파악하기

　⑤ 인물을 말해주는 질문과 대답

　　예) 좋아하는 것 / 싫어하는 것 / 걱정하는 것 / 추구하는 가치 등

　⑥ 기억나는 행동과 대사

　⑦ 인물이 자신의 삶에 준 영향

　⑧ 친구들에게 했던 모범적인 행동

---

146) 6-1 지도서, 352~355쪽.

소개서 예시)

『샘 마을 몽당깨비』의 〈몽당깨비〉 소개			
			지은이: ○○○
이름: 몽당깨비	성별: 남	나이: 알 수 없음	특징: 도깨비
○ 일어난 일 ① 어머니의 병을 낫게 하려고 도깨비 샘물을 뜨러 오는 버들이를 사랑하게 됨 ② 욕심 많은 버들이의 꾐에 넘어가 도깨비 터를 빼앗긴 죄로 1000년간 은행나무 뿌리에 갇힘			
○ 인물을 알려주는 문답 ① 좋아하는 것은?: 사람, 특히 버들이 ② 잘하는 것은?: 남을 도와주는 것 ③ 싫어하는 것은?: 은행나무 뿌리에 갇히는 것			
○ 기억나는 말: 버들이와 아름이는 내게 사랑과 용서를 가르친 사람들이야 ○ 기억나는 행동: 버들이를 위해 돈을 만들어주고 부잣집 돈을 훔친 행동. 은행나무 뿌리로 들어가기 전에 미소를 지으며 왼손을 든 행동			

다) 내용을 연결해 글쓰기

6. 학습 방법[147]

가. 설명하는 대상을 알기(1-2, 7단원)

대상 알아맞히기 놀이가 단순히 대상을 알아맞히는 놀이에 그치지 않도록 주의.

---

147) 1-2 지도서, 255·276쪽. 2-2 지도서, 219·242쪽. 6-1 지도서, 327·356쪽.

나. 사람 소개하는 방법과 말놀이(2-2, 6단원)

① 소개하는 내용은 소개를 듣거나 읽을 사람이 알고 싶어하는 정보 등으로 구성하도록 한다.
② 사람을 모습을 소개할 때 부정적인 별명이나 외모를 비하하는 표현을 쓰지 않도록 지도한다.
③ 학생들 수준에서 소개할 수 있는 사람의 범위는 주변의 가족, 친구 등으로 한정한다.

다. 문학 작품 속 인물을 소개하기(6-1, 8단원)

① 인물이 처한 사회 문화적 배경을 알고 인물을 이해하도록 한다.
② 인물이 추구하는 가치가 다양함을 알고 삶의 다양한 모습을 이해할 수 있도록 지도한다.
③ 인물이 추구하는 가치는 인물이 처한 상황을 바탕으로 하여 인물의 말이나 행동을 중심으로 파악하도록 한다.

7. 지도 및 평가의 유의점

가. 학습의 유의점

소개하는 글쓰기는 "쓰기" 영역에 해당하는 활동이기 때문에 맞춤법이나 전체적인 글의 구성 능력을 고려하여 글을 쓰도록 지도한다.
소개하는 글쓰기는 학생들이 부담을 느낄 수 있는 활동이므로 소개할 대상의 특징을 장황하게 나열하는 대신 한 문단 정도의 짧은 글을 쓰도록 한다. 학생이 소개하는 글쓰기의 목적이 정보 전달임을 이해하고, 소개하는 대상에 대한 이해나 지식을 바탕으로 글을 쓸 수 있도록 지도한다.

특히, 책을 소개할 때는 학생 스스로 책에 흥미를 먼저 느낄 수 있도록 '재미있게 읽은 책을 소개하는 글쓰기'부터 시작하여 '책의 내용을 간추려 소개하는 글쓰기', '책을 소개하는 독서 감상문 쓰기'로 나아가며 소개하는 글쓰기의 기능적인 측면과 내용적인 측면을 함께 생각해 보도록 한다. 독자가 이해하기 쉽게 간결하고 분명하게 표현하도록 지도한다.

알아맞히기 놀이는 처음부터 답을 알아맞힐 수 있는 내용이 아니라 다양한 답이 나올 수 있는 내용부터 말할 수 있도록 설명한다.

나. 평가의 유의점

평가 시에는 주변인물, 책, 문학작품 속 인물 등 서로 다른 대상을 소개하는 글 쓰는 활동을 할 때, 학생들이 자신이 소개하는 대상에 대한 내용을 알맞은 방법으로 썼는지 평가한다.

이야기에서 인물이 추구하는 가치를 파악하고, 자신의 삶과 관련지어 구술하는 과정과 태도를 평가한다.

특히, 인물을 소개하는 글을 쓸 때는 인물의 특징이나 더 나아가 성격, 가치관 등이 글에 잘 드러나 있는지 평가하며 책을 소개하는 글을 쓸 때는 책의 중요한 내용만 잘 간추렸는지, 책에 대한 감상이 잘 드러나 있는지에 중점을 두어 평가한다. 또한, 소개할 대상의 특징이 명확하게 드러나도록 글의 흐름을 잘 선택하였는지 평가한다.

◈ 제안하는 글쓰기

1. 학습의 필요성 및 효과

가. 필요성

어린이가 성장하여 사회에 진출하면 여러 직업에서 제안하는 글을 써야 할 상황에 마주치게 된다. 그래서 학생은 제안하는 글쓰기 학습을 통하여 문제 상황을 비판적 관점에서 해석하고 문제를 창의적으로 해결하는 능력을 발휘해야 할 필요가 있다.

자신의 제안을 제시하고 다른 동료학습자의 견해와 함께 검토하여 의견을 수렴하는 과정 역시 중요한 활동으로 인식해야 한다.

나. 효과148)

글을 읽고 인물이나 글쓴이의 의견을 파악하며 자신을 되돌아볼 수 있는 기회를 가질 수 있다. 그리고 학생들은 평소 관심 있는 주제에 대해 자신의 의견을 드러내는 글쓰기 능력을 기르고, 글을 비판적으로 읽는 데 필요한 핵심적 능력을 길러 읽기를 생활화하는 태도를 지니게 한다.

비판적으로 읽는 능력을 키운 후 글의 짜임에 따라 주장과 근거를 요약하고 주장에 대한 근거가 적절한지 판단할 수 있는 힘을 기를 수 있다.

---

148) 4-1 지도서, 324쪽. 3-1 지도서, 316쪽. 4-2 지도서, 338쪽. 6-2 지도서, 106쪽.

제안하는 글쓰기 학습을 통해 학생들은 문제의식을 가지고 주변의 국어 현상을 비판적으로 관찰하게 되며, 창의적인 사고 과정을 거쳐 문제를 해결할 효과적인 방법을 제시할 수 있다.

2. 학습 내용 정리[149)

가. 글쓴이의 의견을 파악하는 방법 알기(3-1, 8단원)

1) 글의 제목을 주의 깊게 살펴본다.
2) 문단의 중심문장을 정리 해본다.
3) 글쓴이가 그 글을 쓴 목적이 무엇인지 짐작해본다.

예) 글쓴이의 의견 파악하는 방법

> **당신의 1리터를 나누어 주세요**
>
> 물은 사람이 살아가는 데 매우 중요합니다. 우리는 어디에서든지 물을 쉽게 구할 수 있습니다. 그러나 동영상에 나오는 아이는 깨끗한 물을 구하지 못해 어려움을 겪고 있습니다. 많은 아이가 더러운 물을 마셔 생명이 위험할 수 있습니다.
>
> 깨끗한 물을 마시지 못하는 아이들을 위해 기부 운동에 참여합시다. 기부 운동에 참여하면 어린이들이 깨끗한 물을 마시고 사용할 수 있습니다.

---

149) 4-1 지도서, 337~338쪽. 3-1 지도서, 331쪽. 4-2 지도서, 356~357쪽. 6-2 지도서, 130~131쪽.

4) 방법

① '지구를 깨끗이 가꾸자'를 읽고 내용을 파악하기

② 글쓴이의 의견을 파악하는 방법을 구체적으로 지도하기

③ 지구 환경 보호에 대한 자신의 의견을 간단히 표현하기

나. 제안하는 글 쓰는 방법(4-1, 8단원)

1) 제안하는 글의 구성요소

: 문제 상황, 제안하는 내용, 제안하는 까닭

2) 제안하는 글을 쓰는 방법

① 어떤 문제 상황인지 파악하고 자세히 쓴다.

② 문제를 해결하기 위한 자신의 의견을 제안한다.

③ 제안에 알맞은 까닭을 쓴다.

④ 제안하는 내용이 잘 드러나게 알맞은 제목을 붙인다.

예) 문제 상황과 제안

> ① 문제 상황: 깨끗한 물을 구하지 못해 어려움을 겪고 있는 아이들이 있습니다.
>
> ② 제안하는 내용: 깨끗한 물을 구하지 못하는 어린이들을 위해 기부 운동에 참여합니다.
>
> ③ 제안하는 까닭: 어린이들이 깨끗한 물을 마시고 사용할 수 있기 때문입니다.
>
> ④ 제목: 당신의 1리터를 나누어 주세요

3) 방법
① 문제 상황을 파악하고 다양한 해결 방법을 생각해보기
② 제안하는 글을 쓰는 방법을 알고 글에 들어갈 적절한 내용을
 정하기

다. 자신의 의견이 드러나게 글쓰기(4-2, 8단원)

1) 의견을 표현할 수 있는 방법 생각하기
① 직접 말할 수 있다.
② 글로 써서 나타낼 수 있다.

2) 의견을 뒷받침하는 내용 찾기
① 수집한 자료를 바탕으로 자신의 의견 정하기
② 자신의 의견을 뒷받침 할 문단별 중심 내용 정리하기

3) 방법
① 자신이 관심 있어 하는 주제에 대해 이야기하기
② 그에 대한 자신의 의견과 뒷받침 내용을 정리하기
③ 의견이 드러나는 글을 쓰는 절차에 맞게 쓰는 방법 알고 글쓰기

라. 새로운 학급 규칙을 제안하는 글쓰기(6-2, 3단원)

1) 새로운 규칙을 제안하는 글쓰기
① 학급 규칙의 목적이 무엇인지 생각해보기
② 제안하고 싶은 새로운 규칙과 그 규칙을 제안하고 싶은 까닭

생각하기

③ 새로운 학급 규칙을 제안하는 글에 들어갈 내용 정리하기

예) 새로운 학급 규칙 제안

처음: 현재 우리 반의 상황에 대하여 쓴다. 규칙이 처음 만들어지게
    된 까닭을 쓴다.
가운데: 새로운 학급 규칙을 제안하는 내용을 쓴다.
끝: 제안으로 기대되는 효과를 쓴다.

2) 방법
① 학급 규칙에 대한 자신의 생각을 서로 이야기하기
② 새로운 학급 규칙을 제안하고 글쓰기

3. 지도 및 평가의 유의점[150)

가. 지도의 유의점

글쓴이의 의견을 파악하기 위해 글 제목을 주의 깊게 읽도록 하고, 문단의 중심 문장을 정리하며 글쓴이의 의견을 파악하도록 한다. 나아가 글쓴이가 이 글을 쓴 목적이 무엇인지 짐작하며 글을 읽을 수 있도록 지도한다.

설득을 목적으로 한다는 점에서 제안하는 글과 건의, 부착 또는

---

150) 4-1 지도서, 325·336쪽. 3-1 지도서, 317·328쪽. 4-2 지도서, 339·356쪽. 6-2 지도서, 113·128쪽.

주장하는 글은 별 차이가 없지만 '바뀌어야 할 현실 상황과 문제를 전제로 한다는 점'과 '문제를 더 좋은 쪽으로 해결하기 위해 구체적 방안을 제시한다는 점'에서 뚜렷이 구별되는 특징이 있음 이해시켜야 한다.

자신의 의견이 드러나는 글의 특징을 살펴보고, 절차에 맞게 글을 쓰도록 지도하며, 관심 있는 주제에 대해 친구들과 함께 생각을 나눠 보고, 그에 대한 자신의 의견을 명료하게 드러내려면 어떻게 글을 써야 할지 고민하게 한다.

나. 평가의 유의점

글을 읽고 글쓴이나 인물의 의견과 그 까닭을 구체적으로 파악할 수 있는지 평가한다. 주변 문제에 대해 자신의 의견과 그렇게 생각한 까닭을 표현할 수 있는지 평가한다. 그리고 생활과 연결된 제안하는 글쓰기가 가능한지, 근거가 주장하는 상황과 밀접한 관련이 있는지 평가한다. 또한 제안하는 글의 특성을 알고 문제 상황 속에서 적절한 해결 방안을 제시할 수 있는지 평가한다. 그리고 제안하는 글을 쓰는 방법과 과정을 익혀 제안하는 글을 쓸 수 있는지 평가하고, 의견이 적절한지 평가기준을 점검하는 활동을 관찰평가 한다.

◈ 전기문 쓰기

1. 전기문 쓰기의 필요성 및 효과

가. 필요성

어린이는 전기문을 읽으면서 본받고 싶은 인물의 성품과 업적을 파악하고, 스스로 전기문을 써보면서 자신을 되돌아보는 성찰적 사고와 미래 자아를 계발하는 능력을 함양할 필요가 있다.

아울러 전기문을 통하여 특정 인물의 삶을 이해하는 힘을 기르고, 실존인물의 삶과 업적을 읽고 세상과 역사를 이해하는 안목을 기르며 스스로 더 나은 삶을 설계할 수 있는 기회를 제공한다.

존경하는 인물의 전기문을 읽고 자신의 삶과 관련지어 전기문을 쓰거나 본인이 추구하는 가치를 파악해 미래를 상상해 본다.

나. 전기문 학습의 효과

① 존경할 만한 사람의 말과 행동을 바탕으로 하여 삶의 가치관을 찾아내고, 이를 자신의 경험이나 생각과 비교해 보는 과정에서 자기 성찰을 할 수 있음
② 과거에 대한 성찰은 자연스럽게 자신의 현재를 돌아보고 미래를 설계하는 전향으로 이어짐
③ 자신의 미래에 대해 진지하게 생각해 볼 수 있는 활동으로 바르게 살고자하는 다짐을 하게 됨
④ 글쓰기 실력의 향상, 지속적인 글쓰기 욕구나 자신감 향상에 기여

⑤ 자기 긍정의 힘을 높임

2. 전기문의 개념 및 종류와 특성[151]

가. 개념

어떤 인물의 생애와 업적, 언행, 성품 등을 사실에 바탕 하여 기록한 글을 말한다.

나. 전기문의 종류

본인이 직접 썼는지, 타인이 썼는지 여부에 따라 자서전, 회고록과 전기, 평전, 열전으로 나뉜다.

다. 전기문의 특성

1) 사실성
실제 있었던 일생을 기록한 글로, 사실에 바탕을 두고 진실을 추구하기 때문에 사실적인 성격을 가짐.

2) 교훈성
인물의 위대한 점이나 본받을 점을 부각시켜 독자로 하여금 본받게 하려는 교훈적 성격이 강함.

---

151) 4-2 지도서, 296~299쪽.

3) 문학성

전기는 사실의 기록이지만, 인물에 대한 지식보단, 정서의 전달을 주된 목적으로 하기 때문에 문학적인 성격을 가짐.

3. 전기문을 쓰기 및 지도 방법

가. 전기문 쓰기[152)

1) 자료 모으기

주인공에 대해서 태어난 때, 태어난 곳, 가족, 좋아하는 것, 싫어하는 것, 장래의 꿈 등 자료를 수집한다.

2) 자료 정리하기

자료 중 중요한 것만 골라서 일이 일어난 차례대로 늘어놓는다.

3) 글쓰기

자료를 가지고 글의 개요를 짭니다. 중요한 내용을 빠뜨리지 않고 쓴다. 특히 시간을 나타내는 말을 바르게 사용하여 쓴다.

4) 자서전 쓰기
가) 글쓰기 전
　① 인생그래프를 통해 옛 기억 자료 찾기
　　예1) 태어난 곳, 태어난 때, 가족 구성원, 인상 깊은 유년기 시절 등.

---

152) 4-2 지도서, 296~299쪽.

② 구체적인 미래 설계

　　예2) 미래의 시대 상황, 미래의 내가 겪을 수 있는 어려움, 미래의
　　　　내가 하고 있을 일 등.

나) 글 쓰는 중: 과거의 나, 현재의 나를 통한 자기 가치관 및 본인
　　해석과 미래의 나의 대한 설계

다) 글쓰기 후: 텍스트 완결

나. 지도 방법

1) 전기문은 문학성, 사실성, 역사성과 같은 요소가 있으므로, 이러
　한 전기문의 특성을 파악하여 작성할 수 있도록 한다.

2) 전기문을 쓰기 전에는 인물 선택을 신중히 하게 하도록 한다.

3) 전기문을 쓰기 전에는 인물과 관련된 정보를 충분하게 모을 수
　있도록 한다.

4. 지도의 유의점

가. 유의점

1) 전기문을 쓸 때에는 인물과 관련된 사실적 정보를 왜곡하지 않도
　록 해야 한다.

2) 전기문을 쓸 때에는 인물의 생애를 통해서 발견하고자 하는 교훈
　이나 가치를 누락하지 않도록 유의하여 적을 수 있도록 한다.

3) 전기문의 특성을 살려 '인물이 살았던 시대 상황', '인물이 한
　일', '짐작할 수 있는 인물의 가치관'등이 드러나게 작성할 수

있도록 한다.

5. 학습 활동지

📖 자서전 아트북을 만들기 위해 다음 활동을 해 봅시다.

1. 이제까지의 자신의 전기를 떠올리며 다음 표를 채워봅시다.

시기	(1) 유아기	(2) 1~3학년	(3) 4~6학년
내용	• 태어난 때: • 태어난 곳: • 식구들: • 그 밖에 쓰고 싶은 것:	• 성장과정: • 장래의 꿈: • 인상 깊었던 사건:	• 좋아하는 것: • 싫어하는 것: • 나의 장점: • 사귄 친구: • 그 밖에 쓰고 싶은 것:

2. 미래의 자신이 하고 싶은 일을 이루어 가는 과정을 상상하여 다음 표를 완성해 봅시다.

시기	(4) 10년 후	(5) 중년기	(6) 노년기
내용	• 미래의 시대 상황: • 내가 하고 있을 일: • 그 밖에 쓰고 싶은 것:	• 내가 겪을 수 있는 어려움: • 어려움을 이겨 내는 방법: • 그 밖에 쓰고 싶은 것:	• 내가 이루어 낸 일: • 그 밖에 쓰고 싶은 것:

3. 나의 자서전 아트북을 만들어 적어 봅시다.

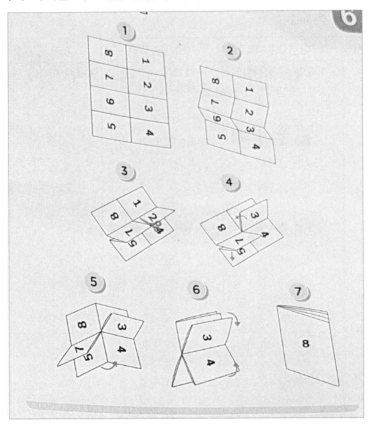

제4장 문법

◎ 문법 교육의 개념 및 특성

가. 개념 및 필요성

1) 개념

문법은 국어과 교육과정의 하위 영역으로서 교육문법을 가리킨다. 교육문법이란 규범적, 기술적, 교육적 성격을 가지고 있다. 규범적 성격은 문법 교육에서 국어 규범을 직접적으로 다루는 것이고, 기술적 성격은 현재 사용하고 있는 국어를 탐구한다는 측면과 관련된다. 국어의 구조에 대해 학습하는 것은 기술 문법의 결과라는 점에서 관련되고, 교육적 성격이 있다는 것은 문법의 모든 것이 아니라 교육적으로 의미 있는 것을 선별하여 가르치는 것으로 문법 영역의 태도 범주에 속하는 내용을 가리킨다.

문법의 개념은 세 가지 의미로 사용되고 있다. 첫째, 국어 화자가 말과 글을 바르게 사용하도록 정한 규칙으로서 규범적 성격을 지니는 것이다. 둘째, 국어 화자의 머리 속에 내재된 규칙을 의미한다. 셋째, 국어 화자에게 내재된 규칙에 대해 학자들이 진술한 체계를 의미하기도 한다.

2) 필요성

문법 교육은 국어 자체를 학습 대상으로 하는 영역인 만큼 국어 교육을 위해서도 문법 교육이 중요하다. 아울러 국어사용 능력 향상을 위해서도 중요하다. 듣기·말하기, 읽기, 쓰기 활동의 바탕에는 문법이 적용된다는 공통점이 있다. 말하거나 쓰기 활동에서 문법에 맞지 않으면 듣는 이나 독자에게 의사를 잘 전달할 수 없기 때문에 더 중요하다. 문법은 국어 체계에 대한 지식의 필요성과 국어에 대한 태도 교육의 필요성이 있다.

문법 교육은 더 나은 국어사용을 위해, 국어가 무엇인지를 알기 위해, 국어사용 능력 신장을 위해, 국어 탐구와 국어에 대한 태도를 형성하기 때문에 필요하다.

나. 특성

1) 특성

문법 교육은 다른 영역과 다른 특성이 있다. 첫째, 문법은 국어사용에 적용되는 규칙이므로 국어사용 기능과 직접 관련된다. 듣기·말하기, 읽기, 쓰기 활동을 할 때 문법에 어긋나면 표현하고자 하는 의사가 제대로 전달될 수 없기 때문에 국어과 전 영역에서 문법 능력을 신장시켜야 한다. 둘째, 학습자에게는 이미 입학 전에 습득한 기초적인 문법 능력과 학교 교육을 통하여 배워야 할 지식을 가지고 있다는 특성이 있다.

2) 원리

문법 교육의 원리는 학습자, 문법, 문법 현상의 관계에서 도출된다. 그것은 실제성, 전일성, 순환성의 원리가 그것이다.

① 실제성의 원리는 학습자가 문법 사용의 맥락 속에서 문법 지식을 사용하는 현상을 말한다. 즉 학습자가 실제적으로 사용한 맥락 속에서 나타나는 문법 현상을 대상으로 한다는 뜻이다.

보기: ①집+이 →지비, 보기 ②미닫이, 맏이 ×, 붙이다·해돋이 ○

보기에서 ①은 소리와 표기가 다르다는 것을, ②에서 ×표는 요즘 어린이가 사용하지 않는 어휘이므로 실제로 사용하는 ○ 표시한 어휘를 예로 들어야 한다는 것이다.

② 전일성의 원리는 학습자에게 문법과 언어 사용은 따로따로가 아니라 함께 하는 것이다. 전일성이란 용어의 뜻이 문법과 언어 사용이 한 덩어리로 존재한다는 뜻이므로, 양자는 유기적, 상호의존적, 순환성과 발전성이 있으며, 상호 존중하는 관계라는 점에서 문법 교육을 해야 한다.

예) ㉠ 무엇이 무엇이다: 동생은 남자다.
  ㉡ 무엇이 어떠하다: 겨울은 춥다.
  ㉢ 무엇이 어찌 한다: 강아지가 온다.

에서 '무엇이'는 주어, '무엇이다, 어떠하다, 어찌 한다'는 부분은 서술어라고 한다는 것을 가르친다. 나아가 의미가 전달되도록 정확하게 글을 쓰고 말을 하도록 해야 한다.

③ 순환성의 원리는 학습자가 사용한 문법 현상을 인식하고 점검, 보완하여 다시 어떤 상황에 적용할 수 있어야 함을 말한다. 이어주는 말(표지어: 그리고, 그러나, 그래서, 왜냐하면 등)의 의미를 알고, 쓰임을 알며, 잘못 사용한 사례를 찾아내어 잘못 사용한 이유를 설명하고, 바르게 사용하여 짧을 글을 완성하도록 한다.

[참고문헌]

신헌재 외(2015), 『초등 국어수업의 이해와 실제』, 박이정.

◈ 입문기 문자 지도법

1. 문자 지도의 중요성

학습자는 학문의 기초가 되는 한글을 공부함으로써 읽기와 쓰기에 대한 기초 능력을 갖출 수 있다. 또한, 한글은 단순한 문자를 앎으로 끝나는 것이 아닌 다양한 학습의 연장선이 될 수 있다.

한글을 만드는 과정과 한글의 특성 및 우수성을 이해하고, 한글을 바르게 사용하려는 마음을 지니도록 하여 올바른 언어생활을 할 수 있도록 하는 것은 국어문화를 계승, 발전시키는 기초가 될 수 있다. 학생들은 이번 학습을 통해 한글이 만들어진 과정과 우수성을 알게 되고, 한글을 사랑하는 마음을 키울 수 있다. 이는 자신의 언어생활을 성찰하고 한글을 바르게 사용할 수 있는 계기가 된다.

학생들이 상황에 맞는 단어를 사용하여 의사소통 역량을 키울 수 있고, 예절에 맞는 화법을 구사함으로써 긍정적인 대인관계를 구축할 수 있다.

한글의 체계를 이해하고 한글에 대해 자부심을 가짐으로써 다양한 우리 문학 작품을 즐길 수 있는 문화 향유 역량을 위한 학습이 이루어진다. 글의 특성을 이해하고 이를 바탕으로 한글의 우수성을 말할 수 있는 능력을 갖추게 될 것이며, 한글을 바르게 사용하려는 마음과 태도를 갖추게 될 것이다.

2. 학습 내용 및 지도 방법

가. 문식성의 의미

1) 글을 읽고 쓸 수 있는 능력을 의미한다.

2) 단순히 글을 해독하고 표시하는 것 이상으로 읽기와 쓰기에 대한
태도와 기대, 생활 속에서 읽기와 쓰기 행동이 갖는 의미와 가치
까지 포함한다.

3) 의미를 해석하여 구성하고 표현하여 상호 소통하는 수단으로서
읽기와 쓰기

나. 기초 문식성

1) 한글 해득을 중심으로 한 학교 학습과 사회생활에 필요한 문자
사용 능력의 특성–문자를 사용한 이해와 표현 능력의 특성으로
문자 활동에 관련된 사회적 관습을 포함한다.

2) 한글 해득을 중심으로 한글을 사용한 이해와 표현 능력을 포함한다.

3) '초기 읽기'와 '초기 쓰기'의 수준을 말한다.
가) 초기 읽기: '기호의 음성화와 의미화'. 즉, 글자와 소리를 연결하
여 음가를 확인, 해독하고, 글의 의미를 파악할 수 있는 수준을
말한다. 이 때 내용 파악 수준이란 간단한 글을 읽고 사실적

수준의 내용 확인을 할 수 있는 수준을 말한다. 초기 읽기 단계에서는 소리 내어 읽기 활동이 주를 이루고, 문자 언어에서 의미 구성으로 나아가는 묵독 활동은 보완적인 역할을 한다.

나) 초기 쓰기: '의미의 음성화와 문자화'. 즉, 자신과 다른 사람의 말이나 자신의 생각을 글로 쓸 수 있는 수준을 의미한다. 이 때 글쓰기 수준이란 필자가 자신의 머릿속에 떠오르는 생각을 글로 나타낼 수 있는 수준을 말한다. 초기 쓰기 단계에서는 소리 내어 쓰기 활동이 주를 이루고, 의미(사고)를 즉시 글로 옮기는 활동은 보완적인 역할을 한다.

다) 기초 문식성 지도의 필요성: 학교의 학습은 교과서를 중심으로 이루어지게 된다. 교과서는 문자를 사용하는 학습 활동이다. 학교 학습뿐만 아니라 사회생활도 사회관계의 확장으로 문자를 사용한 의사소통이 반드시 필요하다. 구두 의사소통 못지않게 문자를 활용한 의사소통이 확대되고 있다.

따라서 학교 학습은 물론 사회생활을 위해서 학생들은 반드시 기초 문식성을 갖추어야 한다. 학생이 이 기초 문식성을 갖추게 되었을 때, 학교에서의 교과 학습은 물론이고 일상생활도 원만하게 할 수 있다. 특히 입문기 학생은 기초 문식성을 갖추어야 자기 주도적 학습이 가능해지고 학습의 효율성이 높아지게 된다. 따라서 문자 지도의 기초적인 목표는 문자를 읽고 쓸 수 있는 기본적인 능력인 기초 문식성에 도달하도록 하는 데 있다.

다. 문자 지도 방법

1) 문자 지도 방법

가) 발음 중심 접근 방법: 한글의 낱자(자음자, 모음자)부터 익혀 의미가 있는 낱말과 문장으로 확대하는 방식

나) 의미 중심 접근 방법: 의미가 있는 낱말이나 문장에서 글자를 익히고, 글자를 분석해 한글의 낱자까지 익히는 방식

다) 절충식 접근 방법: 의미 중심 접근 방법과 발음 중심 접근 방법을 일정한 순서를 정해서 적용해 한글 해득을 지도하는 방법. 현재 교과서를 구성할 때 사용하는 방식

2) 문자 지도의 실제

가) 발음 중심 접근 방법

① 언어기능을 세분화 한 뒤에 가장 쉬운 것부터 가르치는 방법에 기초를 두고 있다.

② 자모가 가지고 있는 음가를 정확하게 가르치는 것부터 지도하고, 점차 낱말과 문장 수준으로 확대해 익히는 방법이다.

③ 상향식(bottom-up) 지도 방식이다.

이 발음 중심 접근 방법은 다시 두 가지 방식으로 나눌 수 있다.

　　㉠ 자모식(자모법, 자음과 모음의 결합식 지도법)

　　자음자와 모음자를 구분해 소리와 낱자를 익히게 하는 방법이다. 기본 음절표를 활용하여 자모를 가르치고 받침을 가르친다.

　　자음자와 모음자의 모양 알기, 자음자와 모음자 찾기, 자음자와 모음자 이름 알기, 자음자와 모음자 발음하기, 자음자와 모음자 쓰기

등의 활동으로 이루어진다.

　　예) 'ㄱ + ㅏ = 가'

ⓛ 음절식(음절법, 가갸식 지도법)

　　말의 기본 단위인 음절을 중심으로 한글을 익히는 방식이다. 한글의 음절을 익히고, 음절을 이루는 자음자로 모음자를 분석해 한글을 해득하게 한다. 기본 음절 글자의 대표적인 형태가 음절표이다. 기본 음절 글자 읽기, 음절 글자 쓰기, 음절 글자 순서대로 외우기, 음절 글자 구성 원리 알기, 음절 글자표 만들기, 음절표 완성하기, 음절표로 낱말 만들기 등의 활동을 할 수 있다. 음절식 지도 방법에는 '체계적 자모 중심법'과 '동음절 연상법'이 있다.

ㄱ. **체계적 자모 중심법**: 자모식의 확장이라 볼 수 있으며 기본 음절표를 사용하여 음절 사이의 자모와 그 자모의 음가를 체계적으로 비교·식별하게 함으로써 자소-음소 대응 관계를 지도하는 특성을 갖는다. 한글의 특성을 살려 문자 체계를 지도할 수 있다는 장점이 있는 반면 기본 음절표의 음절 중 사용하지 않은 음절이 1/3이나 된다는 점을 고려할 때 효율적이지 못하다. 그리고 음운 변화에 따른 발음을 지도하기에 어려움이 있다.

　　예) '가갸거겨…' → '각갹걱격…'

ㄴ. **동음절 연상법**: 단어 분석이 음절 수준에서 머무르고 하나하나의 음절을 단위로 새로운 단어를 형성하거나 분석하도록 연습시키는 방법이다. 기본음절표를 사용하지 않으며 학습 과제의 최소 단위가 음절이다.

예) '우리' → '우유'의 '우' + '머리'의 '리'

이 발음 중심 접근 방법은 장단점을 가지고 있다. 한글의 구조를 체계적이고 논리적으로 지도할 수 있고 발음의 규칙성을 지도할 수 있으며 맞춤법과 정서법 학습에 유용하다. 그러나 분석적이고 논리적이어서 학생들이 이해하는 데 어려움이 있고 학습 흥미 유발과 유지가 어렵다는 단점이 있다.

나) 의미 중심 접근 방법
1) 언어 기능은 통합적으로 작용된다는 관점에 토대를 둔 총체적 언어 학습(Whole Language Approach)이다.
2) 단어 또는 문자의 의미 이해에 중점을 두는 지도 방법이다.
3) 학습자에게 익숙한 문장이나 낱말을 중심으로 음절 글자를 확인하고, 자음자와 모음자를 익힌다.
4) 하향식(Top-down) 지도 방식이다.
   이 의미 중심 접근 방법은 두 가지 방식으로 나눌 수 있다.

① 단어식(단어법)
   학생들에게 친숙한 낱말을 읽고 따라 쓰는 방법이다. 낱말 읽기, 낱말 따라 쓰기, 글자 만들기, 낱자 확인하기 등의 활동을 할 수 있다. 낱말을 활용해 글자의 짜임과 낱자의 소리와 모양을 익히게 된다.
   예) '아버지', '우리' 등과 같은 단어를 중심으로 지도한다.

② 문장식(문장법)
   생활에서 사용되는 말의 기본 단위인 문장을 우선해 접근하는 방

법이다. 학생들이 일상적으로 사용하는 문장을 중심으로 발음과 글자를 확인하고, 문장에 사용된 낱말과 음절 글자를 분석해 한글의 낱자까지 익히게 한다. 문자 읽기, 낱말 확인하기, 글자 확인하기, 낱자 분석하기 등의 활동을 할 수 있다.

　예) '철수야, 안녕?'처럼 처음부터 문장으로 문자를 지도

　이 의미 중심 지도 방법 역시 장단점을 가지고 있다. 발음보다는 의미 파악에 초점을 둘 수 있고 실생활에서 익숙한 낱말이나 문장을 중심으로 지도하므로 학습의 흥미 유발, 지속적인 관심을 유지할 수 있다. 그러나 정확한 발음과 맞춤법을 지도하는 데 어려움이 있으며 배우지 않은 단어나 문장은 거의 읽을 수 없어서 학습 전이도가 낮다는 한계점이 있다.

〈발음 중심 접근 방법과 의미 중심 접근 방법의 장단점〉

발음 중심 접근 방법		의미 중심 접근 방법	
장점	단점	장점	단점
자음자와 모음자가 결합해 하나의 글자를 이루는 한글의 구조를 체계적이고 논리적으로 지도할 수 있다.	분석적이고 논리적이어서 학생들이 이해하는 데 어려움이 있다.	낱말이나 문장을 하나의 단위로 읽어 나가기 때문에 발음보다는 의미 파악에 초점을 둘 수 있다.	의미 파악에 과도하게 초점을 두어 정확한 발음을 지도하기 어렵다.
자음과 모음의 글자 요소와 그 글자 요소의 음가를 대응시켜 발음의 규칙성을 지도할 수 있다.	추상적이고 무의미한 단위까지 다루므로 학생의 학습 흥미 유발과 유지가 어렵다.	제한된 낱말, 문장만 지도하므로 쉽다.	제한된 낱말, 문자만 지도하므로 학습량이 적다.

발음 중심 접근 방법		의미 중심 접근 방법	
장점	단점	장점	단점
자소와 음소의 대응이 매우 규칙적인 한글 지도에 알맞다.	의미보다는 문자 자체에 더 큰 관심을 가지게 되므로 독해 지도와 연계되지 않는다.	실생활에서 익숙한 낱말이나 문장을 중심으로 지도하므로 학습의 흥미 유발, 지속적인 관심을 유지할 수 있다.	일단 배운 글자는 그 형태 또는 기억에 의해 쉽게 읽을 수 있으나 배우지 않은 단어나 문장은 거의 읽을 수 없다. 즉, 학습 전이가 매우 낮다.
철자에 유의하게 되므로 맞춤법과 정서법 학습에 유용하다.	낱자와 음소의 대응을 강조하게 되면 받침이 있는 음절, 음운 변동이 있는 낱말을 읽고 쓰는 데 어려움이 있다.	문자 읽기에 그치지 않고, 읽은 내용을 생활과 관련시켜 말해 보는 활동을 곁들여 읽기와 말하기 지도를 병행할 수 있다.	기억이 나지 않는 낱말은 추측해 읽게 된다.

다) 절충식 접근 방법

의미 중심 접근 방법에서 시작해 발음 중심 접근 방법으로 지도하고, 다시 의미 중심 접근 방법으로 진행하는 방식이다. 구체적으로 '낱말식 → 자모식 → 음절식 → 문장식'으로 이루어지고 있다.

첫째, 지도의 첫 단계에는 의미 중심 방법을 택해 친숙하고 쉬운 단어(또는 짧은 문장)를 그림과 함께 제시한다.

둘째, 교사가 먼저 읽어주면서 학습자로 하여금 글자의 전체 모양을 익히고 그 발음을 따라 해보게 하여 기억하게 한다.

셋째, 반복해서 학습하도록 한다.

넷째, 어느 정도 단어나 문장 읽기를 통해 문자 언어의 의미, 단어, 문자의 구조 등 문자 학습에 익숙해지고 학습량이 확보된 이후에는 발음중심 지도방법으로 넘어간다.

다섯째, 발음중심 지도방법에서는 글자의 구성 원리, 구조, 자소와 음소의 대응 관계 등 규칙적이며 원리적인 것을 배우게 한다. 이때는 기본 음절표를 적절히 활용한다.

라) 1학년 단원의 문자지도 방식

1단원 바른 자세로 읽고 쓰기153)	• 바른 자세로 낱말을 듣고, 읽고, 쓸 수 있게 한다 • 간단한 낱말 수준의 읽기와 쓰기 활동 하기	초기 읽기, 쓰기
	• 학생들이 자주 사용하는 타인과의 관계를 나타내는 낱말, 학교와 가정에서 학생들이 자주 사용하는 낱말 중심으로 따라 읽기와 따라 쓰기	의미 중심 접근 방법
2단원 재미있게 ㄱㄴㄷ 154)	• 한글 자음자를 알고 바르게 읽고 쓸 수 있는 능력을 기르기 • 자음자 학습을 위해 학생들 주변의 사물을 통해 자음자의 모양을 쉽게 익히기 • 자음자가 문자 생활, 일상생활 속에서 친근하게 찾아볼 수 있는 낱자임을 알기 • 자음 이름 알고, 그 모양 보고 정확하게 읽기 • 이 단원의 주요 학습은 자음자의 모양과 이름, 소릿값을 알고 바르게 쓰기이다	발음 중심 접근 방법
3단원 다 함께 아야어여 155)	• 이 단원은 한글 모음자를 바르게 읽고 쓰는 능력을 기르는 데 목적이 있다. • 모음자 모양 알기, 모음자 이름 알기, 모음자 찾기, 모음자 읽기, 모음자 쓰기, 모음자 놀이 등의 활동을 순차적으로 다룬다. • 모음자를 학습하는 과정은 발음 중심 접근 방법과 의미 중심 접근 방법을 모두 활용해 균형 있는 문식성 지도를 추구했다. • 이 단원을 통해 모음자의 모양과 이름을 배우고, 모음자의 소릿값과 쓰는 순서 알기	발음 중심 접근 방법·의미 중심 접근 방법

---

153) 1-1 지도서 1단원, 54~85쪽.
154) 1-1 지도서 2단원, 86~121쪽.

253

4단원 글자를 만들어요 156)	• 이 단원은 글자의 짜임에 대한 기초적인 지식을 학습하고 글자를 만들어 봄으로써 글자 해득 능력을 기르는 데 목적이 있다. • 한글 글자는 자음자와 모음자가 만나 하나의 음절이 된다. 따라서 한글을 바르게 익히기 위해서는 한글을 이루는 낱자인 자음자와 모음자가 만나서 글자를 이루는 과정을 이해시킴 • 학생들이 시나 노래를 들으며 읽기에 관심을 가지도록 하고 글자의 짜임을 생각하며 낱말을 소리 내어 읽어 보게 한다. • 자음자와 모음자가 각각 초성과 중성으로 만나 글자를 이루고 있음을 이해하도록 한 뒤, 배운 내용을 적용해 여러 가지 낱말을 만들기	절충식 접근 방법
6단원 받침이 있는 글자157)	• 단원은 받침이 있는 글자의 짜임을 알고 받침이 있는 글자를 바르게 읽고 쓸 수 있는 능력을 기르는 데 목적이 있다. • 틀린 글자 찾기, 받침이 있는 글자가 있는 낱말 바르게 쓰기, 받침이 있는 글자 놀이 등의 활동하기 • 받침이 있는 글자로 된 낱말을 소리 내어 읽고 쓰는 활동을 통해 정확한 발음과 맞춤법의 기초를 익히기	절충식 접근 방법
7단원 생각을 나타내요 158)	• 이 단원은 주어진 상황에서 한두 문장 단위의 짧은 글을 쓰고 그 문장을 정확하게 소리 내어 읽는 능력을 기르는 데 목적이 있다. • 문장에 어울리는 낱말 넣기, 문장 만들기, 문장으로 만들기, 문장으로 말하기, 문장을 소리 내어 읽기 등의 활동하기	절충식 접근 방법

---

155) 1-1 지도서 3단원, 122~157쪽.

156) 1-1 지도서 4단원, 158~189쪽.

157) 1-1 지도서 6단원, 220~251쪽.

158) 1-1 지도서 7단원, 252~283쪽.

마) 학년별 지도 내용

1) 자음자 학습(1-1)[159]

가) 자음자의 모양 알기

　① 글자를 모음자와 자음자로 구분하기

　② 우리 교실에서 자음자 모양 찾기

　③ 그림에서 자음자 모양 찾기

　④ 자음자 넣어 얼굴 표정 그리기

나) 자음자의 이름 알기

　① 자음자 이름 알기

　② 자음자와 이름 연결하기

다) 자음자를 쓰는 방법 알기

　① 자음자 'ㄱ'부터 'ㅎ'까지 필순 익히기

　② 낱말에 알맞은 자음자 쓰기

　③ 쓰는 순서에 맞게 바르게 쓰기

라) 지도 방법

　① 그림에서 자음자 찾기

　　예) '민들레 꽃잎'에 나오는 자음자에 ○표 해보기

　② 얼굴 표정에 사용된 자음자 모양을 찾아보기

　③ 자음자 이름을 동요의 가락에 맞추어 노래를 불러보기

　④ 친구들과 함께 자음자 이름 말하기 놀이하기

---

159) 1-1 지도서 2단원.

2) 모음자 학습(1-1)[160]

가) 모음자의 모양을 알기

　① 그림을 보고 모음자 모양 떠올리기

　② 여러 가지 물건으로 모음자 모양 만들기

　③ 'ㅏ, ㅓ, ㅗ, ㅜ, ㅡ, ㅣ'의 구조 이해하기

　④ 'ㅑ, ㅕ, ㅛ, ㅠ'의 구조 이해하기

나) 모음자 이름 알기

　① 모음자 이름을 알아야 하는 이유 알기

　② 노래를 통해 모음자 이름 학습하기

　③ 여러 가지 방법으로 모음자 이름 익히기

다) 모음자를 쓰는 방법 알기

　① 모음자 쓰는 순서 알기

　② 순서에 맞게 모음자 쓰기

　③ 알맞은 모음자 떠올리며 모음자 채워 넣기

　④ 모음자 따라 쓰기

　⑤ 모음자 순서 섞어 이름 부르기, 모음자 이름 말하며 손뼉치기

　⑥ 모음자 이름 부르며 몸으로 모음자 모양 만들기

3) 글자에서 자음자와 모음자 찾기(1-1)[161]

가) 자음자와 모음자를 찾는 과정

　① 노랫말을 듣고 몸짓으로 나타내기

　② 글자에서 자음자와 모음자 찾기

---

160) 1-1 지도서 3단원.

161) 1-1 지도서 4단원.

③ 글자의 짜임을 생각하며 다시 읽기

나) 글자에서 모음자가 있는 곳을 찾는 방법 알기

　① 글자에서 모음자 찾기

　② 모음자의 위치 찾기

　③ 모음자가 같은 쪽에 있는 글자 찾기

다) 글자의 짜임을 아는 방법알기

　① 낱자 주사위로 글자 만들기

　② 낱자를 활용해 여러 가지 글자 만들기

　③ 글자를 만드는 방법 이해하기

라) 글자를 읽고 쓰는 방법알기

　① 노래에 나오는 글자를 글자표에서 찾기

　② 그림을 보며 낱말 읽고 쓰기

　③ 글자의 짜임 알기

마) 여러 가지 모음자 알기

　① 여러 가지 모음자 찾기

　② 여러 가지 모음자 쓰기

바) 지도 방법

　① 자음자 'ㅍ'과 'ㅁ'이 만나면 글자가 만들어지나요?

　　: 글자가 만들어지지 않습니다.

　② 그림을 보고 몸의 각 부분의 이름을 찾아보기

　③ 그림을 보고 몸의 각 부분의 이름을 찾기

　④ '머리'는 어떤 글자와 글자가 만났나요?

　　: '머'와 '리'가 만나 '머리'가 되었습니다.

　⑤ 〈밤길〉이란 시에서 여러 가지 모음자를 찾기

4) 고운 말로 말하기(1-2)[162]

가) 고운 말이란

　① 칭찬하는 말, 배려하는 말, 격려하는 말

　② 다른 사람에게 들었을 때 그 말이 기분 좋게 하는 말

　　예) '고마워.' '함께 하자.' '내가 빌려줄게.'

나) 지도 방법

　① 글을 읽고 고운 말을 살펴보기

　② 고운 말을 사용하여 오늘 자신의 기분을 말하기

　　예) '행복하다.' '기대된다.' '사랑한다.' 등

　③ 자신이 들었던 기분 좋은 말을 칠판에 쓰고, 우리 반 친구들이 듣고
　　기분이 좋았던 말이 무엇인지 알아보기

　④ 고운 말을 사용하여 친구와 역할놀이하기

5) 바른말을 사용했는지 언어생활 돌아보기(2-2)[163]

가) 바른말이란

　① 정확한 낱말 사용하기 / 올바른 높임말 쓰기 / 욕설 하지 않기 /
　　유행어, 외국어 남용하지 않기

　② 평소 언어생활 점검하기

　③ '가리키다', '가르치다'처럼 혼동하기 쉬운 낱말을 점검하기

나) 지도 방법

　① 바른말은 우리말을 정확하게 사용하는 것임을 지도

　② 주어진 문장을 보고 바르지 못한 말 찾기

　　예) '나와 동생은 서로 다른/틀린 과일을 좋아합니다.'

---

162) 1-2 지도서 6단원, 222쪽.
163) 2-2 지도서 8단원, 280쪽.

③ 일상생활에서 혼동하기 쉬운 낱말을 그 뜻에 맞는 그림과 선으로 연결하기

예) '작다'와 '적다'에 맞는 그림을 찾아 잇기

④ 평소에 자주 실수하는 낱말 이야기하기

⑤ 헷갈리는 낱말을 찾아 바른말 사전을 만들기

6) 한글을 만든 까닭(4-1)[164]

가) 세종대왕이 훈민정음을 만든 까닭

① 자주정신: 우리나라 말이 중국과 달라, 한자로는 우리말을 제대로 적기 어렵다

② 애민정신: 백성들이 표현하고 싶은 생각이 있어도 쉽게 쓸 수 있는 글자가 없다

③ 실용정신: 글자를 쉽게 익혀서 날마다 쓰기에 편안하게 하려고 했다

예) 훈(訓) 민(民) 정(正) 음(音): 백성을 가르치는 바른 소리

나) 지도 방법

① 세종대왕의 전기문 읽고 훈민정음을 만드는 과정 알기

㉮ 세종대왕이 우리말 문자의 필요성을 느꼈다

㉯ 말소리를 연구한 책을 구해 읽으며 문자를 연구했다

㉰ 신하들의 반대를 피해 새로운 문자 만드는 일을 비밀에 부쳤다

㉱ 세종은 눈이 나빠져도 문자 연구를 계속하였다

㉲ 훈민정음 28자를 완성하였다

㉳ 억울한 일을 당하는 사람이 줄었다

② 사람들에게 훈민정음을 소개하는 글쓰기

---

164) 4-1 지도서 9단원, 358쪽.

7) 한글의 특성과 우수성 알기(4-1)[165]

가) 한글의 제자 원리

① 자음자는 발음기관의 모양을 본떠서 만들었다

　예) ㉮ ㄱ: 혀뿌리가 목구멍을 막는 모양

　　　㉯ ㄴ: 혀가 윗잇몸에 닿는 모양

　　　㉰ ㅁ: 입 모양

　　　㉱ ㅂ: 이 모양

　　　㉲ ㅇ: 목구멍의 모양

② 모음자는 하늘, 땅, 사람의 모양을 본떠 만들었다

　예) 하늘(·), 땅(―), 사람(ㅣ)의 모양을 본떴다.

나) 한글의 우수성 알기

① 제자 원리가 독창적이고 과학적이다

② 적은 수의 글자로 많은 소리를 적을 수 있다

③ 쉽고 빨리 배울 수 있다

④ 컴퓨터, 휴대전화 등 '디지털 문자'에 더 편리하게 사용할 수 있다

⑤ 세계에서 인정받는 과학적인 글이다

다) 지도 방법

① 한글의 제자 원리 지도

　㉠ 하늘, 땅, 사람 그림을 통하여 모음자 형성을 보여 준다

　예) 발음기관 모양 그림 자료나 실제 발음을 통하여 자음자의 형

　　　성을 보여 준다

　㉡ 한글의 우수성 지도

　예1) 한글에 대한 세계 학자들의 칭찬을 담은 자료를 제시

　예2) '디지털 문자'로서 탁월한 한글의 우수성을 알기 위해 휴대

　　　전화 자판 제시

---

165) 4-1 지도서 9단원, 363쪽.

예3) 조별로 한글의 우수성을 알리는 자료 만들기

*광고 만들기 / 만화 그리기

8) 자신의 언어생활 반성하기(4-1)[166]

가) 자기 반성

① 한글을 소중히 여기는 마음을 지니기

② 외국어나 외국 문자로 된 말은 우리말로 고치기

③ 바르고 정확하게 한글을 사용하기 위한 태도 배우기

나) 지도 방법

① 한글을 소중히 여기는 마음 갖기

　　㉠ 〈주시경〉 글을 읽고 주시경이 한글을 사랑한 마음을 알고 이를 통해 학생들도 한글을 소중히 여기는 태도를 갖기

　　㉡ 한글을 소중히 여기는 표어 만들기

② 외국어나 외국 문자로 된 말을 우리말로 고치기

　　㉠ 거리 간판 중 외국어로 쓰여 있는 글을 한글로 고치기

③ 바르고 정확하게 한글을 사용하는 태도 갖기

　　㉠ 한글을 아끼고 바르게 사용하려면 어떻게 해야 할 지 친구와 이야기하기

　　㉡ 한글에 관심을 가지고 있는지, 고운 말을 사용하는지, 한글을 아끼고 사랑하는지 점검표를 작성해보기

9) 온라인 대화 예절 지키기(4-2)[167]

가) 온라인 대화의 특성

① 직접 만나지 않고 이야기 할 수 있다

---

166) 4-1 지도서 9단원, 368쪽.
167) 4-2 지도서 3단원, 196쪽.

② 동시에 소통할 수 있다

③ 여러 사람과 대화할 수 있다

나) 온라인 대화의 문제점 파악하기

① 대화명 사용(익명성)

② 줄임말, 그림말(이모티콘) 사용

③ 비속어 사용과 무차별 비난

다) 예절 지키며 온라인 대화하기

① 바른말 사용하기

② 그림말과 줄임말을 지나치게 사용하지 않기

③ 대화 상대방 존중하기

라) 지도 방법

① 친구들의 온라인 대화 문제점 파악하기

: 또래 친구들의 온라인 대화 사진 자료로 문제점을 파악하기 활동

② 예절을 지키며 온라인 대화하기

: 온라인 대화 예절을 지킨 문장을 직접 만들어 발표하기

3. 지도 및 평가의 유의점

가. 지도의 유의점

1) 한글에 대한 글을 읽고 한글의 우수성을 이해하는 것에 중점을 두되, 한글을 만든 원리나 제자 원리 자체를 학습하는 것을 지나치게 강조해서는 안 된다. 한글의 우수성을 설명하면서 한글이 자랑스러운 우리의 문자임을 인식하고 말할 수 있는 정도의 수준으로 접근하도록 한다.[168]

2) 한글을 만든 과정 및 배경을 학습할 때에는 세종대왕의 관점에서 한글을 만들어야만 했던 상황, 까닭을 이해하도록 학생들에게 안내해야 한다.

3) 우리말 사용실태를 조사할 때에는 여러 가지 다양한 자료(신문, 잡지, 서평, 광고지, 드라마, 영화, 뉴스, 웹툰)을 활용할 수 있도록 하고 조사하는 과정에서 올바른 우리말을 사용 할 수 있도록 지도한다.[169]

4) 문자를 지도하기 위하여 발음 중심, 의미 중심, 절충식을 균형 있고 효과적으로 사용한다.

5) 역할놀이를 통해 스스로의 언어 표현을 점검하도록 안내한다.

나. 평가의 유의점

1) 한글의 특성과 우수성이 잘 드러나게 구체적으로 썼는지 평가한다.[170]

2) 한글을 아끼고 바르게 사용할 수 있는 방법을 생각해 말하는 구술 평가를 활용한다.

3) 생활 속에서 우리말을 올바르게 사용했는지를 지속적으로 성찰하는 자기 평가를 활용한다.[171]

---

168) 4-1 지도서 9단원, 353쪽.
169) 6-1 지도서 7단원, 299쪽.
170) 4-1 지도서 9단원, 376쪽.
171) 6-1 지도서 7단원, 322쪽.

다. 기초 문식성 지도 유의점

1) 학생에게 익숙한 어휘와 문장을 사용한다.
2) 발음 중심 방법과 의미 중심 방법의 적절한 균형을 고려한다.
3) 구두 언어를 기반으로 한 문자 언어 사용을 강조한다.
4) 정확한 언어 규칙이나 어휘 사용보다는 문자 사용에 관심을 유도한다.
5) 학생들에게 유의하고 익숙한 언어 자료를 활용해 접근한다.

라. 기출문제

1) 2018학년도 기출문제(2차)
   입문기 문자지도 방법 네 가지를 쓰시오.

2) 2005학년도 기출문제(1차)

4. 다음의 자료를 보고 물음에 답하시오. (총 6점)

(가)

	ㅏ (아)	ㅑ (야)	ㅓ (어)	…	ㅡ (으)	ㅣ (이)
ㄱ(①)	가	갸	거	…	그	기
ㄴ(니은)	나	냐	너	…	느	니
ㄷ(②)	다	댜	더	…	드	디
ㄹ(리을)	라	랴	러	…	르	리
ㅁ(미음)	마	먀	머	…	므	미
ㅂ(비읍)	바	뱌	버	…	브	비
ㅅ(③)	사	샤	서	…	스	시
ㅇ(이응)	아	야	어	…	으	이
ㅈ(지읒)	자	쟈	저	…	즈	지
ㅊ(치읓)	차	챠	처	…	츠	치
ㅋ(④)	카	캬	커	…	크	키
ㅌ(⑤)	타	탸	터	…	트	티
ㅍ(피읖)	파	퍄	퍼	…	프	피
ㅎ(⑥)	하	햐	허	…	흐	히

(나)

친구,
내 친구,
정다운 친구.

선생님,
우리 선생님,
고마우신 선생님.

학교,
우리 학교,
즐거운 학교.

나,
친구,
선생님.

모두 모여
우리는 하나.

1) (가)와 같은 자료를 활용하는 문자 지도 방법의 장점을 2가지 쓰시오. (2점)

① _____

② _____

2) (가)의 자료를 활용하는 문자 지도 방법의 단점을 보완하기 위하여 (나)와 같은 자료를 구안하□다. (나)의 자료를 활용할 때 얻을 수 있는 이점을 2가지 쓰시오. (2점)

① _____

② _____

3) (가)의 ①~⑥에 들어갈 정확한 명칭을 쓰시오. (2점)

① _____   ② _____   ③ _____

④ _____   ⑤ _____   ⑥ _____

◈ 국어사전 찾기

1. 국어사전 찾는 방법

가. 내용

국어사전에서는 낱말을 첫 번째 글자의 첫 자음자가 같은 낱말끼리 모아 놓았다.

한글 글자는 ①첫 자음자, ②모음자, ③받침으로 이루어지는데, 이 차례대로 낱말을 찾는다.

①첫 자음자	ㄱ	ㄲ	ㄴ	ㄷ	ㄸ	ㄹ	ㅁ	ㅂ	ㅃ	ㅅ	ㅆ
	ㅇ	ㅈ	ㅉ	ㅊ	ㅋ	ㅌ	ㅍ	ㅎ			
②모음자	ㅏ	ㅐ	ㅑ	ㅒ	ㅓ	ㅔ	ㅕ	ㅖ	ㅗ	ㅘ	ㅙ
	ㅚ	ㅛ	ㅜ	ㅝ	ㅞ	ㅟ	ㅠ	ㅡ	ㅢ	ㅣ	
③받침	ㄱ	ㄲ	ㄱㅅ	ㄴ	ㄴㅈ	ㄴㅎ	ㄷ	ㄹ	ㄹㄱ	ㄹㅁ	ㄹㅂ
	ㄹㅅ	ㄹㅌ	ㄹㅍ	ㄹㅎ	ㅁ	ㅂ	ㅂㅅ	ㅅ	ㅆ	ㅇ	ㅈ
	ㅊ	ㅋ	ㅌ	ㅍ	ㅎ						

나. 지도 방법

① 국어사전을 살펴보고 그 특징 알기
② 국어사전에 있는 약호나 기호의 쓰임새를 알기
③ 여러 형태의 단어 찾아보고 발표하기

2. 기호·장음 표시와 단어 찾기

가. 원리

1) 'ㅅ'으로 시작하는 표시가 있다는 것을 안다.
2) 반대말에는 '반'이라고 쓰고, 긴소리(장음)를 나타내는 기호, 발음을 나타내는 기호 등이 있다는 것을 안다. 예) 전 : 기(電氣)
3) '감'을 사전에서 찾으려면 'ㄱ'으로 시작하는 표지를 찾은 뒤, 'ㅏ'모음에 'ㅁ' 받침의 순서대로 찾아야 한다.
4) '침침해서'라는 낱말의 뜻을 국어사전에서 찾을 때는 '침침하다'를 찾아야 한다.

나. 지도 방법

① 학년별 단원에 나오는 단어 찾기
② 된소리가 초성으로 나거나 복모음인 단어 찾기
③ 종성이 겹받침으로 끝나는 단어 찾기

◆ 띄어쓰기

〈띄어쓰기 규정〉

※ 주의: 아래 띄어쓰기 규정에서 □ 로 표시한 것은 예외가 존재하거
나, 다른 활용이 허용되는 규정이다.

1. 문장의 각 단어는 띄어 씀을 원칙으로 한다.

단어는 독립적으로 쓰이는 말의 최소 단위이므로 기본적으로 단어
를 기준으로 띄어쓰기 한다.

2. 조사는 그 앞말에 붙여 쓴다.

조사는 자립성이 없어 다른 말에 의존해서만 나타나기 때문에 앞말
에 붙여 쓴다. 조사가 둘 이상 연속되거나 어미 뒤에 붙을 때에도
그 앞말에 붙여 쓴다.

  예) 꽃이 / 꽃마저 / 꽃밖에

3. 의존 명사는 띄어 쓴다.

의존 명사는 그 앞에 반드시 꾸며 주는 말이 있어야 쓸 수 있는
의존적인 말이지만, 자립 명사와 같은 명사 기능을 하므로 단어로
취급된다. 따라서 앞말과 띄어 쓴다.

  예) 아는 것이 힘이다. / 나도 할 수 있다. / 먹을 만큼 먹어라.

※ 의존 명사란?

○ 의미가 형식적이어서 다른 말 아래에 기대어 쓰이는 명사.

아는∨것이∨힘이다. // 나도∨할∨수∨있다. // 먹을∨만큼∨먹어라. // 아는∨이를∨만났다. // 네가∨뜻한∨바를∨알겠다. // 그가∨떠난∨지가 ∨오래다.

○ 의존 명사가 조사, 어미의 일부, 접미사 등과 형태가 같아 띄어쓰기를 판단하기 어려운 경우의 예시

　1) 들: 두 개 이상의 사물을 열거하는 구조에서 '그런 따위'라는 뜻을 나타내는 경우

　2) 뿐: '웃을 뿐이다, 만졌을 뿐이다.'와 같이 용언의 관형사형 뒤에 나타나는 경우

　3) 대로: '아는 대로 말한다, 약속한 대로 하세요.'와 같이 용언의 관형사형 뒤에 나타나는 경우

　4) 만큼: '볼 만큼 보았다, 애쓴 만큼 얻는다.'와 같이 용언의 관형사형 뒤에 나타나는 경우

　5) 만: 시간의 경과나 횟수를 나타내는 경우

　6) 지: 시간의 경과를 나타내는 경우

　7) 차: '고향에 갔던 차에 선을 보았다, 마침 가려던 차였다.'와 같이 용언의 관형사형 뒤에 나타나는 경우

　8) 판: 수 관형사 뒤에서 승부를 겨루는 일을 세는 단위를 나타내는 경우

4. 단위를 나타내는 명사는 띄어 쓴다.

단위를 나타내는 말은 의존 명사이든 자립 명사이든 하나의 단어로 인정되는 명사이므로 앞말과 띄어 써야 한다.

　예) 나무 한 그루 / 고기 두 근 / 자동차 네 대

5. 수를 적을 적에는 '만(萬)' 단위로 띄어 쓴다.

십 단위로 띄어 쓰는 것은 지나치게 많이 띄어 쓰게 되어 의미 파악이 쉽지 않을 뿐만 아니라 우리말 수를 읽을 때의 단위 구획과도 맞지 않으므로 바람직하지 않다. 백 단위, 천 단위의 띄어쓰기도 이와 같은 문제점을 말끔히 해소해 주지는 못한다. 이 문제점을 모두 해소하기 위해 만 단위로 띄어 쓰도록 정했다.

　예) 칠경 삼천이백사십삼조 칠천팔백육십칠억 팔천구백이십칠만 육

　　　천삼백오십사

　　　7경 3243조 7867억 8927만 6354

6. 두 말을 이어 주거나 열거할 적에 쓰이는 다음의 말들은 띄어 쓴다.
겸, 내지, 및, 또는, 혹은, 등, 따위, 대

　* 대(의존 명사): 아래의 '대(對)'는 사물과 사물의 대비나 대립을 나

　　타내는 말로 의존 명사이다.

　　예) 한국 대 일본 / 남자 대 여자 / 5 대 3

　* 대(자립 명사): '대-'가 고유 명사를 포함하는 대다수 명사 앞에 붙

　　어서 '그것을 상대로 한', '그것에 대항하는'의 뜻을 더할 경우에는

　　접두사로 쓰인 것이라 뒤에 오는 말에 붙여 쓴다.

　　예) 대일(對日) 무역 / 대국민 담화 / 대중국 정책

7. 성과 이름, 성과 호 등은 붙여 쓰고, 이에 덧붙는 호칭어, 관직명 등은 띄어 쓴다.

가. 성과 이름은 개별적인 단어이면서 하나의 고유 명사이기도 해

　　서, 성과 이름을 분리하여 생각하기 어려운 면이 있다. 또한

　　우리나라 사람의 성은 거의 한 음절로 되어 있어서 직관적으로

한 단어처럼 느껴지지 않는다. 이러한 이유로 성과 이름을 붙여 쓴다.

나. 성과 이름의 경계가 혼동될 여지가 있으면 한 글자 성도 띄어 쓸 수 있다.

　　예) 선우진 / 선우 진('선우'씨인 '진') / 선 우진('선'씨인 '우진')

다. 성명 또는 성이나 이름 뒤에 붙는 호칭어나 관직명 등은 고유 명사와 별개의 단위이므로 띄어 쓴다. 호나 자 등이 성명 앞에 놓이는 경우도 띄어 쓴다.

　　예) 홍길동 씨 홍 씨 길동 씨 / 총장 정영수 박사 /

　　　율곡 이이 / 백범 김구

□ 성명 이외의 고유 명사는 단어별로 띄어 씀을 원칙으로 하되, 단위별로 띄어 쓸 수 있다.

라. 여기서 말하는 '단위'란 고유 명사를 이루고 있는 구성 요소의 구조적인 묶음을 뜻한다. 단위별로 띄어 쓰는 것이 단어별로 띄어 쓰는 것보다 직관적으로 자연스러운 경우가 많다.

　　단어별로 띄어 쓴 예) 한국 대학교 의과 대학 부속 병원

　　단위별로 띄어 쓴 예) 한국대학교 의과대학 부속병원

마. '용언의 관형사형+명사' 혹은 '명사+조사+명사' 형식으로 된 고유 명사도 붙여 쓸 수 있다.

　　예) 즐거운 노래방, 즐거운노래방 / 부부의 날, 부부의날

바. '부설(附設), 부속(附屬), 직속(直屬), 산하(傘下)' 따위는 고유 명사에 속하는 것이 아니므로, 원칙적으로 앞뒤의 말과 띄어 쓴다. 다만, '부속 학교, 부속 초등학교, 부속 중학교, 부속 고등

학교, 부속 병원'과 같이 교육 기관 등에 딸린 학교나 병원은 하나의 단위로 다루어 붙여 쓸 수 있다.

　예) 한국 대학교 의과 대학 부속 병원 / 한국대학교 의과대학 부속 병원

사. 고유 명사 가운데 다음과 같은 산 이름, 강 이름, 산맥 이름, 평야 이름, 고원 이름 등은 굳어진 지명이므로 띄어 쓰지 않는다. 이들은 합성어로서 하나의 단어로 굳어진 것이다.

　예) 북한산, 에베레스트산, 영산강

□ 전문 용어는 단어별로 띄어 씀을 원칙으로 하되, 붙여 쓸 수 있다.

아. 전문 용어는 전문적인 내용을 담고 있기 때문에 의미를 파악하기가 쉽지 않은 면이 있다. 이런 점을 고려하여 의미 파악이 쉽도록 띄어 쓰는 것을 원칙으로 하고 편의상 붙여 쓸 수 있도록 하였다.

　예) 무역 수지, 무역수지 / 음운 변화, 음운변화 / 상대성이론, 상대성이론

자. 국어사전에 실린 전문 용어와 유사한 전문 용어는 등재된 말에 준해 띄어쓰기를 할 수 있다. 예를 들어 '무릎 구부려 서기'는 국어사전에 실려 있는 '무릎 대어 돌리기'와 유사한 체육의 동작이므로 '무릎구부려서기'와 같이 붙여 쓸 수 있다.

차. 한자로 된 고전 책명은 띄어 쓰지 않는다. 그러나 서양의 고전 또는 현대 책명이나 작품명은 구와 문장 형식인 경우 단어별로 띄어 쓴다.

　예) 분류두공부시언해(한문 고전 책명) / 베니스의 상인(서양의 고

전 작품명) / 고용, 이자 및 화폐의 일반 이론(현대의 책명)

카. 관형사형이 체언을 꾸며 주는 구조, 두 개 이상의 체언이 조사로 연결되는 구조, 두 개 이상의 전문 용어가 접속 조사로 이어지는 경우는 전문 용어 단위로 붙여 쓸 수 있다.

　예) 따뜻한 구름, 따뜻한구름 / 강조의 허위, 강조의허위

□ 단음절로 된 단어가 연이어 나타날 적에는 붙여 쓸 수 있다.

타. 한 음절로 된 단어가 여럿(셋 이상)이 연속해서 나올 때 단어별로 띄어 쓰면 오히려 의미를 바르고 빠르게 파악하기가 더 어렵기 때문에 다음과 같이 붙여 쓸 수 있도록 규정한다. 그러나 세 개 이상의 음절을 붙이는 것은 적절하지 않다.

　예) 좀 더 큰 이 새 차(원칙) / 좀더 큰 이 새차(허용) / 좀더큰 이새 차(×)

파. 연속되는 단음절어를 붙여 쓸 수 있다고 해서 아무렇게나 붙여 쓸 수 있는 것이 아니라 의미 단위를 고려하여 적절하게 붙여야 한다. 의미적으로 자연스럽게 하나로 이어질 때에만 붙여 쓸 수 있다.

　예) 더 못 가.(○) / 더못 가.(×)

□ 보조 용언은 띄어 씀을 원칙으로 하되, 경우에 따라 붙여 씀도 허용한다.

하. 보조 용언도 하나의 단어이므로 띄어 쓰는 것이 원칙이나 경우에 따라서는 붙여 쓰는 것이 허용되기도 하고 아예 붙여 쓰는

것만 허용하는 경우도 있다. 붙여 쓰는 것이 허용되는 경우는 다음의 두 가지이다. 이 두 가지 구성은 붙여 쓰는 것도 허용하였다. 아래와 같은 경우가 아니라면 보조 용언은 앞말과 띄어 쓰고 붙여 쓰지 않는다.

거. '본용언+-아/-어+보조 용언' 구성

　　예) 먹어 보았다. / 먹어보았다.

너. '관형사형+보조 용언(의존 명사+-하다/싶다)' 구성

　　예) 아는 체하다. / 아는체하다.

※ 보조 용언이란?

• 독자적으로 문장의 서술어가 되지 못하고, 본용언 뒤에 붙어서 본 용언의 뜻을 도와주는 용언이다.

• 자립성이 희박하거나 결여되어 홀로는 문장의 주체를 서술할 수 없어 언제나 보조 용언으로 쓰이는 것과 독자적으로 문장의 서술어로 쓰이는 용언이 그 쓰임에 따라 본용언을 도와주는 것이 있다.

• 보조 용언은 보조동사와 보조형용사를 포함한다.

　　(예) 불이 꺼져 간다. / 내 힘으로 막아 낸다. /

　　　　어머니를 도와 드린다. 등

　　　　[띄어쓰기 예시]

　　　　어머니를V도와V드린다. (원칙) → 어머니를V도와드린다. (허용)

※ 보조 용언을 붙여 쓰는 특별한 경우

1) '본용언 + -아/-어 + 보조 용언'의 경우

　　예) 먹어V보았다. / 먹어보았다.

2) '관형사형 + 보조 용언(의존 명사 + -하다/싶다)'의 경우

274

예) 아는∨체하다. / 아는체하다.

3) '명사형 + 보조 용언'의 경우: '직하다'

예) 먹었음∨직하다. / 먹었음직하다.

4) '드리다'가 결합한 경우: '도와드리다'

5) '-아/-어 지다'와 '-아/-어 하다'의 경우

예) 낙서가 지워진다. / 아기를 예뻐한다.

먹고 싶어 하다. (○) 먹고 싶어하다.(×)

마음에 들어 하다. (○) 마음에 들어하다.(×)

내키지 않아 하다. (○) 내키지 않아하다.(×)

다만, 앞말에 조사가 붙거나 앞말이 합성 용언인 경우, 그리고 중간에 조사가 들어갈 적에는 그 뒤에 오는 보조 용언은 띄어 씀을 안다.[172]

※ 합성 용언이란?

• 복합 용언과 같은 단어로, 둘 이상의 말이 결합한 용언

[띄어쓰기 예시] (본용언에 조사가 붙는 경우)

잘도∨놀아만∨나는구나!

(본용언이 합성 용언인 경우)

네가∨**덤벼들어**∨보아라.

(본용언과 보조 용언의 중간에 조사가 들어가는 경우)

그가∨올∨듯도∨하다.

---

172) 국립국어원 한국 어문 규정 제47항.

〈띄어쓰기 학습의 필요성〉

1. 필요성

글말의 정확한 소통을 위하여 띄어쓰기는 중요하다. 따라서 띄어쓰기 학습을 통하여 바르게 띄어 쓰는 방법을 익히고 경험[173]하도록 할 필요가 있다. 학습자에게 띄어쓰기를 바르게 하면 좋은 점이 무엇인지를 알게 하고,[174] 헷갈리는 띄어쓰기 표현을 바르게 고쳐 쓸 수 있다.[175]

학습자는 띄어쓰기를 바르게 하는 방법을 배운 후에 여러 가지 경우에서의 띄어쓰기 방법을 연습하고, 자신의 경험에서 인상 깊었던 부분을 글로 표현할 때 적용하여 올바른 문법 표현을 통하여 글쓰기 능력을 함양하는 것이 글말 소통의 중요한 요소이다.

2. 학습 내용 및 지도 방법

1) 인상 깊은 일을 글로 쓰는 방법 알기(3-2)
가) 띄어쓰기 방법 알기[176]:
　　'띄어쓰기'는 글을 쓸 때 규칙에 따라 어떤 말을 앞말과 띄어 쓰는 일을 말한다.
나) 낱말과 낱말 사이는 띄어 쓰되, '이/가, 을/를, 은/는, 의'와 같은

---

173) 3-2 지도서 3단원, 182쪽.
174) 3-2 지도서 3단원, 183쪽.
175) 3-2 지도서 3단원, 188쪽.
176) 3-2 지도서 3단원, 182~183쪽.

말은 앞말에 붙여 쓴다.

　예) **주혁이가눈물이** 그렁그렁한 얼굴로 말했다.(×)

　　→ **주혁이가**∨**눈물이** 그렁그렁한 얼굴로 말했다.

다) 마침표(.)나 쉼표(,) 뒤에 오는 말은 띄어 쓴다.

　예) "**아이고,배야.**"(×)

　　→ "**아이고,**∨**배야.**"

　마음이 **아팠다.동생이** 얼른 나았으면 좋겠다.

　　→ 마음이 **아팠다.**∨**동생이** 얼른 나았으면 좋겠다.

라) 수를 나타내는 말과 단위를 나타내는 말 사이는 띄어 쓴다.

　예) 이번 가을에만 **두 번째네.** (×)

　　→ 이번 가을에만 **두**∨**번째네.**

마) 띄어쓰기를 바르게 하면 좋은 점 이야기하기[177]

　① 전하고자 하는 뜻을 분명히 쓸 수 있기 때문이다.

　② 읽는 이가 뜻을 분명히 이해할 수 있기 때문이다.

　③ 문장 성분을 쉽게 파악할 수 있기 때문이다.

바) 지도 방법

　① 일기를 읽고 이해가 잘 되지 않는 부분을 찾아본다.

　② 이해가 잘 되지 않는 까닭을 이야기 해 본다. (띄어쓰기가 잘못되었
　　기 때문이다.)

　③ 띄어쓰기 방법을 알아본다.

　　㉮ 낱말과 낱말 사이의 띄어쓰기 방법 알기

　　㉯ 마침표나 쉼표 뒤에 오는 말의 띄어쓰기 방법 알기

　　㉰ 수를 나타내는 말과 단위를 나타내는 말의 띄어쓰기 방법 알기

---

177) 3-2 지도서 3단원, 183쪽.

④ 일기에서 띄어 써야 할 부분에 ∨표를 하고 바르게 띄어 써 본다.

⑤ 띄어쓰기를 바르게 하면 좋은 점을 친구들과 이야기 해 본다.

2) 자신이 쓴 글 고쳐 쓰기(3-2)

가) 띄어쓰기를 바르게 했는지 확인하여 자신이 쓴 글을 고쳐 쓰기[178]

나) 복합어는 하나의 낱말이므로 띄어 쓰지 않는다.

　　예) 예쁜 손 수건으로 닦아.(×)

　　　　→ 예쁜 손수건으로 닦아.

　　　　자연 보호를 위해 오늘 밤 나무를 심자.(×)

　　　　→ 자연 보호를 위해 오늘 밤나무를 심자.

다) 단위를 나타내는 명사는 띄어 쓴다.

　　예) 용돈이 만원이 있다.

　　　　→ 용돈이 만∨원이 있다.

라) 지도 방법

① 띄어쓰기 방법에 맞게 자신이 쓴 글을 고쳐 써 본다.

② 국어 활동에서 복합어와 단위를 나타내는 명사에 대한 띄어쓰기 방법을 학습한다.

③ 국어 활동에서 잘못된 부분을 찾아 고쳐 쓴다.

3) 의존 명사의 띄어쓰기(4-1)

가) 문장을 바르게 띄어쓰기[179]: '것', '수', '줄'은 혼자 쓸 수 없는

---

178) 3-2 지도서 3단원, 189쪽, 국어 활동 33~36쪽.

179) 4-1 국어 활동 3단원, 47쪽.

낱말(의존 명사)이고 앞에 오는 다른 낱말과 함께 써야 하며 쓸 때에는 띄어 써야 한다. 그러나, 예외로 '이것', '저것', '그것'은 하나의 낱말이므로 붙여 쓴다.

예) 그 길은 공사 중이니 **조심할것**.(×)

→ 그 길은 공사 중이니 **조심할∨것**.

그 일은 찬혜만 **할수있어요**.(×)

→ 그 일은 찬혜만 **할∨수∨있어요**.

나) 지도 방법

① 국어 활동에서 혼자 쓸 수 없는 낱말에 대한 띄어쓰기 방법을 학습한다.

② 국어 활동의 문제를 해결한다.

4) 관형사형 뒤의 의존 명사 띄어쓰기(4-1)

가) 문장을 바르게 띄어쓰기[180]: 용언의 관형사형 뒤에서 '만큼', '대로'는 의존 명사로 쓰이므로 앞 말과 띄어 쓴다.

예) **볼만큼** 보았어.(×)

→ **볼∨만큼** 보았어.

될 수 **있는대로** 빨리 오세요.(×)

→ 될 수 **있는∨대로** 빨리 오세요.

나) 지도 방법

① 국어 활동에서 용언의 관형사형 뒤에서 '만큼', '대로'의 띄어쓰기 방법 익히기

② 국어 활동의 문제를 해결한다.

---

180) 4-1 국어 활동 5단원, 59쪽.

5) 붙여 쓰는 의존 명사(4-2)

가) 문장을 바르게 붙여 쓰기[181]: 체언의 뒤에서 '만큼', '대로'는 조사로 쓰이므로 앞 말과 붙여 쓴다.

예) 나 만큼 너도 힘들겠다.(×)

→ 나만큼 너도 힘들겠다.

해야 할 일을 차례 대로 적었다.(×)

→ 해야 할 일을 차례대로 적었다.

나) 지도 방법

① 국어 활동에서 체언의 뒤에서 '만큼', '대로'의 띄어쓰기 방법을 학습한다.

② 국어 활동의 문제를 해결한다.

4. 지도 및 평가의 유의점

가. 지도의 유의점

1) 의사소통을 원활히 하려면 띄어쓰기를 올바로 해야 한다는 것을 이해할 수 있도록 지도한다.

2) 실제로 문장을 구성할 때 띄어쓰기를 바르게 할 수 있도록 지도한다.

3) 동기 유발에서 띄어쓰기가 헛갈렸던 경험을 떠올릴 수 있도록 예시를 제시한다.

4) 여러 가지 예시를 통해 헷갈리는 띄어쓰기 표현을 명확히 알 수 있도록 지도한다.

---

181) 4-2 국어 활동 9단원, 109쪽.

5) 띄어쓰기 규정에 맞지 않는 예외적인 경우를 잘 구분하여 지도한다.

나. 평가의 유의점

1) 띄어쓰기를 바르게 하여 자신의 경험에서 인상 깊은 일을 글을 쓸 수 있는지에 평가의 중점을 두어야 한다.

2) 여러 가지 예시를 정확히 구분하여 띄어쓰기 방법을 잘 익혔는지 평가한다.

3) 예외적인 경우에서의 띄어쓰기 방법을 잘 알고 있는지 지필평가를 통해 확인한다.

※ 2015년 임용 기출문제

3) 다음은 이 수업을 받은 학생이 쓴 초고의 일부이다. ㉣에 따라 아래의 ㉤에 나타난 ⓐ맞춤법 오류와 ⓑ그 오류를 수정하는 원리를 각각 쓰시오 [1점]

	작	년	에		가	족		여	행	으	로	
제	주	도	에		갔	는						
데		수	학	여	행	으	로		또		가	서
	내		신	세	가							
참		㉤안		됐	다	고		누	나	가		놀
렸	지	만	,		나	는						
친	구	들	과		같	이		지	낼		수	
있	어	서			기	분	이					
좋	았	다	.									

- ⓐ : _____

- ⓑ : _____

\<문장 교정 부호 및 원고지 쓰는 방법\>

가. 문장 교정 부호

교정 부호	쓰임	고치기 전	고친 뒤
∨	띄어 쓸 때	기분 좋은하루	기분 좋은 하루
⌢	붙여 쓸 때	사랑 하는 사람을	사랑하는 사람을
♂	한 글자를 고칠 때	못나러 간다.	만나러 간다.
⌐_	줄을 바꿀 때	멀리서 외친다. "아버지 오신다."	멀리서 외친다. "아버지 오신다."
⊃	줄을 이을 때	아버지께서 수박을 사 오셨다. 정말 컸다.	아버지께서 수박을 사 오셨다. 정말 컸다.
＼	여러 글자를 고칠 때	온 가족이 모여서 맛있게 먹었다.	온 가족이 모여서 맛있게 먹었다.
⸝	글자를 뺄 때	가족과 함께 저녁 음식을 먹었다.	가족과 함께 저녁을 먹었다.
Y	글의 내용을 추가할 때	내가 사랑하는 사람 은 가족이다.	내가 사랑하는 사람 은 바로 가족이다.
⌇	앞뒤 순서를 바꿀 때	공부하였다. 열심히	열심히 공부하였다.

나. 원고지 쓰는 방법

1) 첫머리

원고지의 첫머리에는 글의 종류, 제목 및 부제목, 소속과 이름 등을 쓴다.

2) 글의 종류

원고지 1행의 두 번째 칸부터 글의 종류를 쓴다.

	〈	수	필	〉															

3) 제목과 부제목

⑴ 제목은 2행 중심부에 쓴다. 만약, 제목이 두서너 자일 때는 두어 칸을 빌려 써서 미적 조화를 이루도록 한다.

⑵ 부제는 양 끝에 줄표(-)를 표시하여 제목 아랫줄에 쓴다.

	〈	논	문	〉															
					전	산	기		용	어		우	리	말		번	역		
					-	외	래	어		표	기	에		따	라	서	-		

4) 소속과 이름

원래는 제목 아래의 1행을 비우고 난 뒤(4행)부터 쓰는 것이나, 일반적으로 소속은 3행에, 이름은 4행의 오른쪽에 쓴다. 소속과 이름의 끝자는 2칸을 비우고 쓴다. 단, 이름은 소속 다음 행에 쓴다.

```
│ │<│논│문│>│ │ │ │ │ │ │ │ │ │ │ │ │ │ │ │ │
│ │ │ │ │ │ │ │풀│이│씨│의│ │특│성│ │ │ │ │ │ │ │ │
│ │ │ │ │ │ │ │ │ │ │ │ │ │ │부│산│ │대│학│교│ │ │
│ │ │ │ │ │ │ │ │ │ │ │ │ │ │ │ │ │류│수│현│ │ │
```

○ 본문 쓰기 원칙

1) 글자는 한 칸에 한 자씩 쓴다.

2) 숫자와 알파벳

　① 로마 숫자, 알파벳 문자, 낱자로 된 아라비아 숫자는 한 칸에 한
　　자씩 쓴다.

```
│Ⅰ│Ⅱ│Ⅲ│Ⅳ│Ⅴ│Ⅵ│Ⅶ│Ⅷ│Ⅸ│Ⅹ│ │ │ │ │ │ │
│K│O│R│E│A│ │ │ │ │ │ │ │ │ │ │ │
│5│월│ │8│일│ │ │ │ │ │ │ │ │ │ │ │
│3│·│1│운│동│과│ │5│·│4│운│동│ │ │ │ │
```

　② 두 자 이상의 아라비아 숫자나 알파벳 소문자는 한 칸에 두 자씩
　　쓴다.

```
│19│95│년│ │3│ │월│ │17│일│ │ │ │ │ │ │ │ │ │
│A│ │fr│ie│nd│ │in│ │ne│ed│ │is│ │a│ │fr│ie│nd│ │in│de│ed│
│.│ │ │ │ │ │ │ │ │ │ │ │ │ │ │ │
│Th│at│ │bo│y│ │ne│ed│s│ │to│ │wa│sh│.│ │
│19│19│년│에│ │일│어│난│ │3│·│1│운│동│은│ │
```

3) 앞 칸 비우기

　① 글을 처음 시작할 때, 단락이 바뀔 때 둘째 칸부터 쓴다.

```
│ │<│수│필│>│ │ │ │ │ │ │ │ │ │ │ │ │ │ │
│ │ │ │ │ │신│록│ │예│찬│ │ │ │ │ │ │ │ │ │
│ │ │ │ │ │ │ │ │ │ │ │ │이│ │양│ │하│ │
│ │봄│,│ │여│름│,│ │가│을│,│ │겨│울│,│ │두│루│ │사│시│(四│時)│ │를│
│두│고│ │자│연│이│ │우│리│에│게│ │내│리│는│ │혜│택│에│는│ │제│한│
```

② 대화는 둘째 칸부터 따옴표(")로 행을 바꾸어 시작하고 짧은 대화
라도 한 줄에 같이 쓰지 않는다.

| 새삼스러운 | 염려가 | 그의 | 가슴을 | 놀렸다. |

```
새삼스러운   염려가   그의   가슴을   놀렸다.
  "오늘은   내개지   말아요.   내가   이렇게   아픈
데!"
이런   잉잉   그의   귀에   울렸다.
  "왜   이러우,   기차   놓치겠구면."
```

③ 본문에 인용문을 사용할 때에, 줄을 띠로 잡아 쓰는 경우에는 인용
문 전체를 한 칸씩 들여 쓴다.

```
하루는,   섬사람들과   산수에   대해서   이야기를
하였는데,   내가   말하기를,
  "한라산의   명승은   온   천하가   다   아는   바
인데도   읍지를   보거나   사람들의   말을   들어
보면   구경한   이가   애주   적으니,   이는   못
```

④ 항목별로 나열할 때는 한 칸씩 비우고 쓴다.

```
4.   다음   기본   문장을   분석해   보자.
 (1)   젊은이는   이상을   가겨야   한다.
 (2)   소녀가   꽃을   꺾었다.
 (3)   물이   얼음이   된다.
 (4)   그가   사과를   먹는다.
```

4) 첫 칸을 비우지 않을 때
  ① 단락이나 문장 내에서는 처음의 시작만 첫 칸을 비운다. 줄의 끝에
    서 비울 칸이 없을 때는 ∨표를 하고 첫 칸부터 글을 써 나간다.
  ② '-할, -(라)고, -하고, -등의, -하기에, -한다.' 등 이어받는 말은
    다음 줄 첫 칸부터 쓴다.

```
  "인천   차가   열   한   점에   있고,   그   다음에
는   새로   두   점이던가?"
라고   중얼거렸다.
```

○ 문장 부호

① 문장 부호도 한 칸에 하나씩 표기한다.

김		첨	지	는		입	술	과		수	염	에		룸	은		술	을		빨	아
들	이	고		나	서	,	매	우		만	족	한		듯	이		그		술	잎	송
이		수	염	을		쓰	다	듬	으	며	,										
	"	또		부	어	,		또		부	어	.	"								

② 물음표(?), 느낌표(!) 등의 문장 부호 다음은 한 칸씩 띄어 쓴다.

	내	가	요	?		천	만	에	!		난		지	금	까	지		한		번	도
의	심	하	지		앓	았	죠	.		난		다	만		그		일	이		궁	금	해	서
그		집	에		지	나	가	는		길	에		들	렀	을		뿐	예	요	.		

③ 줄임표(......)는 한 칸에 세 점을 찍는다.

	"	누	구	세	요	?	"														
	"	…	…	"																	
아	무		대	답	이		없	었	다	.											

◈ 한글 자모와 바르게 읽기

1. 한글 자모 학습 내용

가. 자음(닿소리)의 제자원리와 이름

1) 제자원리
입안의 발음기관을 본떠서 만들었다.

2) 자음 수와 이름
자음은 열네 자이고, 첫음절 초성과 둘째음절 종성이 동일하다.

ㄱ	ㄴ	ㄷ	ㄹ	ㅁ	ㅂ	ㅅ
기역	니은	디귿	리을	미음	비읍	시옷
ㅇ	ㅈ	ㅊ	ㅋ	ㅌ	ㅍ	ㅎ
이응	지읒	치읓	키읔	티읕	피읖	히읗

○ 자음은 초성이 되거나 종성이 된다.

3) 발음 기관별 기본 자음

기본 자음	분류(발음방법)	된소리	거친소리
ㄱ	아음(혓바닥이 입천장에 닿음)	ㄱ - ㄲ	ㄱ - ㅋ
ㄴ	설음(혀끝이 윗니 뒤 잇몸에 닿음)	ㄴ - ㄷ - ㄸ	ㄴ - ㄷ - ㅌ
ㅁ	순음(아랫입술과 윗입술을 오무림)	ㅁ - ㅂ - ㅃ	ㅁ - ㅂ - ㅍ

기본 자음	분류(발음방법)	된소리	거친소리
ㅅ	치음(윗니 뒤에 혀끝을 댐)	ㅅ - ㅆ ㅈ - ㅉ	ㅅ - ㅈ - ㅊ
ㅇ	후음(목구멍에서 소리 냄)	ㅇ - (ㆆ)	ㅇ -(ㆆ) - ㅎ

○ 자음은 반드시 모음과 만나야 소리가 난다.

4) 받침(종성)

홑받침   ㄱ, ㄴ, ㄷ, ㄹ, ㅁ, ㅂ, ㅅ, ㅇ, ㅈ, ㅊ, ㅋ, ㅌ, ㅎ

쌍받침   ㄲ, ㅆ

겹받침   ㄳ, ㄵ, ㄶ, ㄺ, ㄻ, ㄼ, ㄽ, ㄾ, ㄿ, ㅀ, ㅄ

○ 자음으로 구성된 받침은 종성이 된다.

나. 모음(홀소리)의 제자 원리

1) 제자 원리
하늘(·), 땅(ㅡ), 사람(ㅣ)을 조합하여 모음을 만들었다.

2) 단모음
ㅏ, ㅑ, ㅓ, ㅕ, ㅗ, ㅛ, ㅜ, ㅠ, ㅡ, ㅣ

3) 이중모음
ㅐ, ㅒ, ㅔ, ㅖ, ㅘ, ㅙ, ㅚ, ㅝ, ㅞ, ㅟ, ㅢ

○ 자음은 홀로 소리를 내지 못하고 모음을 만나야 소리가 나며, 모음은 홀로 소리를 낼 수 있다.

○ 모음은 중성이 된다.

2. 한글 맞춤법과 바르게 읽기

가. 한글 맞춤법 총칙

한글 맞춤법의 '총칙' 1항에서는 '한글 맞춤법은 표준어를 소리대로 적되, 어법에 맞도록 함을 원칙으로 한다.'고 했다.

여기서 '표준어를 소리대로 적는다'는 말은 표준어의 발음 형태대로 적는다는 것을 뜻한다. 한글은 표음문자(表音文字)이면서 음소문자(音素文字)이므로, 음소문자에 의한 표기 방식을 따라 자음과 모음의 결합 형식에 따라 표준어를 소래대로 표기하는 것이 원칙이다.

'구름, 나무, 하늘, 놀다, 달리다' 등은 표준어를 소리 나는 대로 적은 형식이다.

그러나 이처럼 소리대로 적는다는 원칙만을 적용하기 어려운 경우도 있다. 예컨대 '꽃'이란 단어와 결합하는 형태에 따라 발음이 세 가지로 달라진다.

예) 꽃 + 이 = [꼬치]
    꽃 + 나무 = [꼰나무](꽃놀이, 꽃망울): 받침이 'ㄴ'으로 발음
    꽃 + 과 = [꼳꽈]. 꽃다발[꼳따발], 꽃밭[꼳빧]

위의 사례에서 보듯이 '꼬치', '꼳꽈'처럼 소리대로 적으면 그 뜻이

쉽게 파악되지 않으므로 가독성이 떨어진다. 그래서 어법에 맞도록 한다는 원칙을 세웠다.

나. 바르게 읽기

1) 연음법칙(이어읽기)의 대표음
○ 'ㄷ, ㅌ, ㅈ, ㅊ, ㅎ'의 받침소리는 'ㅅ'으로,

　　예) 지읒에 → 지으세, 히읗을 → 히으슬

○ 'ㅋ'은 'ㄱ'으로,

　　예) 키읔을 → 키으글, 키읔이 → 키으기

○ 'ㅍ'은 'ㅂ'으로 발음한다.

　　예) 피읖에 → 피으베, 피읖을 → 피으블

2) 다섯 가지 유형의 바르게 읽기
그 밖의 받침 발음은 다섯 가지 유형의 원칙으로 나누어 살펴볼 수 있다. 그 내용은 다음 표의 ①~⑤로 정리된다.

받침＼뒷소리	+ 모음	+ 자음
홑받침	① +허사 → 이어읽기: 밭을[바틀] *ㄷ, ㅌ + ㅣ → ㅈ, ㅊ: 굳이[구지], 밭이[바치]	③ 끊어읽기: 밭과[받꽈], 밭만[반만] (받침 규칙, 대표음화, 중화 법칙)
쌍받침	② +실사 → 끊어읽기: 꺾쇠[격쇠] ② +허사 → 이어읽기: 섞여[서껴], 꺾어[꺼꺼]	

뒷소리 / 받침	+ 모음	+ 자음	
	이어읽기: 흙이[흘기], 핥아[할타] *ㅅ → ㅆ: 값이[갑씨], 없어[업써] *ㄳ, ㄽ, ㅄ의 'ㅅ→ㅆ': 넋시[넉씨], 곬이[골씨], 없어[업써] *ㅎ 탈락: 많아[마나], 싫어[시러]	④ 앞 자음 발음	⑤ 뒷 자음 발음
겹받침		ㄳ, ㄵ, ㄶ, ㄼ, ㄽ, ㄾ, ㅀ, ㅄ: 넋과[넉꽈], 핥고[할꼬], 핥다[할따] *밟다[밥따], 넓죽하다[넙쭈카다], 읊어서[을퍼서]	ㄺ, ㄻ, ㄿ: 읽자[익짜], *읽나[잉나], 굶고[굼꼬], 삶고[삼꼬] *ㅍ→ㅂ(대표음): 읊고[읍꼬]

*표는 예외적 현상을 나타냄

①처럼 받침 뒤에 모음으로 시작하는 조사, 어미, 접미사 등의 허사가 결합되는 경우에 그 받침은 제 소리대로 뒤 음절의 첫소리로 옮겨 발음하는데, 이를 연음(連音, 이어읽기)이라고 한다. '밭을'[바틀], '꽃을'[꼬츨] 등이 예이고, *는 예외적으로 '굳이'[구지], '밭이'[바치], '같이'[가치]처럼 'ㄷ, ㅌ' 받침이 'ㅣ' 앞에서 [지, 치]로 소리 나는 것을 나타내었다.

②는 받침 뒤에 낱말(실사)이 오면 그것이 비록 모음으로 시작하더라도 자음이 온 것처럼 1차로 절음 법칙(絶音法則, 끊어 읽기)이 적용되고 2차로 연음 법칙이 적용된다. 예를 들어 '꺾쇠'는 '꺾 + 쇠'의 실사로 연결되는데 'ㄲ'의 대표음 'ㄱ'으로 소리 나고 '쇠'는 그대로 소리 난다. 홑받침 '밭안'은 '밭 + 안'의 실사와 실사가 연결되었는데, 'ㅌ' 받침 뒤에 '안'이라는 낱말(명사)이 와서 1차로 끊어 읽게 된다. 그 결과 '받 + 안'이 되고, 2차로 이어 읽기가 와서 '바단'으로 소리 난다. 이런 경우는 '샅이'[사치], '샅샅이'[산싸치]도 있다.

③은 받침 뒤에 자음으로 시작하는 말이 올 경우, 받침이 'ㄱ, ㄴ,

ㄷ, ㄹ, ㅁ, ㅂ, ㅇ' 일곱 가지 소리로만 발음된다. 국어의 발음 규칙상 어말 또는 자음 앞에 올 수 있는 음은 이 일곱 가지 음이다. 이는 끊어 읽기 현상이며, 그 일곱 가지 소리를 대표음 혹은 중화음(中和音)이라고 한다. 자음의 발음은 제 음가를 내지 않고, 'ㅋ, ㄲ'은 [ㄱ]으로, 'ㅅ, ㅆ, ㅈ, ㅊ, ㅌ, ㅎ'은 [ㄷ]으로, 'ㅍ'은 [ㅂ]으로 발음되는데 'ㄱ, ㄷ, ㅂ'은 대표음이기 때문이다.

받침 뒤의 모음 'ㅏ, ㅓ, ㅗ, ㅜ, ㅟ'로 시작되는 실질형태소가 연결되는 경우에도 위와 같이 대표음으로 바뀐 후 뒤 음절 첫소리로 옮겨 발음된다. '겉옷'[거돋], '헛웃음'[허두슴], '맛있다'[마딛따, 마싣따]가 그 예이다. 그러나 '멋있다'는 실생활에서 많이 사용하는 현실을 감안하여 [머싣따]로 발음하는 것을 허용하고 있다.

'ㅎ, ㄶ, ㅀ'의 'ㅎ'은 뒤 음절의 초성이 'ㄱ, ㄷ, ㅈ'이 오면 합쳐져 [ㅋ, ㅌ, ㅊ]로 발음된다. 예를 들면 '놓고'[노코], '않던'[안턴], '닳지'[달치]가 그것이다.

받침 'ㄱ(ㄺ), ㄷ, ㅂ(ㄼ), ㅈ(ㄵ)'이 뒤 음절의 첫소리 'ㅎ'과 결합되는 경우에도 [ㅋ, ㅌ, ㅍ, ㅊ]으로 발음된다. '각하'[가카], '닫히다'[다치다], '밟혀'[발펴], '젖히다'[저치다] 도 같은 예이다.

겹받침이 모음으로 시작된 조사나 어미, 접미사와 결합되는 경우에는 뒤 받침만을 뒤 음절 첫소리로 옮겨 발음하면 된다. *겹받침이 'ㄳ, ㄽ, ㅄ'이면 'ㅅ'을 된소리로 발음한다. '넋이'[넉씨], '곬이'[골씨], '없어'[업써] 등이 그 예이다.

④는 실사의 겹받침에 자음이 오는 경우인데, 'ㄳ, ㄵ, ㄶ, ㄼ, ㄽ, ㄾ, ㅀ, ㅄ' 겹받침은 앞 자음의 소리가 발음되는 것이 원칙이다. 그러나 * 표를 한 '밟다'[밥따], '넓죽하다'[넙쭈카다], '읊어서'[을퍼서], '넓적하다'[넙쩌카다], '넓둥글다'[넙뚱글다]는 예외적인 현상으로 뒤의

자음만 발음이 된다.

⑤는 일부 실사의 겹받침에 자음이 오는 경우인데, 그것은 'ㄹㄱ, ㄹㅁ, ㄹㅍ' 겹받침은 뒤 자음이 발음되는 것이 원칙이나 'ㄹㄱ'은 'ㄱ' 앞에서 앞의 자음 'ㄹ'은 묵음이 된다. 예를 들어 '읽자'[익짜], '읽나'[익나], '굶고'[굼꼬], '삶고'[삼꼬]로 발음이 된다. 그러나 * 표한 'ㅍ'이 'ㅂ'(대표음)으로 발음되는 예외적인 경우가 '읊고'[읍꼬] 이다.

그 밖에도 동화된 발음과 경음화된 발음, 첨가된 발음이 있다. 동화된 발음은 서로 다른 음이 연이어 발음될 때 서로 다른 음 때문에 제 음가대로 발음되지 못하고 서로 같거나 유사한 음으로 변하여 발음되는데, 이러한 현상을 동화(同化)라고 한다. 동화 현상은 구개음화, 비음화, 설측음화 등이 있다.

구개음화 현상은 'ㄷ, ㅌ(ㄹㅌ)'이 조사나 접미사의 모음 'ㅣ'와 결합되어 [ㅈ, ㅊ]로 바뀌어 뒤 음절 첫소리로 연음되어 발음된다. '굳이'[구지], '굳히다'[구치다], '벼훑이'[벼훌치] 등이 그 예이다.

비음화 현상은 받침 'ㄱ(ㄲ, ㅋ, ㄳ, ㄺ)', 'ㄷ(ㅅ, ㅆ, ㅈ, ㅊ, ㅌ, ㅎ)', 'ㅂ(ㅍ, ㄼ, ㅄ, ㄿ)' 등은 'ㄴ, ㅁ' 앞에서 [ㅇ, ㄴ, ㅁ]으로 발음된다. '먹는'[멍는], '몫몫이'[몽목씨], '밟는'[밥는], '읊는'[읍는] 등이 그 예이다.

설측음화 현상은 'ㄴ'이 'ㄹ'의 앞이나 뒤에서 [ㄹ]로 발음된다. '난로'[날로], '물난리'[물날리] 등이 그 예이다.

경음화 되는 발음은 초성 자음이 연이어 발음 될 때 일어난다. 받침 'ㄱ(ㄲ, ㅋ, ㄳ, ㄺ)', 'ㄷ(ㅅ, ㅆ, ㅈ, ㅊ, ㅌ)', 'ㅂ(ㅍ, ㄼ, ㅄ, ㄿ)' 뒤에 연결되는 'ㄱ, ㅅ, ㅂ, ㅅ, ㅈ'은 된소리로 발음된다. '깍다'[깍따], '낡가리'[나까리], '밉상'[밉쌍] 등이 그 예이다. 어간 받침 'ㄴ(ㄵ)', 'ㅁ(ㄻ)' 뒤에 결합되는 어미의 초성이 'ㄱ, ㄷ, ㅅ, ㅈ'은 된소리로 발음된다.

'신고'[신꼬], '먹고'[머꼬], '잇고'[이꼬] 등이 그 예이다. 어간 받침 'ㄼ, ㄾ' 뒤에 결합되는 어미의 초성 'ㄱ, ㄷ, ㅅ, ㅈ'은 된소리로 발음된다. '넓게'[널께], '핥소'[할쏘], '훑다'[홀따], '떫지'[떨찌], '떫게'[떨께] 등이 그 예이다. 한자어에서 'ㄹ' 받침 뒤에 결합되는 'ㄷ, ㅅ, ㅈ'은 된소리로 발음된다. '갈수기(渴水期)'[갈쑤기], '멸시(蔑視)'[멸씨], '일동(一同)'[일똥] 등이 그 예이다.

첨가된 발음도 있다. 합성어나 파생어를 발음할 때 발음은 원활하게 하기 위하여 'ㄴ'이 첨가되어 발음되는 경우다. 앞 단어, 접두사 끝이 자음이고 뒤 단어나 접미사의 첫음절이 '이, 야, 여, 요, 유'일 경우 'ㄴ'을 첨가하여 [니, 냐, 녀, 뇨, 뉴]로 발음된다. '오유월'[오뉴월], '면요리'[면뇨리], '날일'[날닐→날릴], '내복약'[내봉냐] 등이 그 예이다. 사이시옷이 붙은 단어 중에 뒤에 'ㅣ'가 오면 [ㄴ, ㄴ]으로 소리난다. '깻잎'[깬닙], '베갯잇'[베갠닏] 등이 그 예이다.

그리고 한글 맞춤법에서 '사시시옷' 규정을 보면 순우리말 또는 순우리말과 한자어로 된 합성어 가운데 앞말이 모음으로 끝나거나 뒷말의 첫소리가 된소리로 나거나, 뒷말의 첫소리 'ㄴ', 'ㅁ' 앞에서 'ㄴ' 소리가 덧나거나, 뒷말의 첫소리 모음 앞에서 'ㄴㄴ' 소리가 덧나거나 특장 한자어 따위에 받치어 적는다. 한글 맞춤법 사이시옷 규정을 보자.

1) 우리말로 된 합성어로서 앞말이 모음으로 끝난 경우
   ○ 뒷말의 첫소리가 된소리로 나는 것
      고랫재, 귓밥, 나룻배, 나뭇가지, 냇가, 댓가지, 뒷갈망, 맷돌, 머릿
      기름, 모깃불, 못자리, 바닷가, 뱃길, 볏가리, 부싯돌, 선짓국, 쇳조
      각, 아랫집, 우렁잇속, 잇자국, 잿더미, 조갯살, 찻집, 쳇바퀴, 킷값,

핏대, 햇볕, 혓바늘

○ 뒷말의 첫소리 'ㄴ, ㅁ' 앞에서 'ㄴ'소리가 덧나는 것

멧나물, 아랫니, 텃마당, 아랫마을, 뒷머리, 잇몸, 깻묵, 냇물, 빗물

○ 뒷말의 첫소리 모음 앞에서 'ㄴㄴ'소리가 덧나는 것

도리깻열, 뒷윷, 두렛일, 뒷일, 뒷입맛, 베갯잇, 욧잇, 깻잎, 나뭇잎, 댓잎

2) 우리말과 한자어로 된 합성어로서 앞말이 모음으로 끝난 경우

○ 뒷말의 첫소리가 된소리로 나는 것

귓병, 머릿방, 뱃병, 봇둑, 사잣밥, 샛강, 아랫방, 자릿세, 전셋집, 찻잔, 찻종, 촛국, 콧병, 탯줄, 텃세, 핏기, 햇수, 횟가루, 횟배

○ 뒷말의 첫소리 'ㄴ, ㅁ' 잎에서 'ㄴ' 소리가 덧나는 것

곗날, 제삿날, 훗날, 툇마루, 양칫물

○ 뒷말의 첫소리 모음 앞에서 'ㄴㄴ' 소리기 덧나는 것

가욋일, 사삿일, 예삿일, 훗일

3) 두 음절로 된 다음 한자어

곳간(庫間), 셋방(貰房), 숫자(數字),
찻간(車間), 툇간(退間), 횟수(回數)

이때 사이시옷은 대체로 'ㅅ→ㄴ, ㄷ'으로 발음되거나 경우에 따라 뒷말 초성이 된소리로 난다.

○ 장단의 발음

우리말은 높낮이와 길이의 길고 짧음 즉 장단(長短)이 있다. 자모의 발음과 달리 장단은 사전을 보고 의도적으로 학습하지 않으면 제대로 소리를 낼 수가 없다. 장단의 구분이 나타나는 낱말은 한자어뿐만 아니라 고유어에서도 나타난다.

예를 들어 전기(電氣)를 사전에서 찾아보면 [전 : ―]라는 발음 기호를 달아 놓았다. '전 : '은 '전'을 길게 발음하라는 의미를 지니고 있다. 이에 비하여 '전기(傳記)'의 '전'은 짧게 발음한다. '눈에 눈 : 이 들어 갔다.'고 할 때 하늘에서 수증기가 얼어서 내래는 '눈 : '은 길게 발음 해야 한다. '밤에 밤 : 을 먹었다.', '굴 : 에서 굴을 먹었다.'의 예문에서 '밤 : ', '굴 : '은 장음이기 때문에 '바암' '구울'로 소리낸다. '말이 말 : 을 한다.'의 말(語)도 장음이다.

장음의 길이는 얼마인지 발음자에 따라 지역에 따라 모두 다르다. 그러나 대체로 단음의 1.5~2배 길이로 발음하면 된다. 그리고 장음의 위치가 첫 음절이냐 둘째 음절이냐에 따라 길이가 달라진다. 첫 음절 에서는 위의 예와 같이 장음으로 발음되나 둘째 음절 이하에서는 단 음으로 발음된다는 사실에 유의해야 한다. '눈길'[눈 : 낄], '싸락눈'[싸 랑눈] 등이 그 예다. 그러나 본래 장음이었더라도 단음절 용언 어간에 모음 어미가 붙거나('감다'[감 : 따]→'감으니'[가므니]), 피동 접미사 가 붙으면 그냥 단음으로 발음된다. '밟다'[밥 : 따]→'밟히다'[발피다] 가 그 예이다.

◈ 감각적 표현과 오감놀이

1. 감각적 표현의 효과

감각적 표현을 사용한 작품을 읽으면 장면의 생생한 이미지가 떠오른다. 독자는 감각적 표현을 이해함으로써 대상을 생동감 있게 체험할 수 있다.182) 시에서 감각적 표현을 사용하면 일상 언어에서 시적 체험을 할 수 있으며, 대상을 새롭게 인식할 수 있다.183) 감각적 표현을 하기 위해서는 대상을 더 자세히 관찰하는 힘을 기를 수 있으며, 대상의 느낌을 재미있게 표현할 수 있다.

작품을 읽을 때 감각적 표현에 주의하여 읽으면 상황과 인물의 마음을 더 잘 이해할 수 있고, 이야기를 공감하는 능력도 길러진다. 감각적 표현을 학습함으로써, 글을 쓸 때 표현의 풍성함을 더하고 자신의 감정을 생생하게 전달할 수 있다.

그리고 재미있고 실감 나는 표현을 중심으로 작품을 수용하는 활동을 통하여 문학을 체험하고 문화 향유 역량을 기른다. 일상생활에서 감각적 표현을 사용해 소통하도록 해 질 높은 문화를 향유하며 생산할 수 있도록 한다.

오감놀이를 함으로써 같은 대상도 서로 다르게 표현할 수 있다184)는 사실을 알게 된다. 오감 놀이를 활용하여 여러 가지 감각적 표현력을 일깨우며, 대상을 감각적으로 표현하면서 감각적 표현이 무엇인지 이해하고 재미를 느낄 수 있다.

---

182) 3-2 지도서 4단원, 200쪽.
183) 3-2 지도서 4단원, 209쪽.
184) 3-2 지도서 4단원, 205쪽.

★감각적 표현 학습의 필요성: 대상을 더 자세히 관찰하여 생동감 있게 표현함으로써 대상을 재미있게 나타낼 수 있다.

★오감놀이 학습의 필요성: 같은 대상도 서로 다르게 표현할 수 있다.

2. 학습 내용 정리

가. 흉내 내는 말(1-2)[185]

1) 흉내 내는 말 찾기
○ 흉내 내는 말이란?: 소리나 모양을 흉내 내어 표현한 말
○ 활동: 이야기와 시를 읽고/그림을 보고 흉내 내는 말 찾기
　예) ① 토끼와 거북이를 읽고 '깡충깡충', '쿨쿨' 등 찾기
　　　② 사과나무에 사과가 많이 달려 있는 그림을 보고 '주렁주렁' 등
　　　　찾기
　　　③ 시 '달리기'를 읽고 '벌렁벌렁', '헉헉헉' 등 찾기

2) 흉내 내는 말을 넣어 문장 만들기

예) 고양이가 ＿＿＿＿＿＿웁니다.

(정답: 야옹야옹)

3) 흉내 내는 말 표현하기
○ 주어진 낱말을 여러 가지 소리로 나타내기

---

185) 1-2 지도서 2단원.

○ 주어진 낱말을 몸짓으로 표현하기
○ 무언극으로 흉내 내는 말 표현하기

4) 흉내 내기 놀이하기
○ 낱말 카드로 흉내 내기 놀이하기

5) 바른 흉내 내는 말
깡총깡총(×), 깡충깡충(○). 소곤소곤(×), 소곤소곤(○)
티격티격(×), 티격태격(○). 우당탕탕(×), 우당탕퉁탕(○)

5) 지도 방법
가) 흉내 내는 표현
  ① 흉내 내는 말 찾기
    ㉠ 시나 이야기 읽기 / 그림 보기
    ㉡ 시나 이야기의 내용 파악하기 / 그림 파악하기
    ㉢ 흉내 내는 말 찾아 적기 / 그림에 어울리는 흉내 내는 말 찾아
       쓰기
  ② 흉내 내는 말을 넣어 문장 만들기
    ㉠ 그림이나 문장의 내용을 보고 무엇을 흉내 내면 좋을지 생각하기
    ㉡ 어떤 흉내 내는 말을 넣으면 좋을지 생각하기
    ㉢ 흉내 내는 말을 넣어 문장이 자연스러운지 확인하기
  ③ 흉내 내는 말 표현하기
    ㉠ 주어진 낱말을 여러 가지 소리, 몸짓, 무언극으로 표현하기
    ㉡ 친구들이 표현하는 것을 보고 어떤 말인지 생각해 보기
    ㉢ 친구들이 표현한 것을 보고 잘 표현한 점 칭찬하기

④ 흉내 내기 놀이하기

    ㉠ 두 명씩 짝이 되어 가위바위보 해서 이긴 쪽이 카드를 뽑기

    ㉡ 카드를 뽑은 친구가 흉내 내는 말을 몸으로 표현하기

    ㉢ 다른 친구가 어떤 낱말인지 알아맞히기

나. 꾸며주는 말(2-1)[186]

1) 꾸며주는 말의 효과
① 글의 내용을 더 실감 나게 표현할 수 있다.
② 글의 내용을 더 자세하게 나타내 준다.
③ 읽는 사람을 재미있게 해 준다.

2) 꾸며주는 말 사용하기
① 꾸며주는 말이란?: 뒤에 오는 말을 꾸며 주어 그 뜻을 자세하게 나타내 주는 말
② 꾸며주는 말을 사용해 문장 만들기
③ 꾸며주는 말을 사용해 문장 쓰기
④ 꾸며주는 말을 사용해 글쓰기

> 예) 새가 나무에서 노래한다.
>   → (　　　) 새가 (　　　) 나무에서 (　　　) 노래한다.

---

186) 2-1 지도서 9단원.

3) 지도 방법

가) 생생한 표현

① 꾸며주는 말의 효과 알기

ᄀ 글을 비교하며 읽기

ᄂ 꾸며 주는 말을 사용하면 좋은 점 생각해 보기

② 꾸며주는 말을 사용해 문장/글쓰기

ᄀ 그림을 살펴보고 이야기 나누기

ᄂ 그림을 보고 꾸며주는 말이 들어간 여러 가지 문장/글 만들기

ᄃ 자신이 만든 문장/글을 친구들과 비교해보기

③ 꾸며주는 말 연상활동 하기

ᄀ 내가 표현하고 싶은 문장 쓰기

ᄂ 문장에서 꾸미고 싶은 부분 찾기

ᄃ 대상 꾸며 주는 말을 생각나는 대로 쓰기

예) 예쁜, 부드러운. 흰, 따뜻한, 짧은 _____ 털이 있는 토끼를 보았다.

다. 오감 표현하기(3-1)[187]

1) 오감으로 표현하기

: 눈, 코, 입, 귀, 손으로 느껴지는 감각 표현하기

---

187) 3-1 지도서 1단원.

〈무엇일까요〉 놀이하기

> 예) (눈) 봄눈: 작은 초록 주머니에 뒤덮인 하얀 솜털
>
> (코) 귤 냄새: 향긋하고 은은하게 퍼지는 귤 향기
>
> (입) 떡볶이의 맛: 입에 불이 난 듯하다.
>
> (귀) 소라에서 들리는 소리: 쉬이익 쉬이익 파도가 친다.
>
> (손) 곰 인형: 보들보들 폭신폭신 부드럽다.

2) 시나 이야기에 나타난 감각적 표현

감각적 표현이란?: 사물에 대한 느낌을 오감을 이용해 생생하게 표현한 것

3) 감각적 표현을 사용했을 때 나타나는 효과 알기

: 생생하고 실감나게 생각이나 느낌을 전달할 수 있다.

4) 지도 방법

가) 놀이하기

　① '무엇일까요' 놀이하기

　　㉠ 한 학생이 앞에 나와 상자 안에 있는 여러 가지 물건 중 하나를 고르기

　　㉡ 앞에 나온 학생은 오감을 이용해 물건 느끼기 / 나머지 학생은 눈을 감고 귀를 막기

　　㉢ 앞에 나온 학생은 고른 물건의 느낌을 오감을 이용해 생생하게 설명하기

　　㉣ 나머지 학생은 설명을 듣고 물건 알아맞히기

② 시나 이야기에 나타난 감각적 표현 알기

　　㉠ 귀로 들은 소리를 생생하게 표현한 것 찾아보기

　　㉡ 코로 맡은 냄새를 생생하게 표현한 것 찾아보기

　　㉢ 입에서 느껴지는 맛을 생생하게 표현한 것 찾아보기

　　㉣ 피부에서 느껴지는 촉감을 생생하게 표현한 것 찾아보기

라. 감각적 표현하기(3-2)[188]

1) 감각적 표현의 의미 알기

: 우리의 눈, 귀, 코, 입, 피부로 경험한 감각적 경험을 시적 언어로 표현한 것

2) 오감놀이 하기

가) 오감이란?

　　: 시각, 청각, 후각, 미각, 촉각의 5가지 감각

> 예) 시각: 어둡다, 둥글다.
>
> 　　청각: 새소리, 말소리
>
> 　　후각: 상큼한 냄새, 바다 냄새
>
> 　　미각: 짜다, 달다.
>
> 　　촉각: 부드럽다. 차갑다.

나) 감각적 표현의 재미를 느끼는 오감 놀이

　예1) 눈을 감고 문이 열리는 소리를 들려준 후 말로 표현해보게 한다.

---

188) 3-2 지도서 4단원.

예2) 교실에 있는 물건 하나를 정해 눈으로 관찰한 후 물건의 모양이
나 색깔을 감각적인 표현으로 비유하여 설명하도록 한다.

3) 대상의 느낌을 감각적으로 표현하기

가) 감각적 표현

: 대상에 대한 감각적 경험을 시적 언어로 표현한 것.

예) 데굴데굴 굴러가는 공, 얼음처럼 차가운 바람 등

4) 감각적 표현의 좋은 점 알기

① 대상의 느낌을 생생하게 표현할 수 있다.

② 대상의 느낌을 재미있게 나타낼 수 있다.

③ 감각적 표현을 하려고 대상을 더 자세히 관찰할 수 있다.

5) 감각적 표현 말하기

: 시와 이야기에서 감각적 표현으로 말하기

예) 바람이 귀를 베는 듯 불었습니다.

숨을 헉헉 몰아쉬며 더위를 불어내었습니다.

6) 지도 방법

가) 감각적 표현하기

① 오감놀이 하기

㉠ 청각: 쌀이 들어있는 통을 흔들고 그 느낌 표현하기

㉡ 시각: 교실에 있는 물건을 보고 느낌 표현하기

㉢ 후각: 꽃향기를 맡고 그 느낌 표현하기

㉣ 촉각: 곰 인형을 만지고 그 느낌 표현하기

     ⓜ 미각: 종이컵에 들어있는 다양한 음료를 마시고 그 느낌 표현하기

나) 대상에 대한 느낌을 감각적으로 표현하기

  ① 대상의 모습, 소리, 냄새, 맛, 손으로 만진 느낌 등을 관찰하기

  ② 대상에 대한 느낌을 어떻게 표현하면 좋을지 생각하기

  ③ 관찰한 대상에 대한 느낌을 감각적 표현을 넣어 말하기

다) 감각적 표현의 좋은 점 알기

  ① 친구들 앞에서 감각적 표현 발표하기

  ② 친구의 감각적 표현 듣기

  ③ 대상을 감각적 표현으로 나타내면 좋은 점 생각하기

라) 감각적 표현 말하기

  ① 시/이야기에 나타난 감각적 표현 알기

  ② 감각적 표현의 의미 알기

  ③ 시/이야기의 감각적 표현 탐구하기

마. 비유적 표현하기(6-1)[189]

1) 비유하는 표현의 의미 알기

: 어떤 현상·사물을 비슷한 현상·사물에 빗대어 표현하는 것

> 예) 뻥튀기가 사방으로 날리는 모양
>
>   → 봄날에 꽃잎이 흩날리는 모습, 함박눈이 내리는 모습, 폭
> 죽이 터지는 모습

---

189) 6-1 지도서 1단원.

2) 비유하는 표현을 만들고 이야기 나누기

: 비유하는 표현을 만들어 보고 비유가 잘 되었는지 이야기하기

3) 비유하는 표현을 생각하며 시 읽기

: 위의 예)에서 뻥튀기(꽃잎, 함박눈, 폭죽)가 비유된 모습이 적절한
지, 느낌이 어떤지를 생각하며 시를 읽어 보기

4) 비유하는 표현의 효과 알기

① 글쓴이의 의도를 쉽게 파악할 수 있다.

② 글의 내용이 더 쉽게 이해된다.

③ 대상을 더욱 실감나게 느끼게 한다.

④ 익숙한 대상도 새롭게 느껴지게 할 수 있다.

5) 비유하는 표현을 사용해 시 쓰기

> 강아지풀은 강아지 꼬리같이 생겼다.
>
> 왜 강아지풀이 강아지 꼬리같이 생겼을까?
>
> 강아지풀을 만지면 간지럽고, 강아지 꼬리도 만지면 간지럽다.
>
> 《강아지풀》, 영천동부초등학교 3학년 김정태)

6) 지도 방법

가) 비유적 표현

　① 비유하는 표현을 만들고 이야기 나누기

　　㉠ 표현하고 싶은 대상을 골라 비유하는 표현 말하기

　　㉡ 친구들은 같은 대상을 어떻게 비유하여 표현했는지 살펴보고

그 까닭을 생각해보기

② 비유하는 표현을 생각하며 시 읽기

　　㉠ 시 읽고 내용 파악하기

　　㉡ 비유하는 표현을 생각하며 시 다시 읽기

　　㉢ 비유한 대상과 비유하는 표현의 공통점 찾기

③ 비유하는 표현을 사용해 시 쓰기

　　㉠ 시로 표현하고 싶은 대상 생각해 보기

　　㉡ 비유할 대상의 특징 살펴보기

　　㉢ 비유하는 표현을 사용해 나타내기

　　㉣ 시 쓰기

　　㉤ 서로 쓴 시를 감상하고 감상평 이야기하기

3. 지도 및 평가의 유의점[190)]

가. 지도의 유의점

1) 감각 놀이를 체험하고 물건을 표현해 보도록 해 같은 대상도 서로 다르게 표현할 수 있도록 지도

2) 감각적 표현의 의미를 생각하면서 온전히 시를 감상하도록 지도

3) 3학년 학생들이 감각적 표현이라는 용어를 이해하기 어려우므로 오감으로 전해지는 느낌이 감각이고 그 느낌을 말로 표현한 것이 감각적 표현이라고 직접적으로 설명

4) 시에 나타난 감각적 표현을 직접 체험하면 시를 더 잘 이해할

---

190) 3-2 지도서 4단원, 203~227쪽.

수 있으므로 시에 나타난 감각적 체험을 직접 해볼 수 있도록
하고, 어렵다면 시각 자료를 통해 감각적 체험을 할 수 있도록
지도
5) 감각적 표현을 지도할 때에는 작품의 특정 구절과 다섯 가지
   감각을 기계적으로 연결하는 데 초점을 두지 말고 감각적 표현의
   효과에 중점을 두어 지도[191]

나. 평가의 유의점

1) 오감놀이 진행 후 학생이 감각적 표현이 무엇인지 인지하고 있는지
   를 중심으로 평가
2) 사물을 감각적으로 표현했을 때 효과를 말하는지 평가
3) 자신이 표현하고자 하는 대상을 감각적 표현을 사용해 잘 표현했는
   지를 중점에 두고 평가
4) 자신이 사용한 감각적 표현을 발표를 통해 다른 학생과 의사소통하
   는 것에 얼마나 적극적인지 평가

---

191) 박기용(2016), 국어과 교육과정과 교수·지도 방법, 월인, 141쪽.

◈ 관용적 표현, 속담

1. 학습의 필요성 및 효과

가. 필요성

상황에 알맞은 관용적 표현은 자신의 생각과 느낌을 효과적으로 나타낼 수 있는 언어 수단이다. 따라서 여러 속담을 알고 그 뜻을 이해하며, 배운 관용어나 속담을 활용해서 자신의 생각과 느낌을 표현하는 방법을 배우는 것은 표현 능력과 의사소통 능력을 기르는 활동이다. 또한 속담에는 국어 문화의 특성이 담겨 있으므로 속담을 이해함으로써 국어 문화의 인식을 높일 수 있다.

나. 효과

속담 학습을 통해 학생들은 우리나라의 다양한 속담과 관용어의 뜻을 이해하며, 일상생활에서 상황에 맞는 적절한 관용어를 활용할 수 있게 된다.

또한 속담으로 자신의 의견을 효과적으로 표현함으로써 의사소통 역량을 기를 수 있다. 뿐만 아니라 속담에 숨어있는 선조들의 생활 방식과 교훈, 지혜를 깨닫고 국어의 고유한 정서와 문화를 느끼게 된다.

일반적으로는 짧은 말로 자신의 생각을 표현할 수 있고, 듣는 이의 기분을 상하지 않게 표현할 수 있으며, 재미있는 표현이어서 듣는 이의 관심을 불러일으킬 수 있습니다.

2. 학습 내용 및 방법

관용적 표현은 구비 문학의 문체적 특징 가운데 하나로, 일상 언어와 달리 구조나 의미가 달리 사용되는 구절을 말한다. 이야기의 내용을 재미있고 쉽게 기억하여 이해할 수 있게 해 주는 문체적 장치로서, 해학과 풍자의 중요한 기법이 되기도 한다. 이런 표현에는 '꿈인지 생시인지 모르겠다', '새빨간 거짓말', '콧대가 높다.' 등 일상에서 쓰는 표현이 있고, 속담과 같이 구비 문학적 특징을 가진 것도 있다. 이런 말들은 관용어나 속담이 가진 문장 그대로의 표현보다는 또 다른 뜻을 나타낸다.

다만 '~하니~한다.'처럼 공식적(공식구) 표현은 습관적으로 반복되는 표현이고, '앵두 같은 입술'처럼 상투어는 본래의 뜻이 그대로 사용된다는 점에서 관용어와 구별된다.

가. 속담의 정의 및 형성 원리(6-1, 5단원)[192]

1) 속담의 정의
: 옛날부터 민간에 전해오는 쉬운 격언이나 잠언.

2) 속담의 형성 원리
① 특수 사례의 발생에서
② 그 사례의 묘사하며
③ 그 묘사를 다듬어서

---

192) 6-1 지도서 5단원, 209쪽.

④ 대중의 공감과 재인용으로
⑤ 어구의 고정화와 전파를 거쳐 형성된다.

3) 학습 방법
① '속담 말하기 놀이'를 통해 아는 속담 떠올리기
② 속담을 사용한 경험을 이야기해보며 자연스럽게 속담의 개념 익히기
③ 특정 속담이 생겨난 과정과 연관 지어 속담의 형성 원리 정리하기

4) 형성 원리의 예
① 특수 사례의 발생: 어떤 사람이 친구에게 볼 일이 있어 먼 길을 찾아갔는데, 마침 그날 마을에 장이 서는 바람에 친구가 장에 가서 만날 수 없었다.
② 그 사례의 묘사: "가는 날이 장 서는 날이여"
③ 그 묘사의 다듬어짐: '가는 날이 장날'
④ 대중의 공감과 재인용: 비슷한 상황을 겪는 많은 사람들이 '가는 날이 장날'이라는 묘사에 공감하기 시작하였다.
⑤ 어구의 고정화와 전파: 오늘날에도 어떤 일을 하려고 하는데 뜻하지 않은 일을 공교롭게 당했을 때 '가는 날이 장날'이라는 말을 쓴다.

나. 속담의 유형(6-1. 5단원)

1) 기능별 속담 유형
① 비판적 속담: 상대방의 잘못된 점이나 약점을 공격하여 기선을

잡기 위해 쓰는 속담

② 교훈적 속담: 우리가 삶을 살아나갈 때 필요한 지혜나 교훈을 주는 속담

③ 경험적 속담: 오랜 경험 끝에 얻은 사실이나 진리를 나타내는 속담

④ 유희적 속담: 표현이 재미있는 속담

2) 학습 방법

① 속담의 다양한 기능 알아보기

② 각 기능이 두드러지는 속담 찾아보기

3) 기능별 예시

① 비판적 속담: 천재와 바보는 종이 한 장 차이.

② 교훈적 속담: 공든 탑이 무너지랴. / 칼에 찔린 상처는 쉽게 나아도 말에 찔린 상처는 낫기 어렵다.

③ 경험적 속담: 등잔 밑이 어둡다. / 비온 뒤 땅 굳는다, / 오는 말이 고와야 가는 말이 곱다.

④ 유희적 속담: 똥 뀐 놈이 성낸다.

다. 속담의 특성(6-1, 5단원)[193]

1) 속담의 특성

① 관습성 ② 대중성 ③ 교훈성 ④ 비유성 ⑤ 풍자성

---

193) 6-1 지도서 5단원, 209쪽.

2) 학습 방법

① 속담의 정의에서 알 수 있는 속담의 특성 정리하기

예) 속담은 '옛날부터 민간에 전해오는 쉬운 격언이나 잠언'이다.

(관습성)　　(대중성)　　　　　(교훈성)

② 여러 가지 속담을 보고 속담의 특성 연관 짓기

예) '가물에 콩 나듯': 비유성이 두드러진다.

'깨가 쏟아진다': 비유성이 두드러진다.

'천재와 바보는 종이 한 장 차이': 풍자성이 두드러진다.

라. 속담의 가치 및 효과(6-1 5단원)[194]

1) 속담을 사용하면 좋은 점

① 자신의 의견을 쉽고 효과적으로 전달할 수 있다.

② 청자의 흥미를 유발할 수 있다.

③ 국어의 고유한 정서와 문화를 전달할 수 있다.

④ 조상의 지혜와 슬기를 알 수 있다.

2) 학습 방법

① 생활 속에서 속담을 사용했던 경험 나누기

예) 고운 말을 쓰자고 제안할 때, "가는 말이 고와야 오는 말이 곱다"

라는 속담을 사용했다.

---

194) 6-1 지도서 5단원, 211쪽.

② 속담을 사용하면 좋은 점 정리하기

　예) "백지장도 맞들면 낫다"라는 속담을 통해 선조들의 공동체 의식

　　을 엿볼 수 있다.

마. 속담을 사용하는 까닭(6-1. 5단원)[195]

1) 상황별로 속담을 사용하는 까닭

① 글을 쓸 때: 자신의 생각을 효과적으로 드러낼 수 있기 때문

② 서로 말을 주고받을 때: 듣는 사람이 흥미를 느낄 수 있기 때문

③ 자신의 의견을 제시할 때: 주장의 논리를 뒷받침해 상대를 쉽게

　설득할 수 있기 때문

2) 학습 방법

① 그림을 보고 주어진 상황 파악하기

② 각 상황에서 속담을 사용하는 까닭 알아보기

⇨ 그림(나)의 상황: 청소를 도와 주려하자 혼자서 할 수 있다며 사양하는 상황
⇨ 속담을 사용한 까닭: 듣는 사람이 흥미를 느낄 수 있기 때문

---

195) 6-1 지도서 5단원, 210쪽.

바. 뜻이 비슷한 속담 알기(6-1. 5단원)[196]

1) 주어진 상황에 어울리는 여러 가지 속담
① 주어진 상황 파악하기
② 관련된 속담의 뜻 파악하기
③ 비슷한 뜻을 가진 속담 찾기

2) 학습 방법
① 주어진 상황에 사용된 속담의 뜻 파악하기
② 알맞은 낱말을 골라 관련 속담과 비슷한 속담을 완성하기

> **상황)** 만 원을 주고 장난감을 샀습니다. 그런데 가지고 놀다가 고장이 나서 고치러 갔더니 수리비가 만 오천 원이라고 합니다. 장난감 가격보다 수리비가 더 비쌉니다.
>
> > **보기)** 기둥 빗자루 얼굴 발 실
>
> **관련속담)** 배보다 배꼽이 더 크다.
>
> **비슷한 속담)** ① 얼굴보다 코가 더 크다.
>
>   ② 바늘보다 실이/가 더 크다.
>
> > **속담의 뜻)** 상황이 이치에 맞지 않는다는 뜻으로, 중심이 되는 것보다 부분적인 것이 더 크거나 많은 등 마땅히 작아야 할 것이 크고 커야 할 것이 작다는 말입니다.

---

196) 6-1 지도서 5단원, 214쪽.

상황) 지난 주에 내 자랑 발표 대회가 있었습니다. 그런데 친구들과 놀고 싶은 마음에 말할 내용을 준비하지 않아 더듬거리며 발표 했습니다. 좀 더 노력하지 않은 제 모습이 후회 됩니다.

보기) 팥 빗자루 콩 사과 오이

관련속담) 콩 심은 데 콩 나고, 팥 심은 데 팥 난다.

비슷한 속담) ① 오이 덩굴에 오이 열리고 가지에 가지 열린다.

　　　　　　② 가시나무에 가시가 난다.

속담의 뜻) 모든 일은 근본에 따라 거기에 걸맞은 결과가 나타난다는 뜻으로, 자신이 뿌리고 노력한 만큼 거두게 된다는 말입니다.

사. 우리나라 속담의 특징(6-1. 5단원)[197]

1) 우리나라 속담의 특징과 까닭

① 동물과 관련 있는 속담이 많다.

　○ 까닭: 동물의 행동이나 특징에 빗대어 사람의 성격과 태도를 표현할 수 있기 때문에

② 말(언어)과 관련 있는 속담이 많다.

　○ 까닭: 말로써 상대의 마음을 읽을 수 있고 관계를 이어 나갈 수 있기 때문에

---

197) 6-1 지도서 5단원, 226쪽.

2) 학습 방법

① 동물과 관련 있는 속담 찾기

② 말(언어)과 관련 있는 속담 찾기

③ 동물과 말에 관련된 속담이 많은 까닭을 생각해 보고 의견 나누기

　　예1) 동물과 관련된 속담: 소 잃고 외양간 고친다. / 원숭이도 나무에
　　　　서 떨어진다.

　　예2) 말과 관련된 속담: 발 없는 말이 천리 간다. / 가는 말이 고와야
　　　　오는 말이 곱다.

아. 속담을 통한 주제 파악(6-1. 5단원)[198]

1) 속담이 쓰인 글의 주제를 파악하는 방법

① 속담이 사용된 상황을 파악한다.

② 속담을 사용하는 인물의 말과 행동을 파악한다.

③ 속담의 뜻을 짐작한다.

④ 속담의 뜻과 관련지어 주제를 파악한다.

2) 학습 방법

① 속담이 쓰인 글을 읽고 내용 파악하기

② 속담이 쓰인 상황이나 인물의 말과 행동을 통해 속담의 뜻 짐작
　하기

③ 속담의 뜻과 관련한 글의 주제 정리하기

---

198) 6-1 지도서 5단원, 218쪽.

자. 속담을 활용하는 방법(6-1. 5단원)[199]

1) 속담을 활용해 자신의 생각 말하는 방법
① 주제 정하기
② 주제에 대한 자신의 생각 정리하기
③ 자신의 생각을 뒷받침할 수 있는 속담 정하기
④ 친구들에게 자신의 생각 발표하기

2) 학습 방법
① 주어진 주제에 대한 자신의 생각 정리하기
② 자신의 생각을 뒷받침할 수 있는 속담 정하기
③ 자신의 생각을 정리하여 친구들에게 발표하기
　　예) ① 주어진 주제: 행복한 학교생활을 하기 위해 우리가 지켜야 할 일
　　　　② 자신의 생각: 서로 바르고 고운 말을 사용하면 좋겠다.
　　　　③ 뒷받침 속담: 가는 말이 고와야 오는 말이 곱다.

차. 6-1 5. 속담 사전 만들기(6-1. 5단원)[200]

1) 속담 사전 만드는 방법
① 탐구하고 싶은 대상과 까닭 정리하기
② 탐구 대상에 알맞은 다양한 속담 찾기
③ 간단한 속담 사전 만들기

---

199) 6-1 지도서 5단원, 215쪽.
200) 6-1 지도서 5단원, 226쪽.

2) 학습 방법

① 모둠별로 탐구하고 싶은 대상과 까닭 정리하기

② 탐구 대상에 알맞은 속담 찾아 정리하기

③ 속담과 속담의 뜻, 전하고 싶은 내용을 중심으로 속담 사전 만들기

　예) ㉠ 〈독장수구구〉를 읽고 내용 파악하기

　　　㉡ 〈독장수구구〉에 쓰인 속담: '독장수구구는 독만 깨뜨린다.'

　　　㉢ 〈독장수구구〉 속 속담이 쓰인 상황: 독장수가 허황된 생각을

　　　　하다가 가진 독들을 모두 깨뜨리는 상황

　　　㉣ '독장수구구는 독만 깨뜨린다.'의 뜻: 실속 없이 허황된 것을

　　　　궁리하고 미리 셈하는 것

　　　㉤ 〈독장수구구〉의 주제: 헛된 욕심은 손해를 가져온다.

④ 모둠별로 만든 속담 사전 소개하기

　　㉠ 탐구 대상: 음식과 관련한 속담

　　㉡ 탐구 대상을 선정한 까닭: 음식이라는 친숙한 소재가 사용된 속담

　　　들은 우리와 선조들의 생활 모습을 잘 반영하기 때문에

　　㉢ 탐구 대상과 관련된 속담: 누워서 떡 먹기 / 떡 본 김에 제사 지낸

　　　다 / 부모 말을 잘 들으면 자다가도 떡이 생긴다.

3. 지도 및 평가의 유의점

가. 지도의 유의점

자신의 의견을 효과적으로 표현하려 할 때, 의견을 뒷받침하는 근거로 관용어나 속담을 활용하는 것이 적절하다. 이것을 숙달하도록 하기 위해 사용 빈도가 높은 속담, 사용 범위가 넓은 속담, 학생 발달 수준에

알맞은 속담을 선정해 적절히 안내할 필요가 있다.

또한 제시된 상황에 어울리게 속담을 적절히 사용함으로써 우리말의 다양한 표현 방법을 알고, 언어 표현 능력을 키울 수 있도록 한다.

유의할 점은 학생들이 속담의 뜻을 제대로 이해해 활용하려면 속담 속의 낯선 옛말이나 옛날 생활 모습들을 파악할 수 있어야 하므로, 이를 위해 학습 내용을 재구성할 필요가 있다. 그러나 속담에 사용된 낱말을 따로 분석해 지나치게 형태와 의미 위주로 가르치면 학생들이 수용하기 어려운 면도 있음을 유의해야 한다.

나. 평가의 유의점

학생들이 관용어나 속담을 충분히 익히고 난 후, 학생들이 자신의 생각을 속담을 활용해 효과적으로 표현할 수 있는지 평가한다. 이 때 학생들이 생각을 충분히 정리하고 개요를 작성할 시간을 주어야 한다. 교사는 학생들이 속담의 뜻을 정확히 이해했는지, 하고 싶은 말에 적절하게 사용했는지 따져보아야 한다.

◈ 수수께끼 놀이

1. 학습의 필요성 및 효과

가. 필요성

저학년은 자신이 만든 문제로 수수께끼 놀이를 하면서 친구들과 소통하는 가운데 말의 재미를 느낄 수 있어서 문장과 어휘에 관심을 갖게 하는 데 수수께끼 놀이는 적합하다.

고학년은 말놀이와 수수께끼 스무고개를 하면서 어휘력을 향상시키고 상황에 알맞은 말을 사용하는 능력을 기를 수 있다.

나. 효과

수수께끼 학습을 통해서 학생들은 수수께끼를 만드는 방법을 배울 수 있다. 뿐만 아니라 말놀이를 통하여 우리말에 대한 관심과 흥미를 가지게 함으로써 국어 능력을 향상시킬 수 있다.

2. 학습 내용 및 방법

가. 말놀이를 해요(2-1, 4단원)

말놀이의 종류에는 끝말잇기, 첫 글자 잇기, 꽁지 따기 말놀이, 스무고개, 말 덧붙이기 등이 있다.[201]
○ 끝말잇기

예) 자전거, 거북이, 이발소, 소화기……

○ 첫 글자 잇기

예) 도서관, 도깨비, 도화지, 도가니……

○ 꽁지 따기 말놀이

예) 원숭이 엉덩이는 빨개, 빨가면 사과, 사과는 맛있어……

○ 스무 고개 설명: 출제자가 머릿속으로 한 단어를 생각한다. 맞히는 사람은 최대 20번의 '예 / 아니오' 둘 중 하나로 답할 수 있는 질문을 통해 답을 맞히는 놀이이다.

○ 말 덧붙이기

예) 시장에 가면 생선도 있고, 시장에 가면 생선도 있고 딸기도 있고……

나. 말의 재미를 찾기(2-2, 3단원)

1) 재미있는 말에는 반복되는 말, 리듬감이 있는 말, 상황이나 문맥상 재미를 주는 말, 흉내 내는 말 등이 있다.[202]

2) 다섯 고개 놀이, 빠른 말놀이 방법을 익히고 해 본다.[203]

○ 빠른 말놀이

예) 간장공장 공장장은 김 공장장이고, ……

3) 수수께끼를 만드는 방법

가) 이름을 이용해 만드는 방법

---

201) 2-1 지도서, 154쪽.

202) 2-2 지도서, 135쪽.

203) 2-2 지도서, 128쪽.

예) 목수도 고칠 수 없는 집은? 정답: 고집

나) 특징을 이용해 만드는 방법

　예) 매일 길가에서 눈만 깜박거리는 것은? 정답: 신호등

다) 서로 다른 점을 생각해 만드는 방법이 있다.[204]

　예) 앞으로 나가면 지고 뒤로 물러나면 이기는 것은?

　　정답: 줄다리기

3. 학습 방법

가. 말놀이(2-1 4단원)[205]

1) 일상에서 접할 수 있는 낱말의 소리와 뜻에 관심을 가지도록 한다.
2) 창의적이고 상상력을 기르는 언어 경험을 할 수 있도록 노래나 시를 제시하여 우리말의 재미를 느끼는 감수성을 키울 수 있도록 한다.
3) 다양하고 재미있는 말놀이를 소개하고 규칙을 익힌다.
4) 친구들과 함께 말놀이를 실제로 해 본다.

나. 말의 재미(2-2, 3단원)[206]

1) 수수께끼 놀이는 문제해결학습모형으로 진행할 수 있다.

---

204) 2-2 지도서, 142쪽.
205) 2-1 지도서, 155쪽.
206) 2-1 지도서, 129쪽.

2) 단원의 궁극적인 목적은 말의 재미를 느끼며 말놀이에 참여하는 데 있다.

3) 재미있는 말을 찾아보는 활동 시에, '흉내 내는 말'을 통해 더 쉽게 접근할 수 있다.

4. 평가의 유의점

말놀이는 유희적 성격을 가지고 있으므로 말놀이에 즐겁게 참여하는 태도에 초점을 두고 평가한다.

수업 시간 외에도 흥미를 가지고 여러 가지 말놀이를 즐겨 하도록 독려하고 기록하여 평가 한다. 생활 속에서 흔히 지나칠 수 있는 일상적 언어에 관심을 가지고 접근하는 태도를 가질 수 있도록 한다.

수수께끼 놀이를 평가할 때는 듣기 태도를 관찰하여 평가한다. 학생들이 활동을 시작하기 전에 올바른 물음 형태로 만들었는지 살펴보고, 정답을 알아맞히지 못하더라도 수수께끼 놀이 방법을 이해하고 적극적으로 참여하는 학생은 놀이를 잘 하는 것으로 평가 할 수 있다.

제5장 문학

◎ 문학 교육의 중요성 및 특성

가. 중요성

　문학은 오랜 인류 역사 동안 문학작품을 통해 삶의 지혜와 인생의 의미를 깨닫게 하고, 문화를 창조하고 향유하게 해 왔다. 학교 교육에서 문학을 수용하여 교육하는 중요성과 그 교육목표를 살펴보면 네 가지로 요약된다.

1) 삶의 총체적 이해를 돕는다. 문학 작품에는 존재의 여러 양상인 개인의 삶과 사회적 삶, 세속적 욕망과 신성한 고결성, 선과 악의 대립 등이 표현되어 있다. 이처럼 인간의 삶을 총체적으로 이해하고, 현실과 비슷한 삶의 모습을 구체적으로 느끼게 한다.

2) 문학적 문화의 고양은 인간이 문학작품을 읽고 인간 존재에 대한 이해를 깊게 하며, 삶의 교훈을 깨닫고, 감정을 순화하는 문학적

문화 체험의 수준을 높이는 데 있다는 것을 말한다.

3) 심미적 정서의 함양은 문학 텍스트를 읽고 독자가 텍스트의 의미를 구성했을 때, 텍스트와 독자 사이의 소통, 작가와 독자의 소통 과정에서 심미적 경험이 일어남을 강조하는 말이다. 자연이나 예술에서 아름다움을 발견하고 기쁨을 누리듯이 문학 교육에서도 독자가 문학 텍스트에서 주체적으로 심미적인 반응을 통하여 정서를 함양할 수 있다.

4) 상상력 발달은 언어적 상상력의 발달을 말한다. 상상력이란 감성과 지성을 작동시켜서 체험 요소를 종합적으로 조직하여 새로운 가치를 창조하는 정신 능력이다. 이는 작품의 심층적 해석 능력(시를 읽고 세계의 자아화 능력), 인간적 가치를 체험하는 능력(동화를 읽고 현실과 자아를 대조하며 자아를 확장하는 능력), 작품을 읽고 현실적 결핍과 불만을 초월적으로 극복하는 능력(새로운 작품을 창작하는 능력)이기도 하다.

나. 특성

문학 교육은 작품을 읽고 창작하고, 가치를 내면화 하는 문학 현상이 바람직하게 이루어지도록 '계획-실천-평가'하는 과정을 뜻한다. 교사와 학생은 문학 작품을 매개로 물리적 공간인 교실에서 만난다. 따라서 문학 교육에 영향을 미치는 변인으로는 텍스트, 독자, 교사(수업 현장)가 있다.

1) 텍스트 요인에는 소통 외부, 소통 내부 요인을 두고 있다.

'① 실제 작가-② 텍스트(내포작가-[서술자-피서술자]-내포독자)-③ 실제 독자'로 형성되는 체트먼의 '기호 소통 모델'을 예로 들

수 있다. 실제 작가와 실제 독자는 소통 외부 요인이다. ②의 텍스트를 두고 '내포작가-[서술자-피서술자]-내포독자'가 소통하는 것은 텍스트 의사소통 내부이다. 내포작가는 유추한 존재로서 이야기꾼인 서술자를 조정하는 존재, 전달과정을 통제하는 존재(교사, 학부모)를 말한다. 서술자는 문학작품을 들려주는 사람(이야기꾼)이며, 피서술자는 그 작품을 듣고 있는 청자인 학생을 말한다. 내포독자는 내포 작가가 조정하는 문학작품을 읽는 존재인 어린이가 된다.

2) 독자 요인은 내포독자인 학습자의 인지적, 언어적, 사회적 발달 단계의 편차를 말한다. 그래서 저·중·고학년의 수준과 내용이 달라질 수밖에 없다. 저학년은 동물, 장난감을 의인화한 내용에 관심이 많고, 짧은 이야기가 적합하며, 자기중심적인 특성에서 타인에 대한 이해로 발달한다. 중학년은 언어능력이 발달하여 수수께끼, 꽁지따기 놀이, 친구와 이웃, 모험에 관심이 있고, 선악의 특성이 분명한 내용을 좋아한다. 고학년은 추상 개념 이해력이 발달하여 이야기 분석적 이해, 비판, 허구를 현실과 비교하며 이해할 수 있다. 전기, 소년소설, 타인의 삶에 대한 관심이 높아질 시기다.

3) 교수·학습 요인은 텍스트 생산과 수용 중심의 교수·학습, 학습자 중심의 능동적 학습, 자기 교육성과 평생 교육 지향, 언어기능 학습과 관련을 맺고 있다. 단원 학습 목표 성취에만 중심을 두지 말고 문학을 총체적으로 이해하며, 문학을 즐기고 깨달음이 있도록 하며, 자아를 성찰하고 언어 기능을 키우도록 해야 한다.

[참고문헌]

신헌재 외(2017), 『초등국어교육학 개론』, 박이정.

◆ 문학 작품을 다른 장르로 바꾸기

1. 학습의 필요성

어린이는 문학의 생산자이자 향유자로서 문학을 매개로 소통하면서 문학에 대한 흥미를 느끼고, 갈래별 특성의 차이를 이해하도록 할 필요가 있다. 직접 글을 쓰거나 바꾸는 경험을 하면서 생산과 수용의 즐거움을 경험하고, 다른 갈래의 글로 바꾸어 쓸 때 갈래의 차이를 인식하고 그 갈래의 특성을 고려하여 글을 쓰도록 하는 데 학습의 목적이 있다.

이 활동을 통한 학습 효과[207]는 여러 가지가 예상된다. 첫째, 갈래를 구분함으로써 작품을 분류할 수 있고, 작품의 구조와 원리를 이해할 수 있다. 둘째, 문학의 여러 장르를 직접 수용하고 생산하는 재미를 느낄 수 있다. 셋째, 작품을 수용자 관점에서 주체적으로 이해할 수 있다. 넷째, 문학을 능동적으로 향유하는 즐거움을 느낄 수 있다. 다섯째, 이 활동을 하면서 학습자의 상상력과 표현력을 높일 수 있다.

이 학습의 전반적인 활동 과정에서 문학에 대한 흥미와 재미를 느끼고 즐겁게 참여하여 문학적 태도를 형성하는 데 필요한 학습활동이다.

2. 학습 내용 및 방법

여기서는 시를 생활문, 편지, 그림, 만화로 바꾸는 활동과 이야기 이야기나 동화 같은 서사 작품을 시, 동화, 극본으로 바꾸는 활동을

---

207) 박기용(2015), 『초등교사를 위한 문학, 문학교육론』, 월인.

통하여 장르 바꾸기 활동을 할 수 있다.

가. 시를 다른 장르로 바꾸기208)

1) 시를 생활문으로209)

① 시와 생활문의 갈래별 특성: 시와 생활문은 특성이 다르다. 시는 정서를 함축적이고 경제적으로 표현하는 데 비해, 생활문은 이야 기를 '처음−가운데−끝'의 구조로 되어 있다는 점에서 구조적 차이가 있다.

② 시를 생활문으로 바꾸어 쓰는 방법

　　㉠ 시의 내용 파악하기: 삽화보고 내용 생각하기, 머리에 떠오르는 장 면 생각하기, 시어의 의미 알기

　　㉡ 시의 상황 파악하기: 말하는 이가 어디서 무엇을 하고 있는지 알아 보기, 말하는 이가 어떤 생각을 하는지 친구들과 이야기 해보기

이야기의 말하는 이	
시간, 장소	
사건 전개 과정	
제목	

　　㉢ 시의 상황에 자신의 경험과 상상을 더하여 이야기를 구성하기: 먼 저 이야기의 개요를 써보고, 그 개요에 따라 자세히 쓰기를 한 뒤, 다시 읽고 고쳐 쓰기를 하여 완성한다. 아래 학습 활동지를 먼저

---

208) 6-2 지도서, 371쪽.
209) 6-2 지도서, 372~375쪽.

완성하면서 개요를 작성할 수 있다.

㉣ 완성된 생활문에서 중심이 되는 어휘나 문장을 뽑아 제목을 정한다.

㉤ 완성된 작품의 예시

엄마의 장바구니

엄기원

엄마 손때 묻은 장바구니
시장 갈 때마다
엄마 생각을 가득 담고 나간다.

시장에서 좁은 골목길
돌고 돌면서
단골 아줌마 김칫거리도 한 단 담기고
시골 할머니 산나물도 한 줌 담기고

바다 내음 비릿한
꽁치 두어 마리도
구석 자리에 얹힌다.

집으로 돌아오는 장바구니는
주섬주섬 주어 먹어 배가 부르고,
엄마 정성 무게만큼
식구들 기쁨을 담고 돌아온다.

〈생활문〉

엄마의 마음

"김칫거리 사러 시장에 다녀오마. 먹고 싶은 것 없니? 꽁치 사다 조려 줄까?"
이렇게 말씀하신 엄마는 현관문 가에 걸려 있는 장바구니를 집어 드신다. 오래 썼던 거라 엄마의 손때가 곱게 묻고 색도 바랜 장바구니다. 오늘도 엄마는 장바구니에 먹을거리를 가득 담아 오시겠지.

학교에 갔다 왔을 때에 엄마가 안 계시면 나는 장바구니가 있나 없나 찾아본다. 엄마가 시장에라도 가셨나 하고…….

조금만 기다리면 반찬거리가 가득 담긴 장바구니를 든 엄마가 이마에 송골송골 맺힌 땀을 닦으며 들어오신다.

한번은 인터넷으로 주문을 하거나 대형 할인 판매점에 가면 더 편리하지 않겠느냐고 여쭈어보았더니 엄마는 빙그레 웃으시며 말씀하셨다.

"인심 좋고 사람 사는 맛이 묻어나는 시장 골목을 다니면서 장을 보는 것이 엄마는 더 좋단다."

오늘은 엄마의 장바구니에 무엇이 들어 있을까 생각해 본다.

'단골 아주머니네 김칫거리, 시골 할머니의 산나물, 꽁치 몇 마리, 그리고 엄마의 사랑…….'

이런 생각을 하니 갑자기 행복해

ㅂ) 활동의 유의 사항

시를 생활문으로 바꾸는 활동을 할 때, 교사는 아이들의 생활과 밀접한 주제로 된 시를 선정하는 것이 좋다. 그리고 학습자는 갈래를 바꾸어 쓰기 전에 작품에 대한 깊은 이해가 전제되어야 하고, 그 다음에 자신의 경험을 떠올려 창의적인 글쓰기를 하도록 한다. 작품을 완성한 뒤에는 생산한 작품을 발표하고, 친구들과 공유하면서 감상하는 시간을 갖도록 한다.

2) 시를 편지로 바꾸기[210]

가) 방법

① 시를 이야기로 바꾸어 쓰는 방법과 동일

② 편지의 기본 형식을 지켜 쓰는 것이 중요하다.

---

210) 3-1 지도서, 210~219쪽.

③ 받는 대상을 고려하여 높임말을 선택한다.

④ 편지의 특징인 마주앉아 대화하듯이 쓴다.

⑤ 하고 싶은 말이나 내용이 정확하게 전달되도록 생각이나 느낌을
자세히 쓴다.

나) 편지 형식 알기

㉠ 받을 사람

㉡ 첫인사

㉢ 전하고 싶은 말

㉣ 끝인사

㉤ 쓴 날짜

㉥ 쓴 사람

다) 완성한 편지 읽기

누나에게-

누나, 안녕. 나 하늘이야.

어젯밤에 있었던 일에 대해 이야기하려고 편지를 쓰게 됐어. 학원
끝나고 배가 고파서 라면이 너무 먹고 싶었는데 누나가 밤에 먹으면
살찐다고 놀리니 기분이 나빴어. 누나에게는 장난이었겠지만.

내가 라면을 다 끓인 뒤 냉장고에서 김치를 꺼내는 동안, 누나가 라면
을 한 입 먹었지. 그걸 보고 화가 나서 냄비를 빼앗았어. 속상한 마음에
울음이 나왔지.

다음부터는, 놀리지 말고, 누나도 라면이 먹고 싶으면 나에게 말을
해줘. 그럼 서로 기분 상할 일 없이, 맛있는 라면을 먹을 수 있을 것
같아. 어젠 정말 미안했어. 나도 누나의 마음을 한 번 더 생각하는 하늘이
가 될게.

누나, 그럼 안녕.

2020. 01. 25.

○○이가

3) 시를 그림으로 표현하기[211]

㉠ 시의 내용·주제·글감·표현방법, 시의 분위기를 파악, 느낌을 정리한다

㉡ 느낌과 생각 발표하기

㉢ 그림으로 표현할 내용을 구상하고 그림 그리기

* 이야기, 주제, 글감, 이미지 중심으로

4) 시를 만화로 바꾸기[212]

가) 만화로 바꾸는 방법

㉠ 시의 내용과 상황을 파악하여 떠오르는 장면이나 자신의 경험과 상상을 더해 내용을 구상한다.

㉡ 연상된 장면을 만화로 그린다.

㉢ 대화 글은 말주머니에, 생각은 생각풍선에 써 넣는다.

나) 유의점

㉠ 미술과 중심의 수업이 되지 않도록 하며, 통합교과로 활용할 수

---

211) 박기용(2015), 『초등교사를 위한 문학, 문학교육론』, 월인, 339쪽.
212) 박기용(2015), 위의 책, 339쪽.

있다.

ⓛ 그리는 것에 개인차가 있으므로, 개인차에 따라 장면의 수를 다르
게 할 수 있다

다) 완성된 만화

나. 이야기를 다른 장르로 바꾸기213)

1) 이야기를 시로 바꾸는 방법
① 이야기의 내용과 상황 파악하기
② 장면에 대한 자신의 경험이나 상상, 느낌 생각하기

---

213) 박기용(2008), 초등 국어과 구비문학의 이해와 교육, 월인, 90~92쪽, 226쪽.

③ 표를 완성하고 써 보기

이야기 내용(상황) 간추리기	
장면에 대한 경험, 상상, 느낌	
시로 바꾸기	
제목	

④ 바꾼 작품 예시

〈이야기〉

　이 때 곰 한 마리와 호랑이 한 마리가 같은 굴속에 살고 있었다. 이들은 항상 환웅에게 빌며 사람이 되기를 원하였다. 이 때 환웅은 신령스러운 쑥 한 줌과 마늘 스무 개를 주면서 말하였다.

　"너희가 이것을 먹고 백일 동안 햇빛을 보지 않으면 변하여 사람이 될 수 있을 것이다."

　곰과 호랑이는 이것을 받아서 먹었는데, 곰은 삼칠일 간 금기(禁忌)하고, 여자의 몸으로 변하였다. 그러나 호랑이는 금기를 지키지 않았으므로, 사람으로 변하지 못했다.

　웅녀는 혼인할 사람이 없어, 매일 신단수 아래서 아기 배기를 축원하였다. 이에 환웅이 짐짓 변하여 그녀와 혼인했더니, 바로 잉태하여 아들을 낳았다. 그 아기의 이름을 단군 왕검(檀君王儉)이라고 한다.

〈시〉

단군 왕검과 나

곰과 호랑이는
쑥과 마늘을 먹고
사람이 되고 싶었다.

엄마도 내가 사람이
안 됐다고 했는데…….

친구들이 보고 싶어
나는 참기 어려웠는데.
곰은 컴컴한 굴속에서
21일을 참았고,
호랑이는 햇빛이 그리워
밖으로 나갔다.
나처럼.

사람이 된 웅녀는
환웅과 혼인하여
아기를 낳았으니,
그가 단군왕검이시다.
노력하면 다 되는가?

이처럼 설화의 내용 중에서 어린이들이 가장 재미있어할 부분을 뽑아 제시하고, 그것을 시로 나타내는 방법을 보여준 다음, 다른 이야기나 동화를 가져와서 어린이들이 실제로 시로 바꾸어 써 보는 활동을 하도록 한다. 예컨대 '주몽 신화', '해모수 신화', '금와왕 신화', '혁거세 신화', '수로왕 신화' 등을 제시할 수 있다.

2) 이야기를 동화로

동화로 바꾸기 위해서는 먼저 서사를 전개하기 위한 작품 속의 분위기를 묘사하거나 상황을 설명하는 방식으로 시작해야 한다. 그리고 인물이 전하는 대화와 행동, 표정, 몸짓을 설명하는 내용도 나타나야 한다.

3) 이야기를 극본으로[214)]

초등학교 어린이가 극본을 쓰는 것은 쉽지 않다. 그러나 다음 몇 가지를 지도하면 가능하다.

① 극본을 쓸 때 '때, 곳, 등장인물, 무대해설'이 제일 앞에 나타나야 한다.

② 연극은 대사로 사건이 진행된다. 그러므로 대사 속에서 사건의 상황이나 내용이 전개되도록 해야 한다.

③ 극본에는 '해설, 지문, 대사(대화, 독백, 방백)'가 나타나야 한다.

④ 제목은 이야기의 제목을 그대로 쓸 필요가 없이 극본 내용에

---

214) 박기용(2008), 위의 책, 86~93쪽.

맞게 고쳐 쓰면 된다.

예) 극본의 특성이 대사와 지문으로 사건이 진행되므로 그것을 어떻게 나타내는지를 가르쳐야 한다. 가령 설화에서 '이름을 단군 왕검이라고 하였다.'고 하면, 극본에서는 웅녀가 이름을 지어달라고 하고, 그것을 환웅이 지어주는 것으로 진행시키면 된다.

〈극본〉

단군 왕검의 탄생

때: 환웅천왕이 다스리던 시기
곳: 태백산 신단수 아래
나오는 사람들: 환웅, 웅녀, 단군

(막이 오르면 무대 정면에 태백산 신단수가 보이고, 그 아래 웅녀가 환웅 앞에 꿇어 앉아 있다. 조명을 밝게 하여 대낮을 표현한다.)

　　웅녀: 환웅천왕님, 저를 사람이 될 수 있게 해 주셔서 고맙습니다. 이제 사람으로서 열심히 살아가겠습니다.
　　환웅: 아니다. 이건 모두 너의 노력이다. 같이 굴속에 들어갔던 호랑이는 참지 못하고 달아났지 않느냐. 앞으로 훌륭한 사람이 되어라.
　　웅녀: 천왕님, 그런데 소원이 또 하나 있습니다.
　　환웅: 무슨 소원인가. 말해보라.
　　웅녀: 환웅님의 아기를 갖고 싶습니다. 부디 소원을 들어주십시오.
　　환웅: (한참을 생각하다가) 그래.

(무대에 불이 꺼지고 잠시 후 아기 울음소리가 들린다. 무대가 밝아지면서 웅녀가 아기를 안고 있고, 그 곁에 환웅이 웃으며 서 있다.)

　　웅녀: 환웅님, 아기입니다. 이름을 지어 주십시오.
　　환웅: 그래 참 잘 생겼구나. 장차 왕이 될 재목이니 이름을 왕검이라 하라. (희망적인 음악이 점점 강하게 울리며 여명이 밝아온다.)

338

극본을 완성하고 학생끼리 조를 짜서 역할극이나 교육연극으로 시연해보도록 하여 문학에 대한 즐거움을 느끼도록 한다.

극을 본 다음 감상평을 하여 고칠 부분을 다시 수정하고 친구들과 연극을 할 수 있는 기회를 제공한다.

◈ 노래 가사 바꾸기

1. 학습의 필요성

노래 가사 바꾸어 부르기를 통한 교수 학습 방법은 국어 교과에 대한 흥미도와 학업성취도에 긍정적인 영향을 주고자 시도하는 교수 학습전략이다. 특히 노래 가사 바꾸어 부르기는 학생들의 어휘력을 신장시키는 데 있어서 적합한 교수 학습전략이다. 한글을 이제 막 배우기 시작하는 초등 저학년 아이들이 국어 수업을 대할 때 마주하는 최초의 대상은 단어이며, 단어를 얼마나 재미있게, 효과적으로 학습하느냐가 국어 교과에 대한 흥미와 이해를 결정짓는다고 할 수 있다.

노래 가사 바꾸어 부르기는 지루해질 수 있는 단어 공부를 아이들이 쉽고 재미있게 할 수 있다는 점에서 장점이 있다. 아이들은 자신이 아는 단어를 노래에 넣어서 부르거나, 혹은 갓 배운 단어를 노래에 넣어 부르는 과정을 통해 단어를 자연스럽게 사용함으로써 단어 가지는 의미나 느낌을 경험적으로 학습할 수 있다. 또한, 노래는 다양한 리듬과 멜로디가 함께 수반된 메시지가 전달되기 때문에 기억 부담을 줄여주고, 음악적 즐거움을 가져다주기 때문에 학습자의 흥미를 유발하여 주의를 집중시키고, 수업에 대한 권태감을 해소 시켜 주며, 학습 분위기를 정서적으로 유도하기 쉬운 효과도 있다.

노래 바꾸어 부르기는 일상생활에서 널리 사용되는 생생한 언어 자료라 할 수 있다. 여기에는 국어의 다양한 발음, 어휘, 문법 및 각종 표현 방식뿐만 아니라 한국인의 일상생활, 풍속, 습관, 사고방식, 정서 등 여러 가지 문화적 요소들이 반영되어 있다. 따라서 수업시간에 노래를 이용해 단어를 학습하는 것은 단순히 단어를 배우는 것 이상의 교육적 의미가 있는 통합교과적 성격을 띤다.

2. 바꾸어 부르기 좋은 노래 고르기

노래 가사를 아이들이 바꾸어 부를 때 효과적인 학습이 되기 위해선 다음과 같은 조건을 충족하는 것이 효율적이다.

가. 가사와 리듬이 평이한 노래

노래 가사가 간단하고 명료하면 좋다. 노래를 통한 언어 교육은 무엇보다도 간결한 문장을 여러 번 반복해 학생들에게 암기시키는 데에 있기 때문이다. 또한, 교사가 학생들에게 수월하게 전달할 수 있는 노래여야 한다. 교사가 충분히 소화해 내지 못하는 노래는 수업의 질을 떨어뜨릴 수 있기 때문이다.

나. 흥미를 유발하면서도 재미있는 노래

교사가 일방적으로 곡을 선택하는 것보다는 학생들에게 흥미를 유발할 수 있는 노래를 미리 학생들의 관심사나 취향을 파악해 선곡해야 한다. 다만 수업의 초점이 학습이 아니라 노래에 맞춰질 만한 선곡은 피하는 것이 좋다.

3. 바꾸어 부르는 방법

가. 파생어를 활용한 방법

파생어에는 접두사와 접미사가 있다. 접두사는 단어의 앞에 꾸며주는 말이 붙은 것이며(접두사+어근), 접미사는 그 반대로 꾸며주는 말이 뒤에 붙은 것이다(어근+접미사).

'리리리 자로 끝나는 말은 개나리, 사다리, 항아리 보따리'라는 노래가 있다. 이 노래는 파생어를 활용한 노래는 아니다. 여기서 '-리'가 접미사가 아닐뿐더러 파생어의 정의인 '어근+접사'의 조합이 아니기 때문이다.

하지만 파생어를 활용해서 이 노래 가사를 바꿔 부를 수 있다. 먼저 접두사 중 '헛-'이라는 접두사를 활용해 노래 가사를 바꾼다면 '헛헛 헛자로 만드는 말은'라고 노래 가사를 바꾼 뒤, 뒤에 '헛기침', '헛발질', '헛소리', '헛소문' 등 접두사 '헛-'이 붙는 파생어를 나열하는 것으로 노래 가사를 바꿀 수 있다.

접미사를 사용해 가사를 바꾸는 것도 이와 비슷하다. 접미사 '-쟁이'를 활용하면 '쟁쟁 쟁이로 끝나는 말은 개구쟁이, 심술쟁이, 욕쟁이, 거짓말쟁이' 이런 식으로 노래 가사를 바꿔 부를 수 있다.

이처럼 파생어를 활용해 노래 가사를 바꿔 부른다면 아이들이 파생어의 정의나 그것에 대해 자세히 알지는 못한다 하더라도 같은 접두사 혹은 접미사를 가진 단어들 사이의 연관성이나 접두사, 접미사의 뜻을 추측해 볼 수 있을 것이다. 그렇다면 그것이 나아가 아이들이 단어와 단어의 관계를 학습하게 되는 계기가 될 수 있다고 생각한다.

나. 동일 속성의 단어로 바꾸는 방법

'무엇이 무엇이 똑같을까?'라는 가사로 알려진 〈똑같아요〉라는 윤석중 선생의 동요가 있다. 이 노래는 짝이 되는 물건을 찾아 그것을 노래로 바꾸어 부른 노래다. 가사에는 '젓가락 두 짝이 똑같아요.' 혹은 '윷가락 네 짝이 똑같아요.'라는 식으로 짝이 되는 물건들이 쓰여 있다. 이를 활용한다면 먼저 아이들이 자신의 주변에 있는 짝을 이루는 물건을 찾아보도록 해야 한다.

일상생활에서 짝이 되는 물건, 예를 들자면 안경, 실내화 혹은 자동차 바퀴까지 다양한 대답들이 나올 수 있다. 엉뚱한 대답이라도 괜찮다. 그렇게 해서 아이들이 짝이 되는 물건을 찾을 수 있게 되면, 이제 자신이 찾은 짝이 되는 물건으로 직접 노래 가사를 바꿔보는 활동을 할 수 있다. 짝이 되는 물건으로 '장갑'을 찾은 아이는 '젓가락 두 짝이 똑같아요.'라는 가사를 '장-갑 두 짝이 똑같아요.'라고 바꿀 수 있는 것이다.

이런 방법으로 노래 가사를 바꿔 부른다면 아이들이 자신이 직접 찾은 물건으로 노래 가사를 바꿔 부른다는 점에서 성취감과 즐거움을 느낄 수 있을 것이다. 노래 가사를 바꾸는 활동을 한 후에는 친구들에게 자신이 바꾼 노래 가사를 발표해 보거나, 서로 노래 가사를 바꿨던 느낌을 나누고, 칭찬하는 시간을 가져보는 것도 좋다고 생각한다. 그 시간을 통해 아이들은 자신감을 가질 수 있고 의사소통 능력에도 도움을 줄 수 있기 때문이다.

다. 흉내 내는 말을 이용하는 방법

노래 가사에 등장하는 흉내 내는 말을 바꿔 부른다는 방법도 있다. '동물농장'이라는 동요는 농장에 있는 여러 동물들이 어떤 소리로 우는지 쓴 노래다. '닭장 속에는 암탉이'라는 가사 뒤에 '꼬끼오'라는 소리가 들려오거나 '외양간에는 송아지' 뒤에 '음메' 하고 소가 우는 소리가 들린다. 하지만 동물들의 울음소리가 단지 하나로 정해져 있는 것은 아니다. 어떤 아이는 송아지가 우는 소리를 '음메'가 아니라 '음머어'라고 할 수도 있는 것이고, 닭이 우는 소리 역시 '꼬끼오'가 아닌 '꼬꼬댁' 혹은 '꼬꼬꼬꼬'라고 말해도 그것은 절대 틀린 것이 아니다.

각자 들리는 소리가 다를 수 있고, 같은 것을 듣고도 느낌이 다른 것은 당연하다. 이런 방법으로 노래 가사에 등장하는 흉내 내는 말을 자신이 생각한 것으로 바꿔 부를 수 있다.

그리고 이것은 의성어에만 국한되는 것이 아니라 움직임을 나타내는 의태어에도 사용될 수 있다. 한 가지 예를 들자면 선생님이 걷는 모습을 보고 어떤 아이는 '선생님이 성큼성큼 걸으신다.'라고 말할 수 있고, 다른 아이는 '선생님이 휘적휘적 걸으신다.'라고 말할 수 있다. 어린이가 직접 보고 자신이 느낀 그대로의 내용을 표현을 사용할 수 있다. 이 방법은 아이들이 직접 행동을 해보거나, 직접 들어보거나. 친구들의 행동을 보고 떠올린 내용을 바탕으로 노래 가사를 떠올리는 것이기 때문에 아이들이 가장 흥미를 가질 수 있는 방법이다. 그 과정에서 서로 어떤 대상을 흉내 내고 그 답과 대상의 움직임이나 소리를 맞춰보는 활동을 하는 것이 좋은 활동이다.

라. 가사를 주제에 맞게 바꾸는 방법

또 다른 방법으로는 원래 노래의 리듬감만 살리고 가사 전체를 주제에 맞게 바꾸는 방법도 있다. '학교 종이 땡땡땡'이라는 노래의 리듬에 가사를 아이들이 직접 자신들의 흥미, 관심사 또는 학교에서 있었던 일과 바꿔보는 것이다.

예를 들자면 수업 시간에 공부하는 게 너무 싫은 아이는 '학교 종이 땡땡땡'이라는 노래를, '수업 종이 땡땡땡 더 놀고 싶다 선생님이 조금만 늦게 오셨으면' 이렇게 자신의 솔직한 마음을 가사로 바꿔보는 것으로 아이들은 재미를 느낄 수 있고, 학습에 흥미도 가지게 될 것이다. 교사의 입장에서는 아이들의 생각을 조금 엿볼 수 있는 방법이 될 수도 있다고 생각한다. 그리고 자신이 속한 반의 이야기를 가사로 옮기는 것도 리듬감만 살리고 가사를 바꾸는 하나의 방법이다. '곰 세 마리' 동요의 '아빠 곰, 엄마 곰, 아기 곰' 부분을 자신의 반 친구들의 이야기로 바꾸는 것이다. '아빠 곰은 뚱뚱해, 엄마 곰은 날씬해, 아기 곰은 너무 귀여워 으쓱으쓱 잘 한다.'라는 노래의 가사를 '민서 곰은 키가 커, 재우 곰은 흉내를 잘 내, 진유 곰은 노래도 잘해, 사이좋은 내 친구'와 같이 반 친구들의 특징을 담아 노래 가사를 재미있게 써볼 수도 있다. 아이들은 이를 통해 자신의 반 친구들의 특징이나 장점을 생각하는 계기가 될 것이므로 흥미롭게 활동할 것이다.

노래 가사를 바꿔 부르는 방법은 이외에도 학습자와 교사의 아이디어로 더 많은 방법을 탐색할 수 있다. 가장 중요한 것은 아이들이 스스로 생각하고, 직접 써보는 것이다.

4. 지도의 유의점

노래 가사를 바꾸어 부를 때 주의할 점은 노래를 잘 선정해야 한다는 것이다. 선정한 노래가 아이들의 수준에 맞지 않게 지나치게 어렵거나, 문법에 크게 어긋나는 가사를 가지고 있거나, 지나치게 폭력적이고 선정적이어서는 안 된다.

초등학교 저학년을 대상으로 하는 수업에서는 동요가, 초등학교 고학년을 대상으로 하는 수업에서는 동요, 민요, 건전한 대중가요 정도가 수업하는 데 활용하기 적절한 노래다.

◈ 극본 쓰기

1. 극본의 이야기 표현 방법

가. 극본 용어 알기

1) 지문: 괄호 안에 써서 인물의 행동이나 표정을 나타내는 말

예시) (빙그레 웃으며), (사방을 둘러보며), (옷을 털며 일어선다) 등

2) 대사: 인물이 직접 하는 말

예시) 명희: 아버지!

　　명희 아버지: 왜? 왜 그래?

　　명희: 저는 언제 용돈 올려 주실래요?

　　명희 아버지: 다 때가 되면 준다.

3) 해설: 극본에서 시간, 장소, 등장인물, 무대와 무대 바뀜 등을 설명한다.

예시)

> 나오는 사람: 성민, 할아버지
>
> 때: 오후
>
> 곳: 아파트 뒷동산
>
> ### 제4장 숲의 마을 할아버지
>
> 　장소는 아파트 뒷동산이다. 새소리가 들린다. 가방을 멘 성민, 천천히 걸어 등장한다. 어깨가 축 처졌다. 성민, 바위에 걸터앉는다.

2. 극본 쓰기

가. 극본에서 이야기 나타내는 방법

1) 극본에 등장하는 인물 정하기
극본에 등장할 인물을 정하고, 한 명씩 그 인물을 맡는다.

2) 등장인물에게 일어난 일과 마음 떠올리기
　등장인물을 초대해 마음을 묻고 대답한다. 언제 어디서 일어났고, 무슨 일을 겪었으며, 기분은 어땠는지 묻는다. 이 과정에서 어느 인물을 중심으로 극본을 쓸지 정할 수 있다.

3) 극본의 배경, 인물, 사건 정하기

때와 장소, 인물처럼 이야기를 이끌어 가는 방향을 확실하게 정하고, 사건의 대략적인 줄거리와 흐름을 정한다.

4) 사건에 알맞은 말과 행동 정하기

각 장면에서 일어난 사건을 정리한다. 또한 등장인물에 가장 잘 어울린다고 생각하는 말과 행동을 정한다.

5) 극본 쓰기(개인별, 소집단별, 장면별 나누어 쓰기)

맡은 역할을 미리 정한 뒤, 그 역할을 맡은 학생이 자신의 대사 부분을 쓴다. 또는 사건을 네다섯 가지로 크게 나눈 것을 한 가지씩 맡아 쓴다. 혼자 극본을 쓰는 것에 어려움을 느끼는 경우, 모둠 내에서 두 명씩 짝을 지어 쓰게 한다.

예시)

1. 최근에 겪은 일 중 극본으로 쓰고 싶은 일은 무엇인가요?

_____

_____

_____

2. 극본으로 쓰고 싶은 경험을 바탕으로 사건의 줄거리를 적어봅시다.

장면 1
_____
_____

```
┌─────────────────────────────────────────┐
│  ─────────────────────────────────────   │
│                                          │
│  ─────────────────────────────────────   │
│                                          │
│  장면 2                                   │
│                                          │
│  ─────────────────────────────────────   │
│                                          │
│  ─────────────────────────────────────   │
│                                          │
│  ─────────────────────────────────────   │
│                                          │
│  ─────────────────────────────────────   │
└─────────────────────────────────────────┘
```

3. 누가, 언제, 어디서, 무슨 일을 겪게 되는지 사건을 정리한다.

　　*이때 인물의 성격이 어떤 사람인지 확인하고 거기에 어떤 말투, 행동, 표정이 어울릴지 조별로 토의하여 캐릭터를 결정한다.

　　① 각 장면에서 일어날 사건을 정한다.

　　② 인물의 성격에 어울리는 말과 행동(지문)을 정한다.

　　③ 사건은 혼자, 또는 조별로 의논하여 쓸 수도 있고, 줄거리를 결정한 다음 조원별로 나누어 쓸 수도 있다.

　　④ 완성한 극본을 검토하여 수정할 곳을 찾고, 고쳐 쓴다.

　　⑤ 고친 극본을 나누어 가지고 역할을 정하여 연극 준비를 한다.

극본 예시)

버들잎 편지

주평

때: 이른 봄
곳: 서울 영이의 집
나오는 사람들: 영이, 할아버지, 복순

　막이 열리면 복순이가 콧노래를 부르며 방을 청소하고 있다. 조금 뒤, 창가로 가서 밖을 향하여 소리친다.

복순: 할아버지!
할아버지: (소리만) 오냐.
복순: 다 됐어요?
할아버지: (소리만) 오냐. 다 되어 간다.
복순: 어머나! 웬 사람들이 저렇게 쏟아져 나올까?
　　　(시계를 보며) 그런데 영이는 왜 여태 안 올까?

---

*이런 형식의 극본을 조별로 완성시키고 연극 연습을 한다.

◈ 영화 감상하는 방법

1. 필요성 및 효과

가. 필요성

요즘 학생들은 (만화)영화를 즐겨 보는 편이고, 영화가 학생들의 언어생활에 영향을 미치고 있기 때문에 (만화)영화를 올바르게 감상하는 방법을 배울 필요가 있다.

나. 효과

영화를 보고 나서 사건을 생각하며 이어질 내용을 쓴 뒤에 역할극으로 표현함으로써, 작품을 좀 더 깊게 이해하고 즐길 수 있도록 할 수 있다. 이 활동으로 작품 감상 능력과 심미적 능력을 함양할 수 있다. 이 활동의 구체적 효과는 다음과 같다.

1) (만화)영화의 감상 방법을 알 수 있다.
2) 작품을 접할 때 생각이나 느낌이 서로 다르다는 것을 알게 된다.
3) 이어질 이야기를 만들며 자신의 생각이나 느낌을 다각적이고 창의적인 관점으로 확대 및 심화해 나갈 수 있다.

2. 영화 감상 방법

가. 영화 감상215)

1) 감상 전 활동
: 광고지와 예고편, 등장인물을 보고 어떤 내용일지 상상해보기
　예) 광고지: 광고지 두 개를 자세히 보고 보이는 것을 말해보기
　　　예고편: 등장인물과 예고편을 보고 내용 상상하기

2) 감상하기
: 상상한 내용과 비교하며 감상하기

3) 감상 후 활동
: 인상 깊은 장면을 자신의 경험과 관련지어 이야기 나누기, 차례를
　생각하며 간추리기, 느낀 점 쓰기, 비슷한 주제의 책이나 영화
　보기, 영화를 만든 감독에 대해 알아보기, 영화의 배경이 된 시대
　(장소) 알아보기 등.
*앞의 독서지도에 나오는 감상문 쓰기와 연관시켜 학습

---

215) 4-2 지도서, 122~125쪽.

나. 재미있게 영화 감상하기[216)

1) 감상하기
: 영화에 나오는 인물의 표정 찾기, 소품과 배경 찾기, 이어질 장면 알아맞히기

2) 감상 후 활동
: 인상에 남는 인물의 행동이나 대사 따라 해 보기, 감상문, 토론 및 대화, 감상 메모, 스크랩하기
* 감상문, 토론 및 대화, 감상 메모, 스크랩은 감상 후 감동을 오래 간직할 수 있는 방법임을 알기

3. 만화 영화 감상 방법

가. 만화 영화 감상[217)

1) 감상 전 활동
: 광고지와 등장인물을 보고 어떤 내용일지 상상해보기

2) 감상하기
: 상상한 내용과 비교하며 감상하기

---

216) 4-2 지도서, 127쪽.
217) 4-2 지도서, 126~129쪽.

3) 감상 후 활동

: 내용 간추리기, 인상 깊은 장면 이야기 나누기, 등장인물의 행동
 중 본받고 싶은 행동 찾기, 감동 점수 매기기, 감상평 쓰기.

나. 지도의 유의점[218)

1) (만화)영화를 본 경험을 말할 때, 언제 누구와 왜 보게 되었고
  가장 기억에 남는 장면은 무엇인지 함께 말하게 함으로써 다른
  학생들의 생각이나 느낌에 서로 차이가 있음을 알고, 작품의 여
  러 가지 면을 발견할 수 있게 한다.
2) (만화)영화에서는 등장인물의 말과 행동, 음악, 이미지, 닮고 싶
  은 점과 같은 텍스트 이상의 많은 질문을 던진다. 그 질문에 학생
  들이 스스로 실마리를 찾아 해답을 발견할 수 있도록 지도한다.
3) 등장인물의 마음에 공감하고 자신이라면 어땠을지 생각해보
  고, (만화)영화에 나오는 허구의 상황은 현실과 닮아 있음을 지
  도한다.

ㄴ. 이어질 이야기 쓰기

가. 방법[219)

1) 일이 일어난 차례를 생각하여

---

218) 4-2 지도서, 117쪽.
219) 4-2 지도서, 130~133쪽.

2) 인물의 성격이나 하는 일을 고려하여

3) 앞의 내용과 잘 어울리도록

4) 인물이 처한 상황과 함께 논리적으로 상상해 쓰기

나. 지도의 유의점220)

1) 막연한 상상보다는 앞 내용과 잘 어울리도록 사건의 흐름을 생각하며, 재미와 감동이 있도록 쓰게 한다.

2) 어린이가 창의적 표현력을 계발할 수 있도록 자연스러운 학습 분위기를 만들어 주고, 다른 사람과 자신의 생각을 비교할 수 있는 기회도 마련해야 한다.

3) 이어질 이야기를 상상해 쓸 때 대본 형식으로 쓰지 않게 하고, 쓴 이야기를 역할극으로 나타낼 때 대본 없이 즉흥적으로 대사를 만들어가며 실감나게 연기를 하게 한다.

4) 직접 만든 이어질 이야기를 역할극으로 표현할 때에는 학생들의 경험이나 생각에 따라 내용을 수정할 수도 있다. 이때 원래 작품의 주제나 구조를 고려하여 흥미 위주의 발표는 지양하도록 한다.

---

220) 4-2 지도서, 117·131쪽.

◈ 팝업 책 만들기

1. 학습의 필요성 및 효과

가. 필요성

어린이들은 국어과 문학 단원을 즐기고 창작하는 재미를 느낄 수 있도록 해야 한다. 과거의 무미건조한 학습을 버리고 직접 만들고 그것을 발표하고 저마다의 창의력을 계발하도록 해 주어야 한다. 이런 수업을 전환시킬 수 있는 학습이 팝업책 만들기이다.

나. 효과

① 어린이들의 아이디어를 신장시켜 장차 책을 디자인하고 창의적인 모양의 책을 만들 수 있는 경험을 할 수 있다.
② 학생들의 호기심을 자극함으로써 수업에 대한 기대감을 향상시킬 수 있다.
③ 이 활동을 하는 과정에서 집중하여 만들기를 할 수 있으며, 이로써 학생들에게 집중력을 높일 수 있다.
④ 학생들의 창의력 향상, 만들어 보고자 하는 욕구를 충족시킬 수 있다.

2. 팝업 책 만들기

여러 가지 팝업책을 보여주고 하나씩 시범을 보이고 만들게 한다.

학생들은 교사가 보여주는 견본과 꼭 같이 만들기 보다는 자신의 아이디어를 적용하여 창의적으로 만들게 한다.

가. 팝업 책이란

학생의 아이디어를 적용하여 펼쳤을 때 그림, 동물, 도형 등이 입체적으로 보이도록 만든 일종의 장난감 책. 자른 부분을 반대편으로 튀어나오도록 만드는 것이 팝업이다.

나. 팝업 책의 종류

아래 그림과 같은 팝업 책이 있다.

입술책	병풍책
90도로 세워지는 책	무대형식책

교과서에 나온 팝업 책

다. 팝업 책 만드는 방법

1) 입술책

: 종이를 반으로 접고 가위로 점선만큼 자른 후 원하는 입 크기만큼
접어주면 완성

2) 병풍책

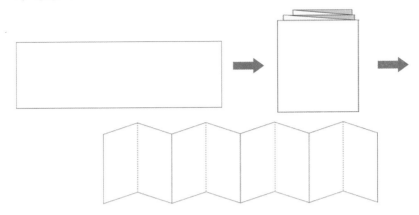

: 긴 종이를 갈지 자 형으로 지그재그로 접어서 세우면 완성
(견본처럼 접히는 부분마다 팝업을 해줄 수도 있음)

3) 기본형 팝업 책

: 종이를 반으로 접고 점선만큼 잘라 반대편으로 튀어나오게 함

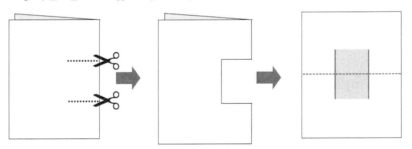

4) 무대형 팝업 책

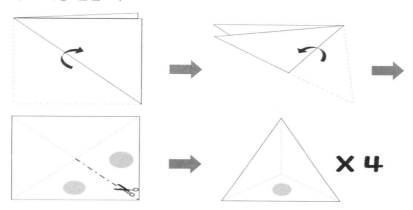

: 정사각형의 종이를 삼각형 모양으로 두 번 접고 점선으로 된 부분을 자른 후 동그라미 표시가 되어 있는 삼각형 두 개를 겹쳐서 세우면 완성된다.

라. 심화된 팝업 책 종류와 만들기

1) 심화 팝업 책 종류와 쓰는 곳

① 깃발형 팝업 책: 질문카드, 이야기 책 만들기, 나라별 국기 그리기 등 다양한 정보를 담아낼 때

② 회전하는 팝업 책: 상황에 맞게 인물 표정 바꾸기, 계절별 별자리 보기, 부분 보고 전체 추측하기

③ 당기는 팝업 책: 신체 부위 알아보기, 퀴즈 풀고 맞추기 등

④ 180도 세워지는 팝업 책: 내가 살고 싶은 집 만들기, 책을 읽고 인상 깊은 장면 표현

⑤ 터널 책: 인형극 꾸미기, 원근감 연습하기, 인상 깊은 장면 표현하기

2) 심화 팝업 책

① 평면형

깃발 책	당기는 책

회전 책

② 입체형

180°로 세워지는 책	터널 책
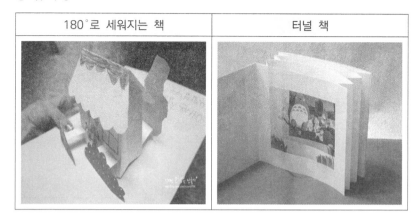	

마. 심화 팝업 책 만드는 방법

① 깃발 책

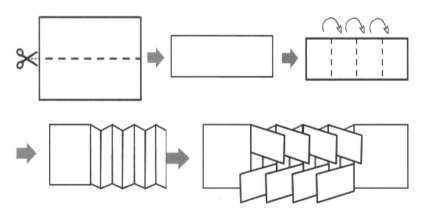

② 회전 책

: 회전할 동그라미를 만든 후, 구멍 뚫은 표지에 붙여주면 완성.

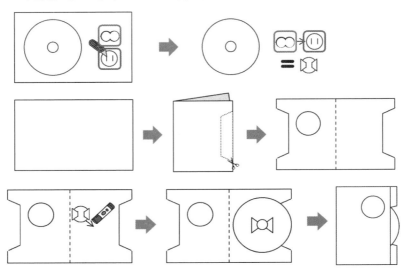

③ 당기는 팝업 책

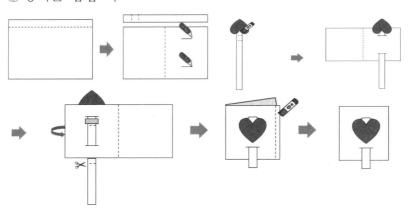

㉠ 표지가 될 종이를 길게 잘라 띠를 만들고 칼로 두 개의 홈을 만든다.

㉡ 띠에 하트를 붙여 홈에 끼우고 뒷부분에 종이를 붙여 고정시킨다.

ⓒ 표지 부분을 접어 풀을 붙이면 완성!

④ 180도로 세워지는 팝업 책

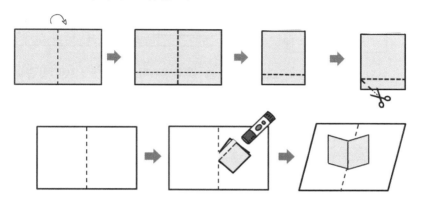

: 위 모양대로 종이를 접고 잘라 겉표지에 V자 모양으로 붙이면
완성

⑤ 터널 책

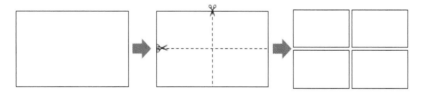

종이 2장을 4등분 하여 6장의 종이를 준비합니다.

: 그 중 4개의 종이는 네모 구멍을 뚫어 액자 모양을 만들고, 한
장은 남겨둡니다.

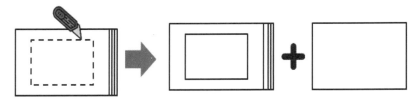

: 남은 한 장은 반으로 잘라서 각각을 지그재그로 8번 접습니다.

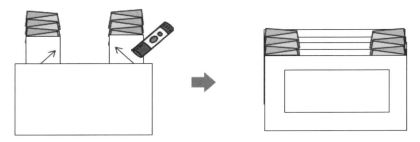

: 배경과 액자 모양의 틀을 지그재그로 접은 종이에 붙여줍니다.
완성!

3. 학습 내용 및 방법

가. 인상 깊었던 일을 쓴 글로 책 만들기(2-2)[221]

1) 책 모양 만드는 차례 확인하기

2) 차례대로 책 모양 만들어 보기

3) 책 모양에 글과 그림을 넣어 책 만들기

4) 책 전시하기

---

221) 2-2 지도서 2단원, 96~120쪽.

나. 일이 일어난 차례대로 이야기 꾸미기(2-2)[222)]

1) 일이 일어난 차례 파악하기
: 사건을 나타내는 말을 찾고, 사건이 일어난 순서대로 정리

2) 이야기 꾸미기
: 이야기의 시간, 장소, 인물 요소에서 마음에 드는 낱말을 찾거나 새롭게 생각한 후, 낱말을 연결해 뒷이야기를 꾸며내기

예) 시간: 점심 때, 한밤중 / 장소: 동굴, 들판 / 인물: 용, 반딧불이
⇨ 한밤중 들판에 반딧불이가 나타났다.

3) 이야기 흐름에 맞게 이어질 내용 상상해 쓰기(4-1)[223)]
① 사건의 흐름 정리하기: 일이 일어난 차례, 원인과 결과의 관계를 생각하며 사건의 흐름을 정리하기

예) 초록 고양이는 욕실에 있던 엄마를 어디론가 데려갔습니다. ⇨ 엄마를 데려 간 초록 고양이는 꽃담이에게 엄마를 찾고 싶으면 자신을 따라오라고 했습니다.
② 이어질 내용 상상해 쓰기
③ 이야기의 흐름에 맞게 고쳐 쓰기: 앞의 이야기와 상상한 이야기가 자연스럽게 연결될 수 있는지 살피고, 어색한 부분은 고쳐 쓰기

---

222) 2-2 지도서 7단원, 268~271쪽.
223) 4-1 지도서 5단원, 252~257쪽.

4) 인상 깊었던 일을 쓴 글로 책을 만들 수 있다.(2-2)[224]

① 계단 책 만드는 방법

    ㉠ 크기가 같은 종이 두 장을 일정한 간격(1~2cm)로 겹친다.

    ㉡ 간격을 맞춘 종이를 접고 접힌 뒤에도 일정한 간격을 유지하도록 한다.

    ㉢ 접힌 부분을 찍개로 세 군데 정도 고정한다.

    ㉣ 가장 앞 장은 표지로 사용하고, 다음 세 장은 처음, 가운데, 끝의 이야기를 요약해 이야기의 흐름을 정리한다.

② 차례대로 책 모양 만들어보기

③ 책 모양에 글과 그림을 넣어 책 만들기

다. 인물의 성격을 바꾸어 이야기 꾸미기(4-2)[225]

1) 바꿀 이야기 정하기

2) 인물의 성격 바꾸기

    예) 혹부리 영감의 성격: 겁 많고 소극적인 성격 ⇨ 정직하고 적극적인 성격

3) 새로 꾸밀 이야기의 구성 요소 정하기

  : 새로 꾸밀 이야기의 인물, 사건, 배경 정리하기

    예) ① 인물: 정직하고 적극적인 성격의 혹부리 영감, 흥이 많고 경솔

---

224) 2-2 지도서, 136쪽.

225) 4-2 지도서 4단원, 236~239쪽.

한 성격의 도깨비

② 사건: 혹부리 영감이 날이 저물어 들어간 빈 집에서 노래를 부름

③ 배경: 옛날 산 속 빈 집

4) 꾸며 쓸 이야기 내용 정리하기

라. 꾸민 이야기로 이야기책 만들기4)

1) 이야기책을 만들 계획 세우기
2) 이야기책 만들기
3) 이야기책 내용 발표하기
4) 이야기책 전시회 열기

마. 이어질 이야기 상상하기(5-1)[226]

1) 인물에게 일어날 일 상상하기
2) 이야기의 끝부분을 상상해 글쓰기
3) 작품 속 세계와 현실 세계 비교하기: 작품 속 세계와 우리가 사는 현실의 공통점과 차이점을 찾아 비교하기

   예) ① 공통점: 부모님께 잔소리를 듣기도 한다.

   ② 차이점: 작품 속 세계에서는 마음대로 강아지와 대화할 수 있지만, 현실세계에서는 그렇지 못함

---

226) 5-1 지도서 2단원, 138~143쪽.

바. 내용을 조직하는 방법 익히기(5-1)[227]

1) 조직된 내용 살피기
① 글과 다발 짓기를 비교하며 글의 조직을 살핀다.
② 다발 짓기란, 시간 흐름이나 장소 변화에 맞게 생각이나 느낌을 묶는 것이다.

2) 내용을 조직하고 글쓰기
① 다발 짓기를 참고하여 '처음-가운데-끝'의 완결된 조직을 이루도록 글을 완성한다.

4. 지도 및 평가의 유의점

가. 지도의 유의점

1) 언어의 발달이 되게
이야기 꾸미기는 언어의 발달과 관련하여 중요한 의미를 갖는다. 이야기를 꾸미기 활동을 통해 자신이 알고 있는 단어나 문장 속의 다양한 어휘 중에서 적절한 어휘를 동원해 재구성하여 효과적으로 묘사하는 능력을 기를 수 있다.

2) 상상력, 창의력, 사고력을 자극하게
이야기를 새롭게 재구성하는 과정에서 아동의 상상력, 창의력, 사

---

227) 5-1 지도서 4단원, 194~197쪽.

고력 또한 자극된다.

3) 문제해결능력이 신장되게

자신이 꾸민 이야기로 한 권의 책을 만드는 과정은 아이디어 기획부터 작품 완성까지 높은 지적 작업이 요구된다. 스스로 계획하고 글과 그림의 자리를 적절히 배치하여 완성된 책의 형태를 만들어 내는 것을 통해 문제해결능력을 길러줄 수 있다.

4) 문화 향유 역량이 함양되게

문학 작품을 능동적으로 이해하고 향유하며 자신만의 새로운 작품을 창작하고 함께 나눌 수 있다.

5) 허용적인 분위기를 조성해야

학생이 자유롭게 상상하여 표현하는 것을 허용하고 적절한 반응을 주어 학생에게 자신감을 가질 수 있도록 한다.

나. 평가의 유의점

1) 결과와 과정 모두 중시

결과를 지나치게 강조하면 학생들이 자신감을 잃을 수 있으므로 이야기를 꾸며 쓰는 과정을 즐기도록 지도한다.

2) 이야기 꾸미기 평가

이야기 꾸미기는 교사가 학생이 꾸며낸 이야기를 읽고 글의 흐름에 맞게 작성 하였는지 등을 고려하여 관찰평가 한다.

3) 책 만들기 평가

이야기를 꾸며 책 만들기는 교수·학습 과정에서 학생들의 실제 수행 결과물을 관찰평가 하되, 자기평가와 동료평가의 기회를 적절히 활용해 피드백의 기회를 제공한다.

◈ 마임, 교육연극

1. 학습의 필요성 및 효과

가. 필요성

마임과 교육연극은 언어적 표현과 비언어적 표현이 섞여 있다. 이 가운데 마임은 특히 비언어적 표현이 중심을 이룬다. 마임의 비언어적 기능은 다음과 같다.

첫째, 언어적 표현을 대체, 보완 및 강조, 규제, 반복함으로써 의미의 효과를 높이는 역할을 한다. 둘째, 감정과 정서를 표현하는 데 중요한 역할을 한다. 셋째, 의사소통 참여자들의 관계에 대한 부가적인 정보를 소통하게 한다. 이런 측면에서 마임과 교육연극은 표현학습에 필요한 중요한 위치를 차지하고 있다.

나. 효과

듣기·말하기 영역에서 비언어적 표현이 차지하는 비중은 아주 높다. 다음 그림을 보자.

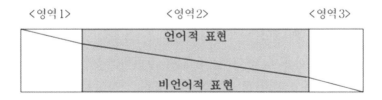

〈영역1〉은 비언어적 표현만으로 의미를 전하는 상황이고, 〈영역2〉는 언어적 표현과 비언어적 표현이 함께 사용되는 상황이며, 〈영역3〉은 언어적 표현만으로 의사소통을 시도하는 상황을 나타내고 있다. 이런 현상은 입말 소통 상황에서는 거의 나타나지 않는 모습이다. 대부분의 의사소통 상황에서는 〈영역2〉와 같이 언어적 표현과 비언어적 표현이 함께 사용되는 형태를 띠게 된다. 언어적 표현과 비언어적 표현은 동시적으로 의미를 소통하는 데 효과적이다. 이 소통 활동을 통하여 자신의 언어 능력을 신장시키고 자신을 성찰하며 상대방이 원하는 것이 무엇인지를 파악하게 한다.

2. 학습 내용 및 방법

가. 학습 내용

1) 교육 연극의 개념

교육 연극이란 교육용으로 이용되는 연극이다. 연극이라는 예술 장르에 존재하는 여러 가지 극적 기술과 방법을 교육적 목적을 가진 여러 분야에서 활용하는 활동이다. 교육연극은 전문 연극인 아동 연극, 청소년 연극과 차별화된 새로운 방법의 연극으로 교육적으로 활용하는 방법이다.

2) 교육 연극의 목적

학습자에게 분석력, 상상력, 조직력, 청취력, 이해력, 표현력, 자신감 등을 형성하고, 언어적 비언어적 소통력 신장하기 위한 교육 목적의 연극이다.

나. 교육 연극 학습 유형

1) 마임

몸의 움직임을 통해 대상을 그대로 따라하거나 대상에 대한 자신의 생각, 혹은 판단이나 감정을 섞어 몸의 움직임으로 생각을 표현할 수도 있고, 추상화된 표현까지를 포함하여 고도의 상상력이 발휘된 표현의 수단.

마임의 예)

벽 더듬기	허공에 벽이 있는 듯 더듬어 나가는 방법
풍선불기	가상으로 풍선을 불고 공기가 한껏 들어간 풍선을 던지고 치면서 가상의 놀이를 하는 방법

2) 연극놀이

연극놀이는 연극적 요소를 놀이와 결합시켜 학생들이 즐겁게 참여하는 가운데 열린 생각과 마음으로 창의적 표현을 끌어내는 놀이학습이다. 그래서 연극놀이는 즉흥극 놀이와 연극 만들기에 기초적인 단계가 된다. 연극놀이는 집단 속에서의 역할이나 규칙을 이해하고, 자신의 생각이나 이미지를 심화시키는 학습 방법이다.

다. 교육 연극의 학습 단계

1) 설정 단계

어떤 주제와 상황으로 학습이 진행될 것인가를 파악하고 학습 목표를 설정한다. 자유로운 표현 활동이 진행되도록 유도해야 한다.

2) 토의 단계

작품을 만들기 위한 조별 활동으로 표현 활동을 위한 자료를 수집하고 정리한다.

3) 발표 단계

토의된 내용을 바탕으로 특정한 동작을 구체화하여 실연해 본다.

4) 판단 단계

학습자들의 표현 활동이 전체 학습의 주제와 내용에 어떤 관련을 맺고 있으며 전체 속에서 어떤 의미를 가지고 있는지를 확인하는 단계이다.

3. 지도 및 평가의 유의점

가. 지도의 유의점

1) 학습자 자신만의 독특한 방법으로 생각과 감정을 표현하게 하여 학습자의 개성을 발달시킨다.
2) 교사는 학생들의 창의적인 상상력과 표현에 대해 긍정적인 반응을 보여야 한다.
3) 놀이적 성격이 강하기 때문에 학생들의 활동성과 학습 동기를 강화한다.
4) 상상을 통한 상징적 행동으로서 표현의 형식을 창조하고 직관력을 신장시킨다.

나. 평가의 유의점

1) 교사는 교육 연극을 활용하는 데 있어 기본적인 지식을 습득해야 한다.
2) 연극의 극적 행위에 참여하는 과정에서 협동적 활동에 적극적이었는지를 평가한다.
3) 전문적인 연기력에 대한 평가를 지양하고 학생들이 공동 작업을 성실히 수행했는지 평가한다.

◈ 역할놀이, 탈놀이

1. 학습의 필요성 및 효과

가. 필요성

역할놀이는 설정된 상황에서 인물의 성격을 탐구하여 각자 역할을 나누어 맡아서 그 상황을 간접 경험함으로써 삶을 이해하고, 자신을 성찰하며, 동료학습자와 협동하는 학습을 할 수 있다는 점에서 중요한 학습이라고 할 수 있다.

탈을 만들어 쓰고 활동하는 탈놀이를 하는 학습을 통하여 능동적이고 자신감 있는 태도를 갖게 할 필요가 있다.

나. 효과

역할놀이와 탈놀이의 효과는 첫째, 학습자가 직접 참여하여 학습 흥미와 동기가 부여되고 문제 인식이 뚜렷해진다. 둘째, 학습자 중심, 활동 중심의 수업이 될 수 있다. 셋째, 역할놀이 과정에서 자연스럽게 학습이 진행된다. 넷째, 배운 것을 실제 삶과 연결하려는 적용력이 높아질 수 있다. 다섯째, 활동을 하면서 의사소통 능력과 협동심 함양이 이루어질 수 있다. 그리고 여러 수업 과정에서 전략으로 사용할 수도 있다.

탈놀이는 우리나라 전통 문화다. 이 학습을 통하여 전통 탈과 탈놀이에 대해 이해할 수 있는 계기가 될 수 있다.

2. 학습 내용 및 방법

가. 역할 놀이 학습

1) 인물에 어울리는 말과 행동하기(1-2, 10단원)228)
가) 인물의 말과 행동에 어울리게 역할놀이 하기
　① 그림을 보고 이야기 속 상황 파악하기
　② 문장 카드에 있는 말을 인물에 어울리는 목소리로 말하기
　　예) 〈토끼와 거북〉의 토끼
　　　　："나는 거북보다 훨씬 빨리 달릴 수 있어."
　　　　(큰 목소리로 자신감 있게 말하기)
　③ 인물의 행동을 몸짓으로 표현하기
　④ 손가락 인형을 이용해서 역할놀이 하기

2) 독서 단원 참고자료. 재미있는 탈놀이하기(3-2)229)
가) 글을 읽고 생각하기
　① 탈을 쓰면서 다양한 놀이를 하는 과정을 실감 나게 읽기
　　㉠ 인물의 말과 행동을 보고 성격을 짐작하기
　　㉡ 인물에 어울리는 표정, 몸짓, 말투 상상하기
　　㉢ 자신이 그 인물이라면 어떤 표정, 몸짓, 말투를 사용할지 생각하기
나) 탈 만들고 탈놀이하기
　① 재료(종이가방, 색지, 크레파스)의 특징을 살려 전통 탈 만들기

---

228) 1-2 지도서, 372~375쪽.
229) 3-2 지도서 독서단원, 86~87쪽.

② 자신이 만든 탈에 어울리는 몸짓 연습하기

③ 친구들과 탈놀이하기

※ 탈 만드는 방법

　　○ 준비물: 종이 가방, 색지, 크레파스, 색연필, 풀, 가위

　　　① 탈 모양 구상하기

　　　② 밑그림 그리기

　　　③ 종이가방에 색지 붙여 바탕 만들기

　　　④ 종이가방에 탈 그리기

　　　⑤ 자신의 얼굴에 맞는 눈, 코, 입 위치에 구멍 뚫기

3) 연극 준비하기(3-2, 9단원)[230]

가) 공연할 부분과 역할 정하기

나) 발표에 필요한 머리띠 및 소품을 간단히 준비하기

　① 호랑이 역할을 맡은 학생이 호랑이 얼굴을 그린 머리띠 만들기

　② 연극 소품은 평소 사용하는 물건 또는 재활용품으로 간단히 만들기

　③ 없는 소품은 그림으로 그리거나 있다고 가정하고 표현하기

다) 역할에 어울리는 표정, 몸짓, 말투 상상하기

라) 친구들과 연습하기

4) 연극 발표회하기(3-2, 9단원)[231]

가) 발표하기

　① 연극 관람 예절 알아보기

---

230) 3-2 지도서, 374~377쪽.

231) 3-2 지도서, 378~380쪽.

    ⊙ 다른 모둠이 발표할 때 자신의 연극 준비하지 않기

    ⓒ 조용히 하기

    ⓒ 다른 모둠의 연극 진지하게 보기

    ⓔ 발표를 끝낸 친구들에게 박수 보내기

  ② 모둠별로 연극 발표하기

 나) 감상하기

  ① 연극을 하는 연기자와 그것을 감상하는 관찰자로 나뉜다.

  ② 관찰자는 연기자의 대사, 행동, 표정 등을 관찰하여 평가를 메모한다.

  ③ 감상, 평가한 내용을 발표하고 연기한 조는 수정할 부분을 검토한다.

  ④ 시간이 허용하면 수정한 내용을 재공연하거나 그렇지 않으면 다음
    공연에 참고한다.

3. 지도 및 평가의 유의점

가. 지도의 유의점

작품에서 묘사된 인물의 모습이나 행동을 읽고 느낌과 분위기를 살려 인물의 말과 행동을 표현해 보거나 역할극을 하도록 한다. 작품의 다양한 인물들을 파악하고 목소리의 높낮이, 크기, 속도 등을 상상하고 흉내 내 보도록 한다.

작품에 특정한 느낌과 분위기가 있더라도 이를 읽고 표현하는 과정에서 또 다른 느낌과 분위기를 낼 수 있으므로 허용적인 분위기에서 역할놀이 활동이 이루어지게 한다.

소품은 전문가 수준으로 준비할 필요는 없으므로 너무 큰 노력을 들이지 않도록 한다. 또 학생이나 학부모에 부담을 주지 않도록 한다.

나. 평가의 유의점

평가할 때에는 역할극 결과만으로 평가해서는 안 된다. 역할극을 준비하는 과정에서 어떠한 노력을 하는지, 친구들과 잘 협력하는지 평가한다.

인물의 말과 행동을 보고 성격을 파악한 뒤, 그에 어울리는 표정과 말투를 실감 나게 표현할 수 있는지 관찰 평가 및 상호 평가를 한다.